中國學術思想 研究輯刊

三一編
林慶彰 主編

第 16 冊

李華古文創作與盛唐儒學覺醒研究

張曉芝 著

花木蘭文化事業有限公司

國家圖書館出版品預行編目資料

李華古文創作與盛唐儒學覺醒研究／張曉芝 著 ─ 初版 ─ 新
北市：花木蘭文化事業有限公司，2020〔民 109〕
目 2+244 面；19×26 公分
（中國學術思想研究輯刊 三一編；第 16 冊）
ISBN 978-986-518-006-5（精裝）
1.（唐）李華 2. 儒學 3. 研究考訂
030.8   109000276

ISBN-978-986-518-006-5

9 789865 180065

中國學術思想研究輯刊
三一編　第十六冊　　　　　　ISBN：978-986-518-006-5

李華古文創作與盛唐儒學覺醒研究

作　　者　張曉芝
主　　編　林慶彰
總 編 輯　杜潔祥
副總編輯　楊嘉樂
編　　輯　許郁翎、張雅淋　美術編輯　陳逸婷
出　　版　花木蘭文化事業有限公司
發 行 人　高小娟
聯絡地址　235 新北市中和區中安街七二號十三樓
　　　　　電話：02-2923-1455／傳真：02-2923-1452
網　　址　http://www.huamulan.tw 信箱 hml810518@gmail.com
印　　刷　普羅文化出版廣告事業
封面設計　劉開工作室
初　　版　2020 年 3 月
全書字數　211108 字
定　　價　三一編 25 冊（精裝）新台幣 50,000 元

李華古文創作與盛唐儒學覺醒研究

張曉芝　著

作者簡介

張曉芝，山東蓬萊人，文學博士，四川外國語大學副教授，中國古代文學碩士研究生導師，南開大學文學院在站博士後。兼任重慶市古代文學學會秘書長，《貴州文史叢刊》特約研究員等。先後師從黃大宏、何宗美、沈立岩三位先生。主要從事中國古代文學研究，在《光明日報（理論版）》《讀書》《文化中國（加拿大）》《古籍整理研究學刊》等發表論文三十餘篇，出版專著一部，合作著作兩部。主持國家社科基金項目，教育部後期資助項目、貴州省哲學社會科學規劃國學單列課題、重慶市社科規劃項目、博士後面上基金項目、重慶市教委社科項目等十二項。

提　要

　　李華作為盛唐古文運動的先驅，同時也是盛唐儒學的傳播者、發揚者。李華存世古文一百零八篇，其作品表現出對儒學的極度崇敬。他大力推行復古思想，與陳子昂遙相呼應，但側重不同，頗能顯示出古文創新與改革思想。李華通過復古手段，對古文創作的手法、內容、題材等進行革新。李華在進行古文創作的同時，也是唐代儒學思想覺醒的時期，其作品體現出超越同時代諸多文學家的儒學思想因子。他把古文創作主張與儒學思想緊密結合起來。李華絕大部分時間身處社會上、下層的中間狀態，而早期與上層社會交往甚密，晚年則又屬於社會下層的代表，所以李華身上有社會各個階層的影子。而從其古文中，我們能夠看到更多關於儒學覺醒的起伏跌宕。李華的古文創作不是抽象地進行哲學思辨或枯燥地討論政治、人生問題，而是在文章中表現出鮮明的個性，帶著濃鬱的情感，具有很高的文學價值。不僅如此，他尊崇儒家思想，行文中處處維護儒家思想體系。這不僅與個人有關，而且與盛唐時期崇重儒學也有關係。儒學發展到盛唐階段，漸漸建立起一種機制（體系），以儒學思想的復興為己任，上至高層統治階級，下至文人百姓，都對儒學有所推崇。盛唐的尊儒崇經成為一種社會風氣，這就開啓了宋代理學的先聲。

四川外國語大學 2019 年度學術專著
後期資助項目（SISU2019055）

目次

緒　言

一、李華研究綜述

李華（字遐叔），盛唐著名古文家。近半個世紀以來，國內對李華的研究尚不充分，文學史僅限於簡單論述，單篇論文研究則是力度不夠。李華存世詩文數量不在少數，然其並未完全進入研究者視野。港臺方面，以臺灣師範大學蕭淑貞的碩士學位論文《李遐叔及其作品研究》爲最早，又臺灣逢甲大學曹靜嫻碩士學位論文《唐代蕭李集團研究》涉及到李華。博士論文方面，大陸和臺灣均不見選題。下面分別以大陸和港臺學術爲例，分類總結有關李華研究的相關論文。

（一）大陸李華研究情況

研究李華的單篇論文數量較多，角度各有不同，但力度深厚者較少。根據論題和論文內容，姑且將其分爲實證性研究、理論性研究、賞析性研究三種，略舉如下：

1. 實證性研究論文

在研究李華的實證性論文中，主要有卒年考、交遊考、事蹟考及辨僞等成果。卒年考主要有以下論文：黃天明《李華生卒考（一）、（二）》（《中央日報》文史副刊 1937 年 6 月 13 日、20 日）；尹仲文《李華卒年考辨》（《河北大學學報》（哲學社會科學版）1979 年 2 月）；汪晚香《李華卒年考》（《湖北師範學院學報》1989 年第 2 期）；謝力《李華生平考略》（《唐代文學研究——中國唐代文學學會第四屆學術討論會論文集》1989 年）；姜光斗《李華蕭穎士生

卒年新考》（《文學遺產》1990 年第 3 期），《李華卒年補證》（《文學遺產》1991年第 1 期）；唐華全《李華生卒年考》（《歷史教學》2005 年第 4 期）。以上論文以尹仲文《李華卒年考辨》用力最深，對李華卒年進行了較爲深入地研究，糾正了《聞一多選唐詩》、《中國文學家大辭典》、《中國文學家辭典》、《中國歷代作家小傳》、《中國大百科全書·中國文學》、《唐文選》等書籍的錯誤。交遊考方面有李輝《李華交遊考略》（《和田師範專科學校學報》（漢文綜合版）2006 年 7 月第 27 卷第 4 期），此文較爲詳細地反映李華一生交往的師生友朋。事蹟考方面的論文以陳鐵民《李華事蹟考》最爲詳實〔註1〕，全文一萬五千餘字，對李華一生作了較爲詳細的考證，用力不可謂不深。其他辨僞方面的論文主要有李子龍《李華〈故翰林學士李君墓誌並序〉辨僞》（《文學遺產》2004年第 2 期），此文陳曙雯《李華與佛教關係考論》（《西南民族大學學報》（人文社科版），2007 年 12 月）。李文將李白集中的《故翰林學士李君墓誌並序》進行了詳細考證，確定此文係僞作；陳文則關注了李華與佛教這一細節，深入分析了李華與佛教關係，考察出李華具有深厚的佛學造詣這一事實，這在李華諸多研究論文中，有很重要的學術價值。

學界對李華的研究開始的較早，自上世紀七十年代末至九十年代初，李華研究主要體現在對李華生卒年及個人事蹟的探求上。正所謂「知人論世」，李華作爲唐代古文運動的先驅，自當對其人其事有深入的瞭解和探究。

2. 理論性研究論文

理論研究主要有兩種角度，一種是綜合性研究，另一種是單一性研究。從綜合角度進行闡釋的論文主要有以下幾篇：熊禮匯、劉燕《李華的思想及創作》（《長春師範學院學報》（人文社會科學版）2005 年 11 月），張思齊《李華的詩歌創作》（《殷都學刊》2006 年第 3 期），李輝《李華古文理論試論》（《河南教育學院學報》（哲學社會科學版）2007 年第 3 期），〔韓〕趙殷尚《論蕭穎士、李華的文學思想》（《唐都學刊》2008 年第 6 期），張世敏《論李華的文學觀念及其對古文運動的影響》（《甘肅聯合大學學報（社會科學版）》2012 年第4 期），趙殷尚《蕭穎士與李華的政治追求與古文創作》（《湖南科技學院學報》2013 年第 11 期），羅玲《地域文化視野下的李華詩歌創作研究》（《遵義師範學院學報》2016 年第 4 期），羅俊萍《淺談李華對古文運動的貢獻》（《高教學

〔註 1〕 按，此文原載《文獻》，1990 年第 4 期，後收入《北京大學百年國學文粹·文學卷》，北京大學出版社，1998 年版。

刊》2016 年第 14 期）等。上述論文，以張思齊和趙殷尙二文爲精。張、趙二人對李華的研究，使得李華研究更加深入。實證研究和理論研究的結合，將李華研究引入了一個新的角度。九十年代至今，李華研究主要體現在對其文體創作和思想內容的探索上，張思齊先生在李華研究上下了很大工夫，對李華古文所具有的突出特點進行了較爲深刻的考查。從單一角度進行闡釋的論文也有數篇，內容集中於對李華的一兩篇代表性作品或者某一類文體的研究，如羅忠族《李華及其〈政事堂記〉》（《婁底師專學報》1985 年第 3 期），凍國棟《讀李華〈與外孫崔氏二孩書〉論唐前期風俗》（《武漢大學學報》（哲學社會科學版）1995 年第 3 期），張思齊《在比較視野中看李華的駢文成就》（《安徽理工大學學報》（社會科學版）2005 年第 1 期），〔韓〕趙殷尙《「廳壁記」的源流以及李華、元結的革新》（《文獻》2006 年第 4 期），張思齊《李華賦的成就與特色》（《東方論壇》2007 年第 4 期）、《從跨學科比較看李華涉及水利的兩篇文章》（《西華大學學報（哲學社會科學版）》2008 年第 3 期），張思齊《李華涉史文章研究》（《殷都學刊》2010 年第 3 期）、《比較視域中的李華〈弔古戰場文〉文本考察》（《漢語言文學研究》2010 年第 3 期），季愛民《李華流寓南方及其與天台學的關係》（《唐史論叢（第十九輯）2014 年 10 月》），唐文治《李遐叔弔古戰場文研究法》（《唐文治國學演講錄》上海交通大學出版社 2017 年版），霍志軍《唐代御史廳壁記寫作的文學與文獻學價值——以李華、柳宗元廳壁記寫作爲例》（《重慶郵電大學學報（社會科學版）》2018 年第 3 期），吳振華《論蕭穎士、李華的詩序》（《廣東技術師範學院學報》2019 年第 2 期）等。以上九篇文章，研究角度不一，深度亦有不同。總體來看，這些文章屬於微觀研究範疇。

3. 賞析性研究的論文

竺洪波《中國古代的非戰傑作——讀李華〈弔古戰場文〉》（《作文世界》）；黃依林《悲歌慷慨，唱歎有情——讀李華〈弔古戰場文〉》（《閱讀與寫作》，1997 年第 10 期）；李金榮《差異與一致：文學鑒賞的兩種認知模式——由對李華〈春行寄興〉的不同評價談起》（《西南民族學院學報（哲學社會科學版）》，2002 年第 6 期）；曹麗芳《極思研推　委曲深痛——李華〈弔古戰場文〉賞析》（《名作欣賞》，2017 年第 11 期）。賞析性論文是文學研究的一種形式，在越來越不重視情感賞析的當下，這幾篇具有賞析意味的文章，具有特殊意義。

另外，俞紀東的《李華和他的〈弔古戰場文〉》（發表於《唐代文學論叢》總第五輯），是一篇考證和理論研究結合得較好的論文。

（二）港臺方面

有關李華研究的單篇論文不多，舉其要者，羅列如下：

1. 楊承祖《李華繫年考證》，《東海學報》第 33 期，民國 81 年（1992 年）6 月。

2. 李少儒《壯懷筆墨　沉痛美詞——唐代李華〈弔古戰場文〉與現代羅門〈麥堅利堡〉聯展》，《亞洲華文作家雜誌》第 39 期，民國 82 年（1993 年）12 月。

3. 方介《李華的聖人觀》，《中正大學中文學術年刊》第 2 期，民國 88 年（1999）3 月。

4. 王德權《李華政治社會論的素描——中唐士人自省風氣的轉折》，《國立政治大學歷史學報》第 26 期，民國 95 年（2006 年）11 月。

學位論文有：蕭淑貞的《李遐叔及其作品研究》，臺灣師範大學碩士論文，民國 77 年（1988 年）；趙殷尚的《唐代古文運動先驅者及其散文研究：以蕭穎士、李華、賈至、元結為主》，國立清華大學博士論文，民國 92 年（2003 年）；曹靜嫻的《唐代蕭李集團研究》，臺灣逢甲大學碩士論文，民國 93 年（2004 年）。

二、古文與儒學淵源述略

古文有廣義、狹義兩種說法：廣義指小篆以前各諸侯國所用的文字，狹義指古文經籍中的文字。這是古文字的簡單內涵，與我們所說的古文並非同一意義。這裡討論的古文指散體文言文，也就是與駢文相對應的一種文體。那麼，「古文」二字是怎樣用來代指文體的呢？其實，古文作為文體名的稱謂，發展得比較晚，歷史溯源可從南北朝時期開始。六朝時盛行綺麗、華靡的駢儷文，文章寫作以駢體為大宗，文人也常因此身處浮豔辭藻之境而不自覺。而蕭齊、蕭梁統治階層的推波助瀾，常常也是「吟風弄月」，此漸成一種風氣。然而，這種風氣在唐代有了轉變。唐初陳子昂主張發揚漢魏風骨，對駢體文進行抨擊和打壓，初見成效；到了盛唐，李華、蕭穎士、獨孤及、元結等人，再次拾起陳子昂的衣缽，反對奢靡的文風；再到中唐，韓愈、柳宗元等不遺餘力地反對當時流行的浮豔文風，通過創作實踐，與浮豔的駢體文

進行抗爭。因爲韓、柳二人主張復古，追溯先秦諸子散文，於是便將秦漢之文稱爲「古文」，把唐代流行的駢體文（「四六」）稱爲「今文」。這樣，「古文」就正式成爲一種文體名傳播開來。吳南屏在《與筱岑論文派書》中曾簡略將其歸納：「蓋文體壞而後古文興，唐之韓、柳，承八代之衰而挽之於古，始有此名。」〔註2〕

　　由此可見，古文是與先秦諸子散文聯繫在一起的。這裡的先秦諸子散文涵蓋範圍甚廣，它包括儒家的「五經」以及《論語》、《孝經》等經部典籍；先秦史籍，如《逸周書》、《竹書紀年》、《汲冢瑣語》、《世本》、《春秋事語》、《戰國策》、《戰國縱橫家書》等；神話傳說，如《山海經》、《穆天子傳》等；先秦諸子，如《孟子》、《荀子》、《老子》、《莊子》、《文子》、《列子》、《墨子》、《商君書》、《韓非子》、《管子》、《晏子春秋》、《呂氏春秋》、《尹文子》、《公孫龍子》、《慎子》、《鶡冠子》、《孫子》等著作。因漢武帝施行「罷黜百家，獨尊儒術」思想，先秦諸子的「九流十家」錯綜複雜的思想被儒家者所統一。其餘各家只有少量著作傳世，統治者的思想領域儒家思想占統治地位，自漢代開始而至整個封建時代結束，其餘各家均未登上政治舞臺，成爲統治思想。儒學思想自漢代開始，就縶下了牢固的根基。所以，唐代所倡導的古文是儒學思想統治下的古文創作，其筆法、技巧也許出自諸子百家，但思想始終是儒家所倡導的仁、義、禮、智、信。這樣，古文與儒學淵源就比較清晰了。這主要表現在兩個方面：一是古文成爲儒學的載體，是傳播儒學最重要、最有效的方式；二是儒學的變化發展常常依賴於古文創作。因而，古文作爲一種傳統的文學創作方式，便被古文創作者作爲一種手段來運用，借之表達自己的思想，這就是我們習慣上所稱的「復古」。

（一）古文作為儒學的傳統載體

　　古代諸子百家，雖沒有「古文」之名，但卻有「古文」之實。所以劉師培在《論文雜記》中說：「觀班《志》之敘藝文也，僅序詩賦爲五種，而未及雜文；誠以古人不立文名，偶有撰著，皆出入六經、諸子之中，非六經、諸子而外，別有古文一體也。」〔註3〕劉氏所言甚確，古文既是出自六經和諸

〔註2〕　王先謙纂，宋晶如注：《廣注王氏續古文辭類纂》，上海：世界書局，1936年，第376頁。

〔註3〕　劉師培：《中國中古文學史・論文雜記》，北京：人民文學出版社，1984年，第113頁。

子，其語言形式和思想內容當與六經、諸子相一致。當然，後世的古文在形式上並不完全與六經、諸子相同，而且存在著較大的偏差，形式上出現了一種「更變」。所謂「變」是根據時代和社會環境的變化，不斷用新的內容闡釋經典，或依據經典糾正違背傳統思想道德的行為。「變」的只是形式，而思想實質卻沒有變化。前已論述古文創作是在儒家思想的框架內進行的，既然如此，那古文就自然而然成為儒學傳播的一種載體。這裡需要補充一點，詩歌作為一種最古老的文學創作方式之一，在後世也曾起到復古的作用，但它形式過於侷限，因而所表達的思想不能深入，更不可能淺出。較之詩歌這種傳統的創作方式，古文的優勢明顯：第一，句式的靈活性有利於表達思想；第二，篇幅有長有短，便於描寫、抒情、議論，通過不同的表達方式闡述自己的觀點。在唐代古文運動以前，古文就在發揮著它的作用。《全上古三代秦漢三國六朝文》的宏富，足可體現這一點。初唐時期，駢文盛行，古文則處於相對較弱的地位。隨著陳子昂、李華、蕭穎士、元結、韓愈、柳宗元等人的推動，唐代古文創作達到與駢文並行之勢。古文這一載體的作用，再次凸顯。

（二）儒學發展依賴於古文創作

這一點要從唐代古文說起。首先，因為「唐以前無『古文』之名」（包世臣《雩都宋月臺（維駒）古文鈔序》）〔註4〕，直到唐代駢文之風肆虐，有礙於儒學發展，古文才開始溯源秦漢，要求「復古」。所以古文與儒學淵源的最近鏈接是在唐代。其次，唐代儒學衰微，古文家為了復興儒學，從革正文體、文風和文學語言等方面進行改進，使其成為一種有效的文體來傳播儒學思想。

唐代的古文是與儒學緊密聯繫在一起的。自陳子昂倡導「風骨」以來，經過幾十年的發展，在開元、天寶年間，古文有了很大的發展，李華、蕭穎士、獨孤及、元結等做出了很大的成績。他們的古文創作是「古文運動」的先聲，並為「古文運動」的產生奠定了實踐基礎和思想導向。這裡的思想導向便是崇重儒學。到貞元、元和年間，韓愈、柳宗元在總結前代古文實踐的基礎上，提出自己的理論主張，發起了「古文運動」。韓、柳的古文運動推動了儒學復興，為宋元儒學的進一步發展搭起了橋樑。

〔註4〕 包世臣：《安吳四種》之二《藝舟雙楫》卷十，道光丁未本（1847年），第25頁。

　　從散文發展史上來看，古文與駢文並駕齊驅，此起而彼伏。但是，就儒學發展來說，古文與儒學始終保持著密切的關係。

三、選題的意義及其價值

　　前人專家學者研究李華，研究角度大多集中在李華古文創作這單一方面，研究角度稍特殊一點的是臺灣逢甲大學曹靜嫻的碩士論文《唐代蕭李集團研究》，主要從以蕭穎士、李華爲首所形成的文人集團進行研究，內容涉及到文學、史學、政治改革以及蕭李集團對唐代社會的影響等多個方面。

　　值得注意的是，在唐代這個儒、釋、道三家並行的時代，儒學作爲中國的傳統思想，有著深厚的根基，足以和佛、道相抗衡。但是在初唐、盛唐，隨著佛教、道教被大力推崇，儒學漸漸處於邊緣位置。雖然統治思想的主體依然是儒學，而且地位是不可動搖的。然而在生活中、藝術上，儒學的地位卻是十分尷尬。在唐代無論是佛教還是道教，都與日常生活緊密相連，而且其藝術成就也達到了頂峰。儒學在唐代的相對低迷，成爲知識分子（古文家、詩人）心中的隱憂。我們知道，儒學在漢代稱爲「漢學」，至宋代被稱爲「理學」，而唐代似乎是一片空白，有些研究儒學的論著，在論述漢學之後，直奔宋代，有唐一代近三百年，儒學竟隻字未提。有些論著的提法很全面，把漢代至唐代這一時期統稱「漢唐儒學」，但是，在論述唐代部分只涉及到韓柳等古文家，且所佔比重在整部書中很少。這不得不讓人質疑。然清代萬斯同在《儒林宗派》一書中，羅列了有唐一代儒學思想家，諸如元德秀、蕭穎士、柳芳、柳冕、獨孤及、梁肅、陸贄等人，皆在名單之中〔註5〕。儒學經歷不同的時代，有著不同的發展走向。時代變遷、社會變革、文化遷移，以及文人內心思想矛盾都會引起儒學思想層面的變化。

　　任何事物都是一個不斷發展的過程，儒學不可能在經歷了漢代經學之後便銷聲匿跡，在長達幾百年的時間裏毫無建樹，而忽然到宋代便煥發生機。這幾百年是中國的唐代，一個文學創作的頂峰時期。據現存的文獻分析，唐代並非毫無思想的一個時期，儒學在唐代以其獨立的角色存在著。唐代儒學在整個中國儒學發展史上是一個不可忽略的重要過程。在唐代，儒學與佛、道抗衡，不斷凸顯其中國本土的重要學術思想，而且這些思想就是通過古文創作傳達出來的。初唐陳子昂的「復古思潮」，雖然是針對唐代詩歌的一次革

〔註5〕按，參萬斯同《儒林宗派》，新北：廣文書局，1971 年，第 151～163 頁。

新，但它對當時的古文創作也起到了警醒的作用，初唐的古文創作受到這一理論的影響，並試圖改革，這便是唐代儒學覺醒的先聲。古文創作發展到盛唐，漸趨繁盛，於是盛唐古文創作便成爲唐代儒學覺醒的一個支柱，這其中有一位重要作家——李華，他的古文創作較早地體現了唐代儒學的覺醒。

在李華的古文創作中，體現了重要的古文思想，這些思想與傳統儒學相契合，並隨這一時期的社會現實不斷發生變化，不自覺地推動儒學的發展，我把這一過程稱之爲「唐代儒學覺醒」。不僅如此，李華的這些思想對當時社會——儒、釋、道並行，有著相當程度的影響。這是個值得深入探討的問題。在唐代的文學領域，尤其是古文的創作，對儒學覺醒的推動，李華的影響和貢獻都是相當大的。本文試圖通過李華的古文創作，分析論證李華古文理論對唐代儒學覺醒的助推作用，進而將唐代儒學研究自韓柳始，向前推移至盛唐階段。

本文的研究角度：以李華古文創作爲中心，動態分析李華古文理論與唐代儒學的關係，以此說明唐代儒學作爲漢學和宋明理學的過渡階段，應該有其特殊而又獨立的地位，這一地位的體現恰恰是通過古文這一載體來實現的。

第一章　李華古文中的儒學表現

　　李華現存古文一百零八篇〔註1〕，較之獨孤及《趙郡李華中集序》中所言《前集》十卷、《中集》二十卷、《後集》若干卷，所存數量不多。詳盡分析這百餘篇古文，發現李華除了數篇應制之作外，其古文創作表現出對儒學的極度崇敬。他大力推行復古思想，與陳子昂遙相呼應，但側重有所不同。李華以古文作爲手段進行文學復古，對古文創作的手法、內容、題材等進行革新，將儒學思想觀念與時代發展結合起來。他上承先秦兩漢傳統，創作了大量（李華集有諸多散佚，已不得窺其原貌）與當時流行的駢文相對立的新型散文——古文。古文這種文體在有唐一代一直存在，經文人再度推重而繼續發展。唐代儒學發展，以古文作爲載體，通過古文創作不斷呈現屬於唐代的儒學思想理路。以李華的作品爲例，其創作中體現的儒學思想因子超越同時代的各位文學家；他把古文創作主張與儒學思想緊密結合起來。隨著復古思潮的復興，盛唐越來越重視對儒學的繼承和發展，這一點與文人自覺有關，也與時代變化有關。對微觀層面與宏觀層面交接和碰撞的研究，對儒學思想發展態勢的研究，最後依舊要回到具體的作家、作品上來。在盛唐儒學覺醒的大背景下，李華這位重要的古文家，推動了儒學向前發展。其對儒學的感悟、推許、提倡與弘揚，起到了助推劑的作用。

〔註1〕按，據《文苑英華》、《唐文粹》、《唐代墓誌彙編》、《唐代墓誌彙編續集》、《大正藏》等文獻進行輯考，共得李華文108篇，其中《廚院新池記》一文，非李華所作，已考定，不列於內。參看拙文《〈廚院新池記〉作者新考》（《四川師範大學學報》（社會科學版），2011年第2期），亦見本書附錄。

第一節　李華古文中的復古傾向

　　獨孤及在《檢校尚書吏部員外郎趙郡李公中集序》中說：「帝唐以文德旉祐於下，民被王風，俗稍丕變。至則天太后時，陳子昂以雅易鄭，學者浸而嚮方。天寶中，公（李華）與蘭陵蕭茂挺、長樂賈幼幾（至）勃焉復起，振中古之風，以宏文德。」〔註2〕初唐陳子昂倡導漢魏風骨，盛唐李華、蕭穎士、賈至再振中古之風。從獨孤氏所論，知盛唐復古之風肇端於李華諸人。李華古文中的復古思想，獨孤氏也已指出，而且將其復古的目的總結爲「以宏文德」，這是值得深入思考的問題。獨孤氏接下來在論述李華古文創作根源時說：「公之作本乎王道，大抵以五經爲泉源。」〔註3〕「王道」與「五經」直指儒學本根。其通過對李華作品的分析歸納，總結李華古文創作的特點，分文體論說，頗有眼光。其稱李華創作「抒情性以託諷，然後有歌詠；美教化，獻箴諫，然後有賦、頌；懸權衡以辯天下公是，然後有論議，至若記序、編錄、銘鼎、刻石之作，必採其行事以正褒貶，非夫子之旨不書，故風雅之指歸，刑政之本根，忠孝之大倫，皆見於詞」〔註4〕。獨孤氏所論蓋是針對李華全集而言，評價之高或有根據。從評論中可見李華創作所涉文體之廣，所承思想之旨，非同一般。獨孤氏給予李華盛唐「文章中興」開啓者的地位，這一論斷是合乎史實的。稱李華「於時文士馳騖，颷扇波委，二十年間，學者稍厭《折楊》、《皇華》，而窺咸池之音者什五六，識者謂之文章中興，公實啓之」〔註5〕。從獨孤氏的《集序》中，可以看出幾個關鍵點：一是李華文體創作的特色，二是李華與復古的關係，三是李華在盛唐時期的地位，四是李華儒學思想的特質，五是作爲風氣倡導者的堅持。獨孤氏對李華的論述不無溢美之辭，但也算是中肯。那麼，研究李華復古思想首先要對文章的形式予以概觀，在某種程度上，形式決定著內容。其次爲內容的表述，其中承載著個體思想。再次是思想的開拓，通過橫向與縱向的比較可得，思想的進步性如何。針對上述三點，我們將從形式、內容、思想三個方面入手，剖析李華復古思想的細節，並著力探求本源。

〔註2〕董誥等：《全唐文》，北京：中華書局，1983 年，第 3946 頁。
〔註3〕董誥等：《全唐文》，北京：中華書局，1983 年，第 3946 頁。
〔註4〕董誥等：《全唐文》，北京：中華書局，1983 年，第 3946 頁。
〔註5〕董誥等：《全唐文》，北京：中華書局，1983 年，第 3946 頁。

一、形式上的追求

　　李華現存作品，從文體上看，有賦、序、書、頌、贊、論、銘、傳、碑、記、表、祭文、誄文、行狀和詩歌十五種不同的文體。除去詩歌，李華的古文文體達十四種之多。這些文體在唐前就已經存在，且有成熟作品。劉勰《文心雕龍》對文體方面的論述，已經形成完備的理論體系。文體的熟落，引發文體學方面的思考。然而，隨著時代的發展，文體也會產生一些變化，這依賴於文人創作的變通。在李華古文創作中，文體的革新是一個很重要的層面。他通過形式上的改進和創新，推行其復古思想。

　　劉勰《文心雕龍・宗經》說：「故論說辭序，則《易》統其首；詔策章奏，則《書》發其源；賦頌歌贊，則《詩》立其本；銘誄箴祝，則《禮》總其端；紀傳銘檄，則《春秋》為根：並窮高以樹表，極遠以啓疆，所以百家騰躍，終入環內者也。」〔註6〕可見，文體之本根在經學。北齊顏之推的《顏氏家訓・文章篇》也說：「夫文章者，原出《五經》：詔命策檄，生於《書》者也；序述論議，生於《易》者也；歌詠賦頌，生於《詩》者也；祭祀哀誄，生於《禮》者也；書奏箴銘，生於《春秋》者也。」〔註7〕文體，指文學的體裁、體制或樣式。上述文獻所舉文體皆有淵源，文章源於《書》、《易》、《詩》、《禮》、《春秋》。文學是社會現實生活的反映，是表達作者思想感情的語言藝術。李華所作序、書、頌、贊、論、銘、碑、傳等，在某種程度上也淵源有自，離不開經學之根柢。需要指出的是，作者在從事創作時，為達到既定的效用，必然採取與之相適應的語言形式和篇幅、組織結構等，這就使文學產生了不同的類別，也就是各具特徵的文學體裁。李華古文的革新，有一部分的表現就來自於古文文體形式上的變化。

　　各種文學體裁是在作者的藝術實踐中逐漸形成和發展的，它與作品的思想內容一樣，受著社會歷史的制約，並且受著語言發展、作家創作才能等各種因素的影響。李華古文創作的文體形式也受語言、思想、個人學識等方面的影響。文體本身所具有的特點，是一種潛在的影響。不同文體風格各異，李華在遵循原有文體風格的基礎上進行了創新，開拓了唐代古文的新局面，這種新局面主要表現在以下幾個方面：其一，散文語言的革新，順應時代的

〔註6〕劉勰著，范文瀾注：《文心雕龍注》，北京：人民文學出版社，1978年，第22～23頁。

〔註7〕顏之推撰，王利器集解：《顏氏家訓集解（增補本）》，北京：中華書局，2002年，第237頁。

發展。其二，豐富和發展了古代散文的各種文體，如傳統的碑銘文、論說文、傳狀文、哀祭文、雜記文等，在李華的手中都有不斷的創新。在序跋文中，李華開拓了贈序文體。在漢賦、駢賦的基礎上，發展出兼具古文風格的文賦。其三，李華運用構思、修辭，以及謀篇的技巧、音節的頓挫等各種手法，極大地增強了中國古代散文的藝術性。唐宋散文上繼周、秦、漢，下啓元、明、清，是我國古代散文文體臻於完備而極爲發達的時期。

在李華的諸多文體中，賦、序、廳壁記最具特色，從形式上的變化能夠窺探出李華古文創作手法的新變，從而把握李華古文的復古傾向。

（一）賦體的復古和新變

李華的賦不多，存世四篇，《望瀑泉賦》、《含元殿賦》、《哀節婦賦》和《木蘭賦》。從僅存的四篇賦可以窺探出，李華的賦還存有俳賦、律賦的特點，依然注重駢偶和用韻，以《含元殿賦》最具有代表性。賦中云：「嶷兮巍巍，巨黿載仙山而出滄波；劃兮煌煌，燭龍拆穹穴而臨北方；排層城而廓帝居，豁閶闔而面蒼蒼，左翔鸞而右棲鳳，翹兩闕而爲翼，環阿閣以周墀，象龍行之曲直，夾雙壺之鴻洞，啓重閨之呀豟，趨堂塗而未半，望宸居而累息。」〔註8〕對仗如此工整，辭藻如此華麗，與漢大賦如出一轍。但李華的《望瀑泉賦》、《哀節婦賦》和《木蘭賦》中的語言趨向散文化。《望瀑泉賦》「人已古兮山在，泉無心兮道存」具有騷體賦特徵；《哀節婦賦》語言簡潔明瞭，有史實性質，如文中說「自牧之子，待徵之妻，玉德蘭姿，女之英兮。鄒也避禍，伏於榛莽；婉如之嬪，執爲囚虜」〔註9〕；《木蘭賦》是一篇典型的描寫事物的賦，描摹物象雖用偶對，但少有典故，如文中說「當聖政之文明，降元和於九霄，更褻涉之爲虐，貫霜雪而不凋，白波潤其根柢，玄雪暢其枝條。沐春雨之濯濯，鳴秋風以蕭蕭」〔註10〕。

李華的賦更接近於古文，可以歸爲文賦一類。文賦一般不排斥駢偶句，如李華《望瀑泉賦》中的「凝黛色之深明，噎林嶺之岑寂，何神造之杳冥，躍騰泉於山脊」，「玉繩縋於寥天，銀河垂於廣澤，春風雷兮筵霜雪，穿重雲而下射，白龍倒飲於平湖，若天地之初闢」〔註11〕；《哀節婦賦》中的「哀風

〔註8〕 李昉等編：《文苑英華》，北京：中華書局，1982年，第216頁。
〔註9〕 李華：《李遐叔文集》，上海：上海古籍出版社，1993年，第10頁。
〔註10〕 李華：《李遐叔文集》，上海：上海古籍出版社，1993年，第75頁。
〔註11〕 李昉等編：《文苑英華》，北京：中華書局，1982年，第163頁。

起爲連波，病氣結爲孤雲；鳧雁爲之哀鳴，日月爲之蒙昏」〔註12〕。這些駢偶句在行文中偶而用之，但卻不像俳賦那樣一味追求聲色的華麗。但《含元殿賦》似是例外，此也從另一個側面說明了李華在賦體創作上的靈活性。文賦在用韻上，也較爲自由。句式以四言、六言爲主，但也摻用大量的長句，除連接詞外，還使用「兮」「之」「也」「乎」「哉」「矣」「焉」「以」「而」等虛詞。在謀篇用句上，它吸收了當時古文的章法、氣勢。比起兩漢的辭賦來，它雖然也有鋪陳的特點，但克服了魏晉南北朝文人喜歡用僻字和堆砌辭藻的毛病。李華的賦，除去《含元殿賦》有歌功頌德之嫌，極力描摹含元殿之雄奇，其他三篇都有較強的敘事性和審美性。《哀節婦賦》和《木蘭賦》兩篇，用賦的手法記載當時發生的社會現實，敘事性強，給人一種眞實親切之感。而《望瀑泉賦》通過對瀑泉寥寥幾筆的描寫，將其特點眞實呈現出來，其審美視角不言自明。

　　文賦往往會流於說理，明徐師曾在《文體明辨序說》指出：「文賦尚理，而失於辭，故讀之者無詠歌之遺音，不可以言麗矣。」〔註13〕但李華賦的創作卻並非如此，他的寫景形象生動，文字清新流暢，既富有詩意，又貫穿著古文的氣勢。李華賦的創作「理」「辭」俱佳，「理」合乎事實，「辭」華而不膩，現舉李華的《木蘭賦》爲例，略作說明：

　　　　泝長江以遐覽，愛楚山之寂寥。山有嘉樹兮名木蘭，鬱森森以苕苕。當聖政之文明，降元和於九霄，更祲沴之爲虐，貫霜雪而不凋，白波潤其根柢，玄雪暢其枝條。沐春雨之濯濯，鳴秋風以蕭蕭。素膚紫肌，綠葉縝蒂；疏密聳附，高卑陰蔽；華如霜雪，實若星麗；節勁松竹，香濃蘭桂。宜不植於人間，聊獨立於天際，徒翳薈兮爲鄰，挺堅芳兮此身，嘉名列於道書，墜露飲乎騷人。

　　　　至若靈山霧歇，藹藹林樾，當楚澤之晨霞，映洞庭之夜月，發清明於視聽，洗煩濁於心骨，韻眾壑之空峒，澹微雲之滅沒。露草白兮山淒淒，鶴既唳兮猿復啼。官深林以冥冥，覆百仞之玄溪。彼逸人兮有所思，戀芳陰兮步遲遲。悵幽獨兮人莫知，懷馨香兮將爲誰？惋樵父之無惠，混眾木而皆盡，指畫（疑爲群）類而揮斤，遇仁

〔註12〕李昉等編：《文苑英華》，北京：中華書局，1982年，第437頁。
〔註13〕吳訥、徐師曾：《文章辨體序說‧文體明辨序說》，北京：人民文學出版社，1982年，第101頁。

人之不忍。方甘心而剿絕，俄固抵於傾殞，憐春華而搴芳，顧落日而回軑。達者有言，巧勞智憂。養命躪疾，人胡不求，枝殘體剝，澤盡枯留，頏頜空山，離披素秋。鳥避弋而高翔，魚畏網而深遊。不材則終其天年，能鳴則免於俎羞。奚此木之不終，獨隱見而罹憂。自昔淪芳於朝市，墜實於林丘，徒鬱咽而無聲，可勝言而計籌者哉！

　　吾聞曰：人助者信，神聽者直。則臧倉譖言，宣尼失職，出處語默，與時消息。則子雲投閣，方回受殛。故知天地無心，死生同域。紜紜品物，物有其極。至人者，委性循於自然，寧任夫智之與力也。雖賢愚各全其好〔惡〕，草木不夭其生植。已而已而，翳蔽不可得。〔註14〕

　　從這篇文賦中我們可以看到，句式以散句為主，也摻雜著四六句式，押韻句式也較為靈活，有的句句押，有的隔句押，有的三、四句才押。文中運用了若干對偶句，有的是出於修辭的需要，有的是情感的抒發。李華的此篇賦，不像俳賦那樣肆意地追求聲色和形式，更多的是注重內容本身的意義和價值，因而不露雕琢造作的痕跡。首段中的「白波」「春雨」「秋風」「素膚」「紫肌」「綠葉」「霜雪」，詞語之中富含色彩，且有一種密集感。對木蘭這一植物的論斷，能夠引起共鳴，所謂「不材則終其天年，能鳴則免於俎羞」，實是真理。而事實上，木蘭「淪芳於朝市，墜實於林丘，徒鬱咽而無聲」，這種現實和理想之間的差別，形成的落差感，頗能引起共鳴。李華對木蘭的評價，上升到哲理的境界，也頗有深度，所謂「天地無心，死生同域」「賢愚各全其好〔惡〕，草木不夭其生植」是也。以賦體描寫木蘭，本與復古所涉無多，但從寫作手法來看，此賦的創作確實有一種特殊性。李華賦的創作形式是一種新變，這種新變將賦的體制和形式進行了豐富，新鮮感和思想性並重。

（二）序體的繼承與開拓

　　李華的序文十四篇，分為集序、贈序兩大類，尤以集序最具價值。其古文思想大部分保留在僅有的幾篇序文裏，如《贈禮部尚書孝公崔沔集序》、《揚州功曹蕭穎士文集序》和《楊騎曹集序》。關於內容上的復古思想詳後，這裡僅從形式上探求李華的復古手段。創作形式分為兩個層面，一是作品的組織結構，二是語言表達方式，也就是內在和外在的結合。李華序體文在這方面

〔註14〕李昉等編：《文苑英華》，北京：中華書局，1982年，第664頁。

具有典型性。

　　集序，即序跋文。李華的集序與傳統序文的相同之處在於，繼承了傳統序文的寫作形式，介紹寫作的緣由，與司馬遷《太史公自序》相似；表達自己的文學觀點，與劉向的《戰國策序》相似。介紹寫作緣由有敘述的性質，表達文學觀點又有議論的性質。所以徐師曾《文體明辨序說》中說序文「其為體有二：一曰議論，二曰敘事」〔註15〕。李華對序體的繼承，體現的是文體在發展過程中的穩定性和獨立性。所以，李華的集序則是將敘事和議論兩者緊密地結合起來，他的集序既近似於論說文，又近似於記敘文，而且在集序中又具有抒情色彩，很有雜記文的特點。李華文筆流暢，似有隨意拈來之感。《楊騎曹集序》以議論開篇，直表觀點；接著便是介紹楊極（騎曹），筆法簡約而不簡單；最後點明寫序的原因，感情真摯而不做作。另外，《贈禮部尚書孝公崔沔集序》和《揚州功曹蕭穎士文集序》兩篇，結構謹嚴，層次清晰，對文集主人一生有較為詳細的記載，可補史傳之缺。有關文集主人的論述，均從其家事記起，有史書的味道。如《贈禮部尚書孝公崔沔集序》記崔沔：「帝唐文行大臣，太子賓客，贈禮部尚書博陵孝公崔氏，諱沔，字若沖，安平公愷（按：誤，當作暟）之少子也。」〔註16〕《揚州功曹蕭穎士文集序》記蕭穎士：「以文學著於時者，曰蘭陵蕭穎士，字茂挺，梁國鄱陽忠烈王之後，曾祖某官，大父某官，考諱某，莒縣丞，咸有位不至尊。」〔註17〕《楊騎曹集序》記楊極：「宏（弘）農楊君，諱極，字齊物，隋觀德王之後。祖正基，魯王府諮議；父珣，永平令，得進士舉，邦族高之。君幼孤，事繼母以孝聞。」〔註18〕隨後或敘其官職生涯，或對其進行品評。集序的寫法具有史傳特點，並非李華獨創，李華繼承了這一點。史料性質的寫作手法，在集序之中常見，但如李華這樣詳述撰者家世背景的情況也較為難得。總體上說，李華的集序形式還是比較單一的，沒有較多的變化。若略探李華文筆，可以看出他試圖在情感方面對集序進行開拓，使其接近小品文的形式。形式上的不完全復古，說明李華倡導復古而不泥古；對形式的繼承和開拓，說明他勇於革新，敢於創造。

〔註15〕吳訥、徐師曾：《文章辨體序說·文體明辨序說》，北京：人民文學出版社，1982年，第135頁。

〔註16〕李昉等編：《文苑英華》，北京：中華書局，1982年，第3613頁。

〔註17〕李華：《李遐叔文集》，上海：上海古籍出版社，1993年，第12頁。

〔註18〕李昉等編：《文苑英華》，北京：中華書局，1982年，第3615頁。

　　贈序是專門為送別親友而寫。這一類文體是和集序合為一類的，直到清代的姚鼐編《古文辭類纂》，才把它單獨列出，稱為「贈序類」。姚鼐認為，贈序文是古代「君子贈人以言」的遺意，跟序跋類的序文性質上不同。贈序之作，晉代傅玄有《贈扶風馬鈞序》，潘尼也有《贈二李郎詩序》等，但這一文體的盛行，卻在唐代。古代文人在親朋師友離別之際，常常設宴餞別，在別宴上又往往飲酒賦詩，詩成，則由在場的某人為之作序，後來發展到雖無餞別聚會或贈詩，送別者也寫一篇表示惜別、祝願與勸勉之詞相贈。李華的集子中，贈序有十篇之多，幾乎占李華文集的十分之一。李華的贈序文短小精簡，情采不多，但卻風格清爽，富有一種真實之感。他的贈序文雖沒有李白的飄逸，但卻風格獨特。形式上不刻意追求辭藻的華美，手法上也不特別注重技巧，純是一種率性而發之言。李華的贈序主要是送別序，共有八篇，包括《江州臥疾送李侍御序》、《送十三舅適越序》、《送薛九遠遊序》、《送房七西遊梁宋序》、《送薄九自牧往義興序》、《送張十五往吳中序》、《送觀往吳中序》、《送何萇序》。李華所作送別序每篇只有一二百字，如《送薄九自牧往義興序》共 108 字，《送房七西遊梁宋序》共 115 字。篇幅短小是李華贈序的一大特點。贈序雖短，但所包含的感情卻是真摯的。

　　李華的集序、贈序，力圖在形式上另闢蹊徑，將短小精練引入文章創作，並積極推行，這對後世贈序創作有重要的影響。我們以李華的《送薄九自牧往義興序》與韓愈的《送董邵南序》為例，從形式上把握二人的相似性。《送薄九自牧往義興序》文曰：

> 中明檢而能曠，年邁體衰，而人罕知之。陽羨山深水闊，海隅幽阻，而人罕知之。以中明之玄姿默識，陽羨之清游秀石，人乎哉？清乎哉？之子所以為貴也。詩者輔佐情懷，其舊俗則泰伯之讓德，延陵之高風，因是而阻王孫，緣物而興之，遠也矣。〔註19〕

《送董邵南序》文曰：

> 燕趙古稱多感慨悲歌之士。董生舉進士，連不得志於有司，懷抱利器，鬱鬱適茲土，吾知其必有合也。董生勉乎哉！
>
> 夫以子之不遇時，苟慕義強仁者，皆愛惜焉。矧燕趙之士出乎其性者哉！然吾嘗聞風俗與化移易，吾惡知其今不異於古所云邪？聊以吾子之行卜之也。董生勉乎哉！

〔註19〕李昉等編：《文苑英華》，北京：中華書局，1982年，第3727頁。

　　吾因子有所感矣。爲我弔望諸君之墓，而觀於其市，復有昔時

屠狗者乎？爲我謝曰：「明天子在上，可以出而仕矣。」〔註20〕

　　從形式上來看，李華的《送薄九自牧往義興序》是贈序中的佳作，文章不長，但寓意深刻，含蓄婉轉。李華文章的短小精練被韓愈所繼承，成爲一種集敘事、說理和抒情三位一體的新型散文。韓愈的贈序與李華同出一轍，他的《送董邵南序》也只有 175 字，但卻傳達了很多思想，這也正是韓愈「文以載道」理論的實踐。形式雖不甚重要，但通過序體文不同時期的創作特點，能夠分析出序體文所具有的獨特的時代特色。

（三）廳壁記的新樣式

　　韓國趙殷尚有《「廳壁記」的源流以及李華、元結的革新》一文，文章較爲系統地討論了廳壁記的產生和發展。趙文說：「所謂『廳壁』是指官府的牆壁，而寫在它上面的文字則稱爲『廳壁記』，或『廳記』、『廳壁題名記』，其內容主要記述官府的由來與現況，以及歷任官員的姓名、經歷、政績，以爲紀念並供後任官吏參考。」〔註21〕據趙氏所考，「廳壁記」這種文體最早出現在唐代。其考所根據的材料是唐以前的總集和別集，均沒有廳壁記這一文體的記載。隨後具體考證其出現於開元末或天寶初，並引用唐代呂溫和封演對廳壁記描述進行論證。趙文所考廳壁記這一文體始於唐代應無大誤，但關於這種文體的寫作方式卻早已存在。只是這種文字並不是由個人來完成的，而是官府文職人員的工作，他們對在任官員的行爲進行記載，有種史官記錄史實的性質。但發展到唐代，文人與官員之間的交往越來越密切，通過唐代的「行卷」之風就可以窺探一二。文人爲自己所交往的官員記述政績，當然，也包括追述歷任官員的政績來勉勵現任官員，李華的廳壁記即有這一類型，如《壽州刺史廳壁記》：

　　禹貢淮海，惟揚州彭蠡三江在焉。漢文帝封淮南王長子安爲王，都壽春，即此州也。兩漢揚州刺史治於此州，壇壇猶在。後魏盧潛爲揚州，亦鎮於茲，潛有惠政。時人比之羊祜，厥後州境，或南或北，隨人推遷。

〔註20〕韓愈撰，屈守元、常思春校注：《韓愈全集校注》，成都：四川大學出版社，1996 年，第 1602 頁。

〔註21〕〔韓〕趙殷尚：《「廳壁記」的源流以及李華、元結的革新》，《文獻》，2006 年第 4 期，第 31 頁。

　　　　國朝一家天下，華夷如一。壽春郡在淮南，隸揚州，其風俗山
　　　川，可得而知也。某年，以兼侍御史、揚州司馬獨孤問俗爲壽州刺
　　　史。公有德政，理外如內，易不遺物，周不害通。忠孝簡於王室，
　　　廉平聞於天下。剛克以順，柔謹而肅。公理州三年，遷御史中丞，
　　　鎮江夏，工部郎中楚州張緯之，代公爲州牧。某部郎中韋延安，代
　　　張典此州。僉有政聞，故書其事，以慰楚人之心。〔註22〕

　　形式上述古，使得行文脈絡清晰，短短二百餘字，卻蘊含大量信息。壽
州刺史獨孤問俗仕途履歷頗爲清晰，與正史相較，有很少差異性。至於文中
所言「國朝一家天下，華夷如一」，這種儒家思想的提煉與昇華，亦非同一
般。李華的其餘幾篇也是如此，若隱去題目，單單從形式上判斷，似與史書
無異。既有史書性質，當然有其史料價值。再加上李華與眾不同的風格，優
美獨特的文筆，廳壁記便呈現出一種耳目一新的樣式。其他諸如《御史大夫
廳壁記》、《御史中丞廳壁記》、《著作郎廳壁記》、《京兆府員外參軍廳壁記》、
《河南府參軍廳壁記》、《安陽縣令廳壁記》、《臨湍縣令廳壁記》、《杭州刺史
廳壁記》、《衢州刺史廳壁記》、《常州刺史廳壁記》等，史料性質也很突出，
其風格和形式也開拓了文體的寬度。

　　其實，在李華之前，杜頎、孫逖等都曾寫過廳壁記。但是他們的廳壁記
似有諂媚之語，沒有太多的文學價值，而且語言艱澀，沒有美感。趙殷尚也
說「除了首創之功，則毫無意義可談」〔註23〕。李華有十二篇廳壁記，與之
前杜、孫等人創作的廳壁記不同的是，李華在形式上引入古體文的寫作方式，
有實質內容，有大膽議論。廳壁記在李華這裡產生了新的樣式。例如，李華
的《著作郎廳壁記》和《中書政事堂記》，對著作郎、中書政事堂的源流均有
較爲詳細的記載，但是李華的廳壁記不僅侷限於此，他還提出了一些改進措
施以及社會問題。當然這些是屬於內容上的開拓，下面我們將詳細論述，這
裡不談。在廳壁記的最後部分，李華幾乎均用一兩句介紹所作壁記的緣由。
這種創作形式被後代的古文家所繼承，韓愈、柳宗元的廳壁記在風格和形式
上都與李華接近。韓愈的《藍田縣丞廳壁記》，柳宗元的《監祭使壁記》、《四
門助教廳壁記》等，都是廳壁記中的佳作，可以說他們的廳壁記多少受到李

〔註22〕李昉等編：《文苑英華》，北京：中華書局，1982 年，第 4235 頁。
〔註23〕〔韓〕趙殷尚：《「廳壁記」的源流以及李華、元結的革新》，《文獻》，2006
　　　　年第 4 期，第 34 頁。

華創作的影響。

廳壁記作為一種應時代而出現的特色文體，在李華這裡得到發展和開拓。李華從形式上給廳壁記導引了一條規範之路，後之文人，諸如元結、韓愈、柳宗元等，都從李華這裡借鑒了不少。後之韓、柳之廳壁記較李華更勝一籌，那也只是在內容上有所精進，形式上還是依循李華而作。

二、內容上的體現

若說李華形式上的復古是對傳統的繼承，對唐代盛行駢文華麗之風的反抗，那麼他在內容上的一系列改革和創新，則是在追求一種實質意義上的復古。李華古文創作中的復古思想則更多體現在內容上。

第一，崇尚先賢。

李華的這一內容主要體現在頌、贊、論這三種文體創作上。通過對先賢的追述，表達一種崇敬先賢之情，復古傾向不言而喻。李華有頌十篇，包括《無疆頌》八首《平原公遺德頌》和《潤州丹陽縣復練塘頌》；有贊十六篇，包括《四皓後贊》、《隱者贊》七首、《先賢贊》六首、《二孝贊》和《靈濤贊》；有論九篇，包括《三賢論》、《正交論》、《質文論》、《卜論》、《賢之用捨》、《君之牧人》、《國之興亡解》、《材之小大》和《言醫》，共三十五篇。除去《靈濤贊》、《正交論》、《質文論》、《卜論》、《言醫》等五篇與先賢無甚相關，其餘三十篇均是崇尚先賢之文。《無疆頌》述唐八代君主，不免有粉飾之嫌，然《四皓後贊》、《隱者贊》和《先賢贊》卻均是有感而發，通過現實和歷史事實的相互聯繫，表達學習先人品行，追求更高境界人格的理想。如《四皓贊》云：「時濁代危，賢人去之。商洛深山，鸞鶴潛飛。漢以霸興，皇王道衰。玉帛雖至，先生不歸。吾非固然，可動而起。麗眉皓髮，來護太子。至尊動容，奪嫡心已。四賢暫屈，天下定矣。返駕南山，白雲千里。」〔註24〕四皓指的是東園公唐秉、用里先生周術、綺里季吳實和夏黃公崔廣，此四人德行高尚，且不貪功虛榮，輔佐太子劉盈，後隱居終老。李華讚揚四人功成身退，在當時社會情境下，或許有一定的現實意義。以古人行為方式為處世原則，從某種意義上說也是一種復古。《隱者贊》亦是如此，通過對嚴君平、嚴子陵、申屠子龍、陳留老父、管幼安、留侯、皇甫義真等七人的論贊，追古、述古、崇古的思想不斷顯現。而《先賢贊》則是通過追述先賢事蹟，希望統治

者能夠選用賢能，勵精圖治，使國家回歸強盛。李華進入仕途，正值安史之亂之時，唐代社會由盛而衰之際，追述先賢有其現實意義。通過李華筆下的隱者、先賢，不僅能看出李華是想追跡古人，效法先賢。對於同時代之效法古人者，李華也極力褒揚。《二孝贊並序》中說：「靈武二孝，曰侯知道、程俱羅，目不睹朝廷之容，耳不聞韶夏之聲，足不登齊魯之境，所見戎馬旃裘，參於夷狄。而能生養以孝，歿奉以哀，穿壙起墳，出於身力。鄉人助之者，哭而反之，廬於塚次，號泣無節，侯氏七年矣，程氏三年矣。根於天性，陶我孝理，其至乎哉？埃垢積首，草生髮間。每大漢（疑爲漠）晨空，連山夜寂，人煙四絕，虎豹與鄰。擁墳椎膺，聲氣咽塞。下入九泉，上徹九天。背爛心朽，皮枯節攣。」〔註25〕侯氏與程氏是至孝之人，李華奉使朔陲，爲二人寫下這篇贊文，可見李華對遵循古人步伐之人的敬仰。

第二，關注社會。

關注社會問題，是歷代文人創作的通性。因個人經歷和思想深度的不同，對社會問題的揭示也各有不同。李華的古文中有很多關注社會問題的篇章，這一點值得深入研究。在李華古文創作中，社會問題的提出往往借助了古文的手法。不僅如此，有些社會問題雖是近在眼前的，但他卻引用唐前事件，以類相從，進行類比分析，委婉地給唐代統治者提出建議。他對傳統的遵循，用的是一種復古的眼光和視角。看待社會問題如此，解決社會問題更是如此。李華的名篇《弔古戰場文》，即是借用古人之語，反抗戰爭。這一戰爭古題，發展到唐代也有幾千年歷史。古往今來，有無數文人志士反對戰爭，並對消除戰爭提出了諸多建議。李華以古戰場爲基點，貫通古今，以古往看今來。文曰：

> 浩浩兮平沙無垠，敻不見人。河水縈帶，群山糾紛。黯兮慘悴，風悲日曛。蓬斷草枯，凜若霜晨。鳥飛不下，獸挺亡群。亭長告予曰：「此古戰場也，嘗覆三軍，往往鬼哭，天陰則聞。」傷心哉！秦歟漢歟？將近代歟？

> 吾聞夫齊魏徭戍，荊韓召募。萬里奔走，連年暴露。沙草晨牧，河冰夜渡。地闊天長，不知歸路。寄身鋒刃，腷臆誰愬？秦漢而還，多事四夷，中州耗斁，無世無之。古稱戎夏，不抗王師。文教失宣，武臣用奇。奇兵有異於仁義，王道迂闊而莫爲。嗚呼！噫嘻！

　　吾想夫北風振漠，胡兵伺便。主將驕敵，期門受戰。野豎旌旗，川回組練。法重心駭，威尊命賤。利鏃穿骨，驚沙入面，主客相搏，山川震眩。聲折江河，勢崩雷電。至若窮陰凝閉，凜冽海隅，積雪沒脛，堅冰在須。鷙鳥休巢，征馬踟躕。繒纊無溫，墮指裂膚。耐此苦寒，天假強胡，憑陵殺氣，以相剪屠。徑截輜重，橫攻士卒。都尉新降，將軍覆沒。屍踣巨港之岸，血滿長城之窟。無貴無賤，同為枯骨。可勝言哉！鼓衰兮力竭，矢盡兮弦絕，白刃交兮寶刀折，兩軍蹙兮生死決。降矣哉，終身夷狄；戰矣哉，曝骨沙礫。鳥無聲兮山寂寂，夜正長兮風淅淅。魂魄結兮天沉沉，鬼神聚兮雲羃羃。日光寒兮草短，月色苦兮霜白。傷心慘目，有如是耶！

　　吾聞之：牧用趙卒，大破林胡，開地千里，遁逃匈奴。漢傾天下，財殫力痛。任人而已，其在多乎！周逐獫狁，北至太原。既城朔方，全師而還。飲至策勳，和樂且閒。穆穆棣棣，君臣之間。秦起長城，竟海為關。荼毒生人，萬里朱殷。漢擊匈奴，雖得陰山，枕骸遍野，功不補患。

　　蒼蒼蒸民，誰無父母？提攜捧負，畏其不壽。誰無兄弟，如是（疑為足）如手。誰無夫婦，如賓如友。生也何恩，殺之何咎？其存其歿，家莫聞知。人或有言，將信將疑。悁悁心目，寤寐見之。布奠傾觴，哭望天涯。天為之愁，草木悽悲。弔祭不至，精魂無依。必有凶年，人其流離。嗚呼噫嘻！時耶命耶？從古如斯！為之奈何？守在四夷。〔註26〕

　　歷代評論家，對李華此文的評論很多。楊慎在《升菴詩話》中，兩處提及李華《弔古戰場文》，祖述古法，運用古意。《升菴詩話・奪胎換骨》中云：「漢賈捐之《議罷珠崖疏》云：『父戰死於前，子鬥傷於後，女子乘亭鄣，孤兒號於道。老母寡婦，飲泣巷哭，遙設虛祭，想魂乎萬里之外。』《後漢・南匈奴傳》、唐李華《弔古戰場文》，全用其語意。」〔註27〕《詩文奪胎》又云：「《後漢書》肅宗詔曰：『父戰於前，子死於後。弱女乘於亭障，孤兒號於道路。老母寡妻，設虛祭，飲泣淚，想望歸魂於沙漠之表，豈不哀哉！』李華

〔註26〕李昉等編：《文苑英華》，北京：中華書局，1982年，第5249頁。

〔註27〕楊慎著，王仲鏞箋證：《升菴詩話箋證》，上海古籍出版社，1987年，第154頁。

《弔古戰場文》祖之。」〔註28〕李華此文與古人對戰爭的看法一脈相承，所描寫的戰爭景象也是古今一體。父子戰死，弱女、孤兒、老母、寡婦，哀泣號哭之景，亙古亙今重複出現。李華復古思想的借古寫今，於此可見一斑。在眾多評論中，對李華文中「其存其沒，家莫聞知。人或有言，將信將疑。娟娟心目，夢寐見之」一語，更是評價甚高。魏泰在《臨漢隱居詩話》中稱：「詩惡蹈襲古人之意，亦有襲而愈工若出於己者。蓋思之愈精，則造語愈深也。魏人章疏云：『福不盈身，禍將溢世。』韓愈則曰：『歡華不滿眼，咎責塞兩儀。』李華《弔古戰場文》曰：『其存其沒，家莫聞知。人或有言，將信將疑。娟娟心目，夢寐見之。』陳陶則云：『可憐無定河邊骨，猶是春閨夢裏人。』蓋愈工於前也。」〔註29〕《方南堂先生輟鍛錄》言：「李遐叔《弔古戰場文》：『其存其沒，家莫聞知。人或有言，將信將疑。悁悁心目，寢寐見之。』陳陶則二十四字化而爲十四字，云：『可憐無定河邊骨，猶是春閨夢裏人。』可謂猶龍之筆。」〔註30〕《養一齋詩話》卷二也說：「『其存其歿，家莫聞知。人或有言，將信將疑。悁悁心目，痁寐見之。』六語委曲深痛，文家眞境，萬不可移減一字者。」〔註31〕可見李華此文在文學史上是具有一定地位的。雖未有「孤篇橫絕，竟爲大家」之論，但《弔古戰場文》確爲李華文學創作中難得的名篇。

　　從弔文內容上看，李華是在追述古代社會征戰的慘狀，以借古諷今。旨在諷刺統治者執迷不悟，仍然在發動戰爭，依舊在做有悖於社會道德的行爲，不顧人民苦難，肆意殘害生靈。李華謂「漢擊匈奴，雖得陰山，枕骸遍野，功不補患」，這些議論，唐代統治者不會不知。但他們身在高位，忘乎所以，以致生靈塗炭。弔文的最後一段是全文最精彩的部分，「蒼蒼蒸民，誰無父母」，「誰無兄弟，如足如手」，「誰無夫婦，如賓如友」，「生也何恩，殺之何咎」……議論深入淺出，切中要害。李華的憐憫蒼生之情，引起讀者的共鳴。他關注社會，關注戰爭，憐愛眾生。他從古人那裡得出經驗教訓，勸誡

〔註28〕楊慎著，王仲鏞箋證：《升菴詩話箋證》，上海古籍出版社，1987 年，第 562 頁。

〔註29〕吳文治主編：《宋詩話全編·魏泰詩話》，南京：江蘇古籍出版社，1998 年，第 1217～1218 頁。

〔註30〕郭紹虞編，富壽蓀校點：《清詩話續編》，上海：上海古籍出版社，1983 年，第 1939 頁。

〔註31〕郭紹虞編，富壽蓀校點：《清詩話續編》，上海：上海古籍出版社，1983 年，第 2031 頁。

統治者不要發動戰爭。

李華在內容上的復古，不僅表現於此。諸如《木蘭賦》，借「鄉人不識」木蘭而大發議論，進而上升到社會角度，認爲統治者要有敏銳的覺察力，要任人唯賢，不可賢愚相混。《鸒執狐記》是由「異鳥擊狐」這一現象入手，批判耕作者之鼠目寸光，實是告誡統治者「高位疾償，厚味臘毒，遵道致盛，或罹諸殃，況假威爲孽，能不速禍？在位者當灑濯其心，袪除凶意，惡是務去，福其大來，不然，則有甚於狐之害人，庸忸於鸒之能爾」〔註32〕。借古之「仁」者思想，「遵道」理論，發表其復古言論。議論角度新穎，別具一格。

第三，重視修養。

古人崇古，這是不爭的事實。古人並非是厚古薄今，而是通過學習更加古老的過去，審視當下，使得自身的修養能夠有所提升。李華尤其注重這一方面，在其古文創作中，常用古人的事例作參照，以古人的思想爲準則。李華的《唐贈太子少師崔公神道碑》開篇即說：「《禮》之《中庸》曰：『父爲士，子爲大夫，葬以士，祭以大夫，是禮也。』於國爲恩，於人爲孝。」〔註33〕可見李華對禮、孝傳統的注重。在這篇長達兩千餘字的碑文中，李華對碑主崔景晊及其家世進行了較爲詳細的記載，每至讚揚之處均用古之思想加以總結，尤爲注重碑主的人品。文曰：「昔成王以曲阜命周公，王曰叔父，親親也；以營立命太公，王曰叔舅，賢賢也；惟肅宗亦以趙國錫崔公，今上以少師贈先公，三代之極教也。」〔註34〕這種極高的評價，並非僅僅是對碑主的溢美之言；從中我們亦能看出李華的崇古思想，對古之聖人的敬仰。通過其對當時賢人志士的品評，不難看出李華對個人修養的重視。

在李華的十五篇碑文中，有多篇是追述古人之言，對古人的人品和修養極爲看重。《慶王府司馬徐府君碑》在讚揚徐堅時，則先從追述上古開始：「象德所自，如山積高，佐人施澤，如水鍾下，三代以降，仁賢不絕。」〔註35〕說徐堅德行直接三代，可謂是評價甚高。《淮南節度使尚書左僕射崔公頌德碑銘》也說：「在昔召公，相武王除害去虐；敷命帝庭，周公佐成王卜洛定宅。」〔註36〕把崔圓與召公、周公相提並論，可見李華對碑主品行了然於心。李華

〔註32〕李昉等編：《文苑英華》，北京：中華書局，1982年，第4395頁。

〔註33〕李昉等編：《文苑英華》，北京：中華書局，1982年，第4740頁。

〔註34〕李昉等編：《文苑英華》，北京：中華書局，1982年，第4741頁。

〔註35〕李昉等編：《文苑英華》，北京：中華書局，1982年，第4753頁。

〔註36〕李昉等編：《文苑英華》，北京：中華書局，1982年，第4586頁。

的追古情懷還不僅如此，在《先賢贊》裏對管仲、隨武子等人的人品極力讚揚，從古人心性和德行述古、尚古、復古。

李華本人也重視修養，踐行高尚德行，因而在安史之亂後被授偽職，他主動離開官場，安貧守道。《新唐書·李華傳》云：「安祿山反，上誅守之策，皆留不報。玄宗入蜀，百官解竄，華母在鄴，欲間行輦母以逃，為盜所得，偽署鳳閣舍人。賊平，貶杭州司戶參軍。華自傷踐危亂，不能完節，又不能安親，欲終養而母亡，遂屏居江南。」〔註37〕李華的這一舉動，後世也有褒揚。《唐音癸籤·談叢一》說：「王摩詰與儲光羲並有受偽署一事，儲不聞昭雪；王昭雪後，宦路稍亨，或以棣萼，故人生一死自難，何敢輕議，雖然，未若李華也。華自傷隳節，力農，甘貧槁終身，徵召不起，較摩詰知所處矣。」〔註38〕余成教在《石園詩話》卷一也說：「李遐叔（華）進士及博學宏詞皆為科首，官右補闕……遐叔抱憾辱志，形之於辭官，詠之於寄友，不自諱其愆，亦詩人中之佼佼者矣。」〔註39〕可見，李華雖曾辱節，但亦因為孝敬親母，不得已而為之。後世評價李華人品，亦是極為懇切。

李華古文創作注重複古，內容上崇尚先賢、關注社會、重視修養，均從「古」言「古」語開始。如果說上述作品，均是從外在探索李華復古思想，那麼來自於李華本人所言的「復古」則是內在的，真實的。通觀李華作品，其也多次言及個人的學古、復古行為。如《三賢論》中有「吾讀古人之書，而求古人之未獲」〔註40〕一語，力圖讀古人書而求新知。《潤州丹陽縣復練塘頌並序》也說「華嘗學古」〔註41〕，「學古」是「復古」的開始，學古之法或從復古的行動體現出來。《送房七西遊梁宋序》更是說「我思古人之道」〔註42〕，思考古人為人處世、修齊治平之道，這是復古思想的內在精髓。從李華的自我表述可以窺探，李華的復古思想是身體力行的，從言語到行動再到思想，一以貫之。當然，言行倡導復古必須通過作品內容方能表現出來。

〔註37〕歐陽修、宋祁：《新唐書》，北京：中華書局，1986年，第5776頁。
〔註38〕胡震亨：《唐音癸籤》，上海：古典文學出版社，1957年，第221頁。
〔註39〕郭紹虞編，富壽蓀校點：《清詩話續編》，上海：上海古籍出版社，1983年，第1744頁。
〔註40〕李昉等編：《文苑英華》，北京：中華書局，1982年，第3886頁。
〔註41〕李昉等編：《文苑英華》，北京：中華書局，1982年，第4111頁。
〔註42〕李昉等編：《文苑英華》，北京：中華書局，1982年，第3726～3727頁。

三、思想上的拓展

　　李華思想上崇尚儒家之道，主張寫作古文要抒「六經之志」，反對浮誕奢靡。不僅如此，他將儒家經典與子史之類的作品結合起來，將儒家思想用於其古文創作中。思想上的開拓，使得李華的古文既有宗經復古之意，又不缺乏現實之感。復古卻不泥古，古為今用的思想以經學立基，頗能顯示李華的復古之道。

　　李華古文創作以儒家思想為根本。他在《與外孫崔氏二孩書》中告誡孩子：「婦人亦要讀書解文字，知今古情狀，事父母舅姑，然可無咎。《詩序》云：『哀窈窕，思賢才，而無傷善之心焉？』是《關雎》之義也。《易》曰：『主中饋，無攸遂。』婦人但當主酒食待賓客而已，其餘無自專之禮。《詩》云：『將翱將翔，佩玉瓊琚。』此奉舅姑助祭祀之儀也。又曰：『將翱將翔，弋鳧與雁。』此主酒食待賓客之儀也。《禮經》所載，汝其記之。又『婦人將嫁三月，教於公宮。祖廟既毀，教於宗室』。嫁則廟見，不見廟者，不得為婦。今此禮凌夷，人從苟且。婦人尊於丈夫，群陰制於太陽。世教淪替，一至於此，可為墮淚，汝等當學讀《詩》、《禮》、《論語》、《孝經》，此最為要也。」〔註43〕李華的「婦人要讀書解字」，是一種時代的進步。李華主張婦人習「禮」，是從「夫婦之序」「陰陽之道」入手，感歎「世教淪替」。李華提出學習儒家經典的重要性，在孩童的教化、教養中提出，這是值得深思的問題。世道淪喪，是從不尊經開始，因而在教導崔氏二孩時，提出學讀《詩》、《禮》、《論語》、《孝經》為當務之急。在《質文論》中，李華又說：「考前後而論之，夏衰失於質而無制；周弱失於制而過煩故也，愚以為將求致理，始於學習經史，《左氏》、《國語》、《爾雅》、《荀》、《孟》等家，輔佐五經者也，及藥石之方，行於天下，考試仕進者宜用之，其餘百家之說，讖緯之書，存而不用。至於喪制之縟，祭禮之繁，不可備舉者，以省之。考求簡易，中於人心者，以行之。是可以淳風俗，而不泥於坦明之路矣。」〔註44〕這段話集中展現了李華的治世之道，即要求得致知之理，首先得以「五經」為根本，其次要學習其他經書和史書，《左氏》、《國語》、《爾雅》、《荀子》、《孟子》皆為「五經」之輔助。文中還提到藥石之方、百家之說、讖緯之書的存用之道，又對喪制之縟、祭禮之繁提出「考求簡易」的建議。李華對經史之作的學習，提出了

〔註43〕董誥等：《全唐文》，北京：中華書局，1983年，第3195～3196頁。
〔註44〕李昉等編：《文苑英華》，北京：中華書局，1982年，第3875頁。

自己的觀點，立足於經卻不拘泥於古，這是李華「淳風俗」、明教化、近人倫的重要思想。

李華提倡學習經典之作，這樣更有利於古文的創作。從思想上看，各種古代經典和人物高尚的道德行為更有利於古文創作的拓展，使得古文能夠容納各種不同的題材。在李華看來，題材、思想內容等不同的作品，也都可用古文進行寫作。面對或將禮樂崩壞的唐代社會現實，李華希望用儒家的禮樂思想來力挽狂瀾，所以在文學上提出了宗經、復古的口號。李華歷經安史之亂，所以在其古文創作中，常會見到批判社會現實的言語。換言之，安史之亂成為李華古文創作的一大動力，也是一種文人的自覺性。陳寅恪在《元白詩箋證稿》中說：「古文運動之初起，由於蕭穎士、李華、獨孤及之倡導與梁肅之發揚。此諸公者，皆身經天寶之亂離，而流寓於南土，其發思古之情，懷撥亂之旨，乃安史變叛之反應也。」〔註45〕正是因安史之亂違背了傳統儒家倫理道德，違背社會道義，更違背了儒學思想建構的社會秩序。在李華看來，破壞君臣體系是不能接受的，可見他對傳統儒家道德是極力推崇的。在《送房七西遊梁宋序》中，李華說：「我思古人之道，其房君哉。安親於羈旅之中，講道於茅茨之下，不改其樂，以文會友，吾與房也。顏子屢空，曾參衣敝。聞宋之君子，落落有奇節。奇節發於仁義者也，以顏、曾之行，求仁、義之均。」〔註46〕古人之道，主要是儒家之道，文中所舉顏回、曾參皆是賢人。奇節，蓋指奇特的、高尚的道德節操。這種「奇節」發端於「仁義」，而仁、義、禮、智、信是儒家思想的重要體系，「仁」更是孔子思想體系的理論核心，對人的行為方式有重要引導性；「義」也是一種標準，它是評判人的思想和行為的準則。在李華的復古思想中，儒家思想是佔據主導地位的。

與此同時，李華同樣重視子書和史書，要求文章既要反映現實，又要注重作家的道德修養，前面所引的《質文論》中已有論述。他在《蒙求序》中又說：「安平李瀚著蒙求一篇，列古人言行美惡，參之聲律，以授幼童，隨而釋之，比其終始，則經史百家之要，十得其四五矣。」〔註47〕李華為李瀚所編《蒙求》一書作序，可見他也肯定學習經史百家的必要性。李華身體力行，往往將生活中的需求上升到理論高度。李華重視幼童的學習，這也是從基礎

〔註45〕陳寅恪：《元白詩箋證稿》，北京：三聯書店，2001年，第149～150頁。
〔註46〕李昉等編：《文苑英華》，北京：中華書局，1982年，第3726～3727頁。
〔註47〕董誥等：《全唐文・唐文拾遺》，北京：中華書局，1983年，第10574頁。

入手，從根本上建立幼童的行爲準則和道德標準，這遠勝於言語教化。《言醫》一文則是一篇寓言性質的古文，頗有子書的意味。

總之，李華從根源上遵從古代正統思想，所謂思想上的開拓，也是建立在儒家正統思想的基礎之上。重要的是，他能夠根據現實，不斷地推進自己的思想，能夠運用儒家理論解決當下問題。他的思想是古今結合的，在當時確實具有獨特性和開創性。他的古文更多體現的是「文以載道」「文以宣志」「文以致用」的思想理念，這是他對古文現實功用的一種重要開拓。以己之志求得與古人相通，復古思想赫然而存，從《送房七西遊梁宋序》中的「我思古人之道」，《送何萇序》中也有「我思古人，實獲我心」之語可得管窺。「思古」付諸行動則是「學古」，這一點如《潤州丹陽縣復練塘頌並序》中所言「華嘗學古」，更是直接點明其在行動上的復古。

需要一提的是，思想的復古與提倡文體復古並行，文體成爲思想的載體。就唐代來說，唐初的政治家如魏徵，史學家如劉知幾，文學家如四傑，都從不同出發點和在不同程度上，對六朝駢文的華靡浮豔之風表示不滿，喊出了變革文體的呼聲，但在創作實踐上卻沒有多少新的進展。降及陳子昂，乃以其「疏樸近古」的論事書疏，給文壇帶來了一股新鮮氣息，在革新文體的探索上做出了顯著成績。到了盛唐時代，先有張說以其富有氣勢的雄文，一掃六朝以來文的華靡柔弱之習；後有蕭穎士、李華、賈至、元結、獨孤及等繼起，又在文體革新的理論探索和創作實踐方面向前邁進了一大步，從而爲韓、柳古文運動的開展，做了充分的準備。文體在文學復古的過程中是一個重要角色，關於唐前期散文的發展，我們已經發現了蕭穎士、李華等在倡導文體復古上所起的重要作用。因此可以說，他們是韓、柳古文運動的前驅者。

第二節　李華古文中的儒學因子

儒家思想是中國傳統文化的內核，也是維護封建君主專制統治的理論基礎。儒家思想、君主專政制度構成了中國古代政治史的兩大主體內容。李華生活在唐代這個封建社會的頂峰時期，而且他所處的盛唐階段又是唐代社會的頂峰，兩個高峰，無疑使他的一些思想打上了封建社會的烙印，而且具有較強的內在意識性。所以李華古文創作中的第一個儒學因子便體現在君臣關係上，他力諫君王要體恤人民。不僅如此，在他短暫的爲官生涯中，他也在

身體力行，「諫君」與「恤民」成爲李華爲官的一種理念。若說國家是一個宏觀抽象的概念，那麼家族便是一個微觀而又具體的現實。李華在對待家族方面同樣遵循儒家思想，他「尊親愛幼」的家族觀念在其古文創作中也多體現，他對這一傳統存在著一種無條件的認同。從君臣關係到家族觀念，李華都在堅守儒家「至孝至仁」的道統，這也是他人格的最高層面。

一、家族觀念認同——尊親愛幼

李華遵循儒家傳統思想，這一點還體現在他的家族觀念上。《論語》說：「君子務本，本立而道生，孝悌也者，其爲仁之本與！」孔子把「孝悌」提到「爲仁之本」的高度，在儒家思想中佔有重要地位。李華的古文創作，「孝悌」體現在母子關係和兄弟關係上。不僅如此，李華作品中還包括其對子侄和外甥的關心。可見，李華非常重視血緣關係。

第一，表現在他對母親的孝敬上，這種母子情是發自眞心的，至尊至愛的。

孔子把「孝悌」作爲「仁之本」，把「孝」看成「諸德之首」，李華秉承了這種傳統。前所引《新唐書·李華傳》：「玄宗入蜀，百官解竄，華母在鄴，欲間行輦母以逃，爲盜所得，僞署鳳閣舍人。賊平，貶杭州司戶參軍。華自傷踐危亂，不能完節，又不能安親，欲終養而母亡，遂屛居江南。」〔註48〕李華不僅注重自身修養，在贍養老母這一事上更是盡心盡力。獨孤及在《檢校尚書吏部員外郎趙郡李公中集序》中說得更爲詳細，將李華「孝」母一事的原委傾力道出：

> （李華）十一年拜監察御史，會權臣竊柄，貪猾當路，公入司方書，出按二千石，持斧所向，郡邑爲肅。爲奸黨所嫉，不容於御史府，除右補闕。祿山之難，方命圮族者蔽天聰明，勇者不得奮，明者不得謀。公危行正詞，獻納以誠，累陳誅凶渠、完封疆之策，闇犬迎吠，故書留不下。時繼太夫人在鄴，初潼關敗書聞，或勸公走蜀詣行在所，公曰：「奈方寸何！不若間行問安否，然後輦母安輿而逃。」謀未果，爲盜所獲。二京既復，坐謫杭州司功參軍。太夫人棄敬養，公自傷悼以事君故，踐危亂而不能安親；既受污，非其疾而貽親之憂；及隨牒顧終養，而遭天不弔！由是銜罔極之痛者

〔註48〕歐陽修、宋祁：《新唐書》，北京：中華書局，1986年，第5776頁。

三。故雖除喪，抱終身之戚焉。謂志已虧，息陳力之願焉。因屏居
江南，省躬遺名，誓心自絕。〔註49〕

　　李華人生經歷坎坷，這種經歷對其人生產生重要影響。「以事君故，踐危
亂而不能安親」「既受污，非其疾而貽親之憂」「及隨牒顧終養，而遭天不弔」，
這種痛苦是直擊內心的。古之「忠」「孝」，李華未曾做到兩全，甚至一樣都
沒做好。然而，其真誠之心天地可鑒。李華守孝而無意仕進，從這一點來看，
李華更加注重「孝」這一層面。孝是為人之本，表現在為文上，那便是至情
之文。這也是他的《弔古戰場文》之所以能夠感人肺腑，流傳千古的原因。
楊慎在《升菴詩話》中說李華《弔古戰場文》，祖述後漢蕭宗詔，這只是一個
方面，另一方面則是李華所言表達的是自己的真情實感。清代潘德輿《養一
齋詩話》的評價似乎更為公允，也是對李華之至孝的肯定。韓愈的《祭十二
郎文》也無鋪排、張揚之感，融抒情於敘事之中，李華《弔古戰場文》則是
融抒情於懷古之中，兩文有異曲同工之妙。

　　第二，表現在對同輩人的暢所欲言，注重友愛，將「悌」字牢記於心。

　　有人言：「至親者莫若骨肉，而手足之情，既長且久，當兄弟姐妹猶在之
時，更要珍愛，相互勉勵、扶持。」又說：「心常懷有兄長、弟妹之情，則敬
親愛親之情油然而生。由此擴大，周遭之人亦極易融合為一家人，如此上下
和睦，一片祥和之氣，充塞於宇宙間，此乃真自然之道矣！」所以，我們應
該十分重視兄弟之間的友愛，「悌」也是儒家實行「仁」的根本條件之一。李
華既然遵循儒家傳統，當然會將「孝悌」之義牢記於心。《孟子·滕文公下》
說：「於此有人焉：入則孝，出則悌。」〔註50〕這似乎是李華一生恪守的準則。
他的《與表弟盧復書》述其與眾兄弟姊妹的和諧融洽，可謂實證。文曰：「秋
風漸高，路出泗上。將詣職役，如所料乎。往返勞止，當與時俱暢也。華疹
疾無聊，賢姊與諸君尋常耳，福卿漸減，弟勿憂之。」〔註51〕短短數語，真
情立現。他接下來對表弟盧復人品的讚揚與肯定，也是李華心中所追求的為
人之道：

與弟別來十餘年，比聞在代朔之地，明時道舉出身，乃能上為
寡姊，下為孤甥，求為雁門主簿，束身戎馬之間，始終無過之地，

〔註49〕董誥等：《全唐文》，北京：中華書局，1983年，第3946頁。

〔註50〕焦循撰，沈文倬校點：《孟子正義》，北京：中華書局，1987年，第428頁。

〔註51〕李昉等編：《文苑英華》，北京：中華書局，1982年，第3537頁。

此一難也。時方艱危，動隔生死，骨肉妻子，寄在河朔，一身萬里，省姊淮南，此二難也。喪亂以來，時多苟且，松貞玉粹，亦變頹流，唯弟卓然，介立寒俗，文詞學問，守正不移；金石之聲，冷然在聽，此三難也。

華質性鈍弱，而慕汲黯卜式之直。晚歲思夫子互鄉之見，林宗貫淑之後，若悟此道，仁在其中。《坤元》之說曰：「含弘光大，品物咸亨。」《大雅》曰：「既明且哲，德合天德。」老氏所弘，夫子即述，既自以爲戒，亦規弟持正也。弟正直太過，不能容納時人，是以相箴。努力無忽，近有鄭五書信否？四姊處得消息無？匆匆不次，華敬簡。〔註52〕

古之書信，作者常懷眞情，文中將盧復經歷的「三難」言簡意賅地呈現出來。兄弟之情的抒寫也不忘「仁德」的教化，並「規弟持正」。對盧復正直太過，不能容人的性格，李華給予規勸。李華「悌」情感的表達，是儒學思想的一部分。

除了《與表弟盧復書》以外，還有《與弟莒書》一文，此信函只三百餘字，從頭至尾更是以一種兄長的仁愛與訓導貫之。爲能夠充分解釋李華對「手足之情」的珍視，錄其全文如下：

三兄報汝，吾疹疾一定，汝憂吾疾，令吾將息。一一用汝語，念汝知之，且作判官，事中丞叔父。小心戒愼，不離使司。昔田仁任安，俱爲大將軍舍人，臥馬廐中，無何？詔大將軍出征匈奴，遣大夫趙禹選大將軍官屬。舍人衣服鮮明，二子冠帶顚頏，趙禹獨與二子言論於禁中，即日召見，皆拜二千石。汝有二子之實，未遇趙公之舉。馬廐高眠，古今一也。又仲尼嘗爲委吏，歎曰：「富貴如可求，雖執鞭之士，吾亦爲之。」魏舒爲郎官，時屬沙汰，乃襆被而出，自言曰：「當自我始，大才當大用，如時人不識，何爲歎憤哉？」先師曰：「不患無位，患所以立。」汝能自修，況事叔父。吾之休廢，永無榮耀於伯仲之間。自非深仁高義，長才厚德，又焉肯施惠於朽壞枯木哉？莒省吾書，當努力也。不次，三兄報。〔註53〕

文後曰：「吾之休廢，永無榮耀於伯仲之間。自非深仁高義，長才厚德，

〔註52〕李昉等編：《文苑英華》，北京：中華書局，1982年，第3537頁。
〔註53〕李昉等編：《文苑英華》，北京：中華書局，1982年，第3537頁。

又焉肯惠於朽壤枯木哉？」李華此言，對弟之勸導之情溢於言表。「悌」字之義，李華深記於心，更是以眞情述於紙筆。值得注意的是，李華這裡將「仁」「義」「才」「德」四者並列，可見其重視儒家思想的各個方面。文中引用先師孔子的話說「不患無位，患所以立」，鼓勵其弟，讚揚其「自修」行爲的高尚，「事叔父」行爲的孝悌之道。這種以孔子思想立基的儒家觀念，李華的表述是自然的、隨意的，當然也是發自內心的。從本根上說，思想的深層來自儒家思想本身的浸染。

第三，表現在對後代的關心與教育上，諄諄教導，頗富長者風範。

李華的《與外孫崔氏二孩書》表現了眾多的儒學思想，無論是從思想理論層面還是從內容方法層面，李華的這篇書體，堪稱唐代文學中的坫本。他將自己的經歷以事例的形式，深入淺出地傳達給了兩個外孫。讀來深感其情眞意切，雖非苦口婆心之語，卻足以稱得上慈訓之言。他告誡兩個孩子，不要以「幼小」作爲藉口，而不遵循禮節。文曰：「吾小時南市帽行，見貂帽多，帷帽少。當時舊人，已歎風俗。中年至西京市，帽行乃無帷帽，貂帽亦無。男子衫袖蒙鼻，婦人領巾覆頭，向有帷帽冪䍦，必爲瓦石所及，此乃婦人爲丈夫之象，丈夫爲婦人之飾。顚之倒之，莫甚於此。觸類而長，不可勝言，舉其一端，告及汝耳，勿謂幼小，不遵訓誡。所見所聞，頹風敗俗，故申明舊事，不能一一也。」〔註 54〕他能夠將所見所聞的頹風敗俗寫入信中，告誡外孫「勿以惡小而爲之」。李華遵循古禮，對儒家之禮有特殊的情感。「不學禮，無以立」，在這篇《與外孫崔氏二孩書》中表現得淋漓盡致，也能夠讓孩子從心裏接受這一點。

另者，李華注重讀書識禮，不分男女，這是他思想先進的一面。李華非常注重婦人之德行，在《與外孫崔氏二孩書》中說：「婦人亦要讀書解文字，知今古情狀，事父母舅姑，然可無咎。」〔註 55〕對於唐代社會婦人的德與不德，我們暫且不論，單單從李華重視婦人知書識禮要從小孩子開始，可見其有較高的前瞻性。

李華後期被授僞職，遂絕意仕進，安貧守道。在教育子女的態度上也有所轉變，他不准子女踏入官場，不走「學而優則仕」的道路，而是安於貧困，以農爲業。《新唐書·李華傳》云：「（華）苦風痹，去官，客隱山陽，勒子弟

〔註 54〕董誥等：《全唐文》，北京：中華書局，1983 年，第 3195 頁。
〔註 55〕董誥等：《全唐文》，北京：中華書局，1983 年，第 3195 頁。

力農，安於窮槁。」〔註 56〕獨孤及《檢校尙書吏部員外郎趙郡李公中集序》也說：「（華）明年遇風痺，徙家於楚州，疾痼貧甚，課子弟，力農圃，贍衣食，雅好修無生法，以冥寂思慮，視爵祿形骸，與遺土同。」〔註 57〕這一點似與儒家思想相違背，但卻是李華較高思想境界的體現。「勒子弟力農」「贍衣食」，這是李華遭遇各種人生經歷後的深刻反思。「安於窮槁」，在某種程度上是對讀書人良知的考驗。如果瞭解李華的經歷，或許可以理解李華的這種決定。

二、君臣關係重構──諫君恤民

安史之亂之後，無論是社會的哪個層面，都處於相對混亂的狀態下。而在眾多層面中，君臣關係是最重要，也是最突出的一點。在封建社會裏，君臣關係是一種象徵，一種無條件的服從。作爲臣子，首先要學會的就是如何處理君臣關係，李華在這方面做得很好。在古文創作中，他將君臣之間的關係也調控在儒家思想範圍內。

（一）諫君

諫君的第一步是贊君。李華的《無疆頌》八首，開篇云：「臣華言：伏以漢明帝時，徼外蠻夷，盤木白狼，獻時歌頌，屬事史官。況臣自曾祖至臣，備國家職員，臣又逮事玄宗、肅宗。今以餘年，獲事陛下，官曆御史、補闕、尙書郎。命薄多病，不獲奔赴闕庭。恐先朝露，同於泥塵。若無歌詩頌德，曾蠻夷不若也。敢述列聖爲《無疆頌》，式昭皇家大慶無窮，謹昧死稽首以聞。」〔註 58〕李華欲學漢代史官「獻詩歌德」之事，來讚揚唐代君王。正如他所說的，目的是「式昭皇家大慶無窮」。如此盛讚，哪個統治者能不爲之高興？李華從高祖開始，歷數太宗、高宗、中宗、睿宗、玄宗、肅宗和代宗八位君王，分別以「元」「烈」「康」「興」「德」「文」「孝」「昭」八個字擬題，這一符合歷史事實的總結，一方面滿足了上層統治者歌功頌德的心意，另一方面體現李華儒家思想中的「忠君」觀念。綜觀八篇頌文，李華用盡心思，極力頌讚唐代帝王，似乎成了皇帝的御用工具。然細讀這幾篇頌文，我們不難發現，李華是在用「烈」「康」「興」「德」「文」「孝」等人之至高至上

〔註 56〕歐陽修、宋祁：《新唐書》，北京：中華書局，1986 年，第 5776 頁。
〔註 57〕董誥等：《全唐文》，北京：中華書局，1983 年，第 3947 頁。
〔註 58〕李昉等編：《文苑英華》，北京：中華書局，1982 年，第 4073 頁。

的德行來諫君。讚揚君王的風範，以此來勉勵君王勵精圖治，再創嘉業。最後在頌揚代宗時說：「玄宗元孫，象玄宗列文；肅宗元子，承肅宗孝理。」無疑是在說，代宗應該向玄宗和肅宗學習，重興唐王朝的繁榮。

　　諫君更要勸君。《君之牧人》與《國之興亡》，前者是從具體的用人方面勸君善用賢人，後者則從國家興亡大事上曉之以理，動之以情，勸君治理國家要如「理身」一樣。以《國之興亡》為例，看李華勸君所採用的方式：

> 　　為國者同於理身。身或不和，則藥石之，針灸之。若夫扶病而不攻，疾病則斃，扶之者屍也，齊隋之亡也，以貞於終始為惑。
>
> 　　苟而無恥為明，慢於事職為高賢。見義不為為長者，繩違用法，則附強而潰弱也。議於得失，則異寡而同眾也。尚學希古謂之誕，趣便中時謂之工。觀其燥濕而輕重之，候其成敗而褒貶之。肉食之尊，以滋味糊其口。忍危亡而僥祿利，自是而下，則曰上司猶如之，我於國何有？設能憤發，則逆為備豫。動闔關束，氣沮志衰。亦從以化，幸於生者，炎炎而四合。死於正者，求援而無繼。麒麟悲鳴，鳳鳥垂翅，鴟鴞害翼，犬呀毒喙，則蛇鴆虎狼之熾，其可向耶？
>
> 　　嗟乎！心腹支體一也。為病者萬焉，雖有岐緩而不請，岐緩視之而不救。噫！齊隋不亡，得哉。返是而理，則王道易易也。〔註59〕

　　短短三百餘字，將「國之興亡」解釋得一清二楚。開篇所言「為國者同於理身」，將本身龐大而又複雜的問題瞬間簡單化了。文章通過一系列的比附，得出「王道易易」的結論，這無疑是在告誡統治者，要實施仁政。李華這種勸君方式，不可謂不獨到。

　　李華的諫君，符合傳統儒家倫理道德。在他的古文創作中，「溫柔敦厚」的諫君方式隨處可見。我們知道，儒家提倡德政和禮治，強調道德感化的力量。但無論是德政還是禮治，都需要「人治」方能實行。李華的復古，在德政與禮治方面均有體現，但他所強調的不僅僅是這二者，他更注重人治。人治之要在於人品、修養，所以他更要用儒家道德那一套來給當權者——即所謂的治人者，提出警醒。

〔註59〕李昉等編：《文苑英華》，北京：中華書局，1982年，第1861頁。

（二）恤民

然而，李華的諫君並不是單一存在著的。如果說「諫君」是他思想層面的表現，那麼「恤民」便是他爲之而不斷努力的行動和實踐。體恤人民是爲官者必須牢記的一點，也是其能常駐官位，並爲人民愛戴的法寶，李華深信這一點。所以，在他短暫的爲官生涯中，它能夠爲人民的利益而規範自己的行爲，雖不能說他在爲蒼生造福，但至少也有杜甫那種「民胞物與」的精神境界。他的《弔古戰場文》我們前面已經引錄，他最後的那幾句「蒼蒼蒸民，誰無父母？提攜捧負，畏其不壽。誰無兄弟，如足如手。誰無夫婦，如賓如友。生也何恩，殺之何咎？其存其歿，家莫聞知」，那種憐愛之情深蘊其中，對統治者發動戰爭的鏗鏘有力的批判，正說明李華對生命的珍視，對下層人民的體恤。儒家思想重視仁義，所謂「惻隱之心」是人人都應該有的。李華在《壽州刺史廳壁記》中說：「國朝一家天下，華夷如一。」〔註60〕李華的恤民沒有種族之分，這與李大亮上疏唐太宗所言「中國百姓，天下根本，四夷之人，猶於枝葉，擾其根本以厚枝葉，而求久安，未之有也」〔註61〕有所不同。

我們再來看他的《臨湍縣令廳壁記》，記云：

> 天寶至德之間，狂虜南侵，南陽爲戰地。地荒人散，千里無煙。猶以郵置之衝，往復王命，權置官吏，招集疲人。如寒如裘，如餒並食。聖朝臨下有赫，哀撫兆人，誅元兇，清天下。詔方鎮，選良吏。平昌孟威，字承顏，自左驍位（按，疑爲衛）兵曹參軍、本道節度使表爲此縣。始至，戶不盈百，爲政七月，盡室而歸者千餘家。難矣哉！古之爲政者，先諸人，後諸身。先其人則人不勞，後其身則身自逸。承顏勤恤老幼，而休息之；損有餘補不足，而煦育之。人諭其心，則不勞而理矣。〔註62〕

李華記其事，是因爲孟威治理地方有道。文中云「承顏（孟威）勤恤老幼，而休息之；損有餘補不足，而煦育之」，亦可見李華對爲官之人體恤百姓之讚揚。李華的恤民在於「選良吏」，強調古之爲政的人，要先人後己。文中對當時社會情境亦有描繪，其從另一個側面展現爲官者的體恤百姓之道。開

〔註60〕李昉等編：《文苑英華》，北京：中華書局，1982年，第4235頁。
〔註61〕吳兢撰：《貞觀政要》，上海：上海古籍出版社，1984年，第275～276頁。
〔註62〕李昉等編：《文苑英華》，北京：中華書局，1982年，第4252～4253頁。

始時，臨湍縣戶不盈百，孟威爲政七月，歸家者有千餘家。需要注意的是當時的社會現實，百姓流離失所，有家難歸。之後的「政績」是對官員考察，恤民是其中重要標準之一。

李華的諫君恤民，是他儒家思想的體現。安史之亂後，君臣關係出現了前所未有的混亂。在李華的作品中，君臣關係始終以正統的觀念存在著，說明李華對君臣關係重構的用心。而重構正統的君臣關係，依然需要儒家正統思想的指導。從個體角度來看，對上則以諫君爲主，對下則以恤民爲務。李華的這一思想在作品中皆有體現。

三、儒家道統堅守──重禮、仁、孝

禮、仁、孝是儒家思想的重要構件，李華對儒家道統的堅守主要體現在這兩個方面。需要指出的是，「禮」「仁」與前面所論的「仁義」合璧，則儒家思想的仁、義、禮就成爲李華思想中凸顯出來的三個構件。就李華古文創作而言，其對儒家道統的堅守，是值得深入研究的問題。

（一）重禮

重禮是儒家思想的重要傳統。李華是儒家思想的追隨者，在其創作中自有體現。獨孤及在《檢校尙書吏部員外郎趙郡李公中集序》中說：「敦禮教則《哀婦賦》、《靈武二孝贊》；表賢達盛德則《崔賓客集序》、《元魯山碣》、《房太尉德政碑》、《平原張公頌》、《梁國李公傳》、《德先生誄》、《權著作墓誌》、《李太夫人傳》、《盧夫人頌》……」〔註63〕「禮教」是儒家思想的重要組成部分，《孔子家語・賢君》中稱「敦禮教，遠罪疾，則民壽矣」〔註64〕。禮儀教化不僅僅是獨孤氏所列舉的《哀節婦賦》、《靈武二孝贊》，其他諸篇如《與外孫崔氏二孩書》之中，李華也隨時將禮教融入其中。其實，上至聖賢帝王皆以禮治民，下至百姓民眾皆以禮治家。李華的古文中，對帝王則諫以推行禮制，對家族則思考如何以禮規範族人行爲。《哀節婦賦》言：「武康尉薄自牧嘗謂余曰，僕有賢女，適江陰尉鄒待徵。徵亦良士，僕志之矣。鄒子孤立，時無古人，誰復知之？余常記其言。及江左之亂，待徵解印竄匿，其妻爲盜所驅。將辱之，妻密以待徵官告託付村嫗，尋待徵付焉，而後就死。嗚呼！自喪亂以來，士女以貞烈殞斃者眾，余不盡知之。若薄氏者，與其父

〔註63〕董誥等：《全唐文》，北京：中華書局，1983年，第3947頁。
〔註64〕《孔子家語》，大連：大連圖書供應社，1935年，第50頁。

遊,聞其聲義動於江南,又焉得不賦之?命曰《哀節婦賦》云爾。」〔註65〕
李華在賦的序言中將此事作了詳細的交代,以「貞烈」為名義,為一烈婦作
賦。《賦》中對自牧之子,待徵之妻這樣描述:「玉德蘭姿,女之英兮。」
〔註66〕對其貞烈行為贊曰:「哀風起為連波,病氣結為孤雲;梟雁為之哀鳴,
日月為之蒙昏。端表移景而恒直,勁芳貫霜而獨存。」〔註67〕這種「禮」是
封建思想的糟粕,但在當時的封建社會中,對女性的這種要求卻是儒家「禮」
的重要方面。節婦觀在李華思想中「根深蒂固」,這種觀念在儒家教化中佔據
重要地位,在儒家「禮」的層面中,這是一個重要體現。李華試圖重構儒家
思想體系,復古思想中任何一個因子都可能是李華要展現出來的,因而節婦
觀亦在其考量範圍內。但如果從鄒待徵妻的行為方式進行考究,暫不將節婦
「概念性」的意義納入思考範圍,那麼,待徵妻的所作所為是符合儒家思想
大義的。賦中云:「江左之亂,待徵解印竄匿,其妻為盜所驅。將辱之,妻密
以待徵官告,託付村媼,尋待徵付焉,而後就死。」〔註68〕事實上,節婦的
意義其實是不受敵人侮辱,保持忠貞,更重要的是,其將待徵為官的委任狀
交付村婦,這一行為值得讚揚。為人婦者,不忘為夫做事;而為夫者,則是
為君、為國之任。從道德大義上看,李華的「禮」是超越「婦禮」的,是「禮」
之大節。

李華《詠史》曰:「沂水春可涉,泮宮映楊葉。麗色異人間,珊珊搖佩
環。展禽恒獨處,深巷生禾黍。城上飛海雲,城中暗春雨。適來鳴佩者,復
是誰家女?泥沾珠綴履,雨濕翠毛簪。電影開蓮臉,雷聲飛蕙心。自言沂水
曲,采蘋兼採菉。歸徑雖可尋,天陰光景促。憐君貞且獨,顧許君家宿。徒
勞惜衾枕,子不顧雙蛾。豔質誠可重,淫風如禮何!周王惑褒姒,城闕成陂
陁。」〔註69〕李華此詩大部分寫景,極力描摹景色之美,對「鳴佩女」描寫
更為出色。然而,此詩的主旨卻沒有被大部分的描寫沖淡。詩中言「豔質誠
可重,淫風如禮何」,強調遵從「禮」之重要;他認為「周王惑褒姒,城闕
成陂陁」,這是不遵從「禮」所付出的代價。美國包弼德在他的《斯文:唐宋
思想的轉型》中曾說:「李華並不是一個禮學家,但是他是一個道德家,對

〔註65〕李昉等編:《文苑英華》,北京:中華書局,1982年,第436~437頁。
〔註66〕李昉等編:《文苑英華》,北京:中華書局,1982年,第437頁。
〔註67〕李昉等編:《文苑英華》,北京:中華書局,1982年,第437頁。
〔註68〕李華:《李遐叔文集》,上海:上海古籍出版社,1993年,第10頁。
〔註69〕曹寅,彭定求等編:《全唐詩》,北京:中華書局,1979年,第1587頁。

他來講德行和個人行爲比制度更重要。」〔註 70〕的確如此，李華文中，處處都有關於「禮」的論述。從某種意義上說，李華是「禮」的擁護者和實踐者。他在對他人進行評價的時候，亦以「禮」字當先。如他的《送觀往吳中序》云：「見觀《送蘭州兄詩》，敬不踰節，情而中禮，是篇也，得詩人之一端矣。」〔註 71〕其《送何萇序》亦說：「廬江何秀才，棹流千里，候余柴門，執弟子見師之禮，余竦然自（愧），何德以堪之。」〔註 72〕所以，包弼德這樣評價李華：

> 他是一種新的文學學者：一個批評的分析家，道德師長，以及文學的諷勸者；他的目標並不是躋身上流社會，用文學才華頌美國家，傳揚統治者的王化。在 755 年以前，他寫過「化成天下，莫尚乎文」。在 755 年以後，他經過深思認識到，偉大的文學成就有可能與邪惡的行爲相伴：豐富的文學才華沒有使「將相」履端行直，而其他人則已經以他們的行爲爲榜樣。他寫道，文學與倫理的聯合，對於「體道」是必要的，但是，「夫子門人，德行、文學、言語、政事，四者無人兼之，雖德尊於藝，亦難乎備也。」〔註 73〕然而建立一個文學和倫理行爲的聯合體是必要的。

正因爲如此，李華對「禮」十分看重。無論是道聽途說的官婦，還是交往的友人，抑或是同朝爲官的志同道合之人，李華的評價標準都是看他們的德行是否合乎儒家所倡導的「禮」。「禮」的意義在李華看來是建構儒家思想不可或缺的因素，儒家思想不能缺少「禮」的成分。「禮」在儒家思想中，既有外在形式上的意義，又有內在抽象層面的意義。內外合一，「禮」才更有思想意義。李華重視儒家之「禮」，是對儒家道統堅守的表現之一。

（二）重仁

儒家的「禮」與「仁」並行，共同構建一種適用於個人和社會的行爲準

〔註 70〕〔美〕包弼德：《斯文：唐宋思想的轉型》，南京：江蘇人民出版社，2001 年，第 120 頁。

〔註 71〕李昉等編：《文苑英華》，北京：中華書局，1982 年，第 3727 頁。

〔註 72〕李昉等編：《文苑英華》，北京：中華書局，1982 年，第 3727 頁。

〔註 73〕按，包弼德注云：李華爲楊極的文集寫的序，《全唐文》卷 315，第 9a 頁。還請注意他提到的「辭人」，這些人在玄宗朝或因文學，或因德行而獲得聲名（《全唐文》卷 315，第 11 頁），蕭穎士是研究經典方面的典範，而元德秀則是倫理行爲方面的典範。

則。從人性的角度來說,「仁」對人的行爲有更高的要求,他是對一個人內心善良與否的最高評價。「仁」與「善」共同成就一個完整的行爲個體。在我看來,李華的「善」、「孝」、「仁」三者是統一的。

他的《與表弟盧復書》多次提到「仁」,《與弟莒書》亦是如此。可見李華在對親人進行教育(亦或說是勸說)之時,始終把「仁」放在顯著的地位。所謂「聖人不越人倫日用之常」,李華做到了,並且在向他周圍的人不斷投射這一思想。朱義祿先生在《儒家理想人格與中國文化》中曾說:「用今天的話說,理想人格就體現在日常的道德生活中。現實性是儒家思想人格的另一個主要特徵,對人格的終極關懷不是在彼岸世界,而是奠基於人間的現實。」〔註74〕李華以一個近似於守道者的身份,恪守著日常道德生活中的儒家行爲準則。「仁」作爲個體人格的最高理想境界,包括了敬、智、勇、恭、寬、信、敏、惠等眾多內容。李華從志向、爲人、行事、處世等方面闡明了「仁」的具體內容以及道德的自我完善,從而使他的人格有了較爲實際的內在規定性。《孟子‧離婁上》引孔子的話說:「道二,仁與不仁而已矣。」〔註75〕「仁」後來發展成爲儒家整個政治、倫理的試金石,「仁」與「不仁」不能兩立,這一原則爲後儒所遵守,成爲他們治國安邦、忠君孝親的精神武器。李華身處儒學覺醒的盛唐,本已深受儒家思想薰陶的他,必定有發揚儒家「仁」說的強烈思想和深切願望。在儒、釋、道並行的社會裏,儒學始終處在主導的地位上。這些捍衛儒學主導地位的古文家,對推動盛唐儒學發展起到的作用不可小視。

值得注意的是,李華的文章中,更多是通過間接地批評統治者的不「仁」、不「善」來表現自己的立場,《弔古戰場文》足可說明問題。而有關日常生活的一些小事,李華也將儒家「仁」的思想貫穿其中。李華的《木蘭賦並序》是一篇帶有譴責愚昧無知性質的議論文,但文中所言「惋樵父之無惠,混眾木而皆盡,指畫(注云「疑」)類而揮斥,遇仁人之不忍」,是對無知者行爲的否定,也是對無知者「不仁」的批判。在李華看來,無論對木蘭識與不識,都不該如此濫伐,這種對無知草木的傷害亦是一種「不仁」。另一篇與此幾近相同題材的文章是《鶍執狐記》,在文中,李華同樣提到了

〔註74〕 朱義祿:《儒家理想人格與中國文化》,上海:復旦大學出版社,2006 年,第 148 頁。

〔註75〕 焦循:《孟子正義》,北京:中華書局,1987 年,第 491 頁。

「仁」。文曰：「某嘗目異鳥擊豊狐於中野，雙睛耀宿，六翮垂雲，迅猶電馳，厲若霜殺，吻決肝腦，爪刳腎腸，昂藏自雄，倏歘而遊。問名於耕者，對曰：『此黃金鶚也。其何快哉！』因識之曰：『仁人秉心哀矜不暇，何樂之有？』」〔註76〕李華對耕者的殘忍、冷酷給予了批判，他認爲「仁者」是不會如此殘忍的，相反，卻會爲狐之死而「哀矜不暇」。我們認爲，李華的「仁」是廣泛意義的概念，對於眾生都是平等的。所以，即便李華知道狐狸對耕者所造成的傷害，他也不會改變自己的觀念。然而，對於處在生死貧困線上掙扎的農民來說，生存才是根本。李華是對的，他是儒道的捍衛者，是「仁義之師」；而耕者也是對的，他是簡單生物鏈上的一個環節，追求的是「生存之道」。我們常以李華身處統治階層，而對其所言耿耿於懷。殊不知，這兩者是應該分開來看的。李華若是站在耕者的角度上，那他失去的不只是我們的所謂脫離民眾的批判，而是道德仁義的淪喪。所以，對李華不應該有太多的苛求。後世文學家、評論家接受李華「授僞職」一事，實際上是對李華「仁」的肯定。

李華文中的儒學因子，大抵如上所述。與其古文家身份相比，李華的儒者身份不會特別突出。但後世古文家，如韓愈等，必定跨入儒者的行列。我們給予韓愈如此身份，那李華這位儒者思想的捍衛者和推動者亦當如此。雖然地位有所相差，但終歸是時代不同，任何兩者的比較不可強論軒輊。李華古文的前集、中集、後集如若存世，其地位自不待言。

（三）重孝

李華對儒家道統的堅守，有一種不可或缺的「孝」因素。「孝」的缺失會使得儒家思想不夠純正，因而李華的古文創作將「孝」置於非常重要的地位。各體文學中，賦、序、頌、贊、論、碑、傳、墓誌銘等都有「孝」意義的表達。在涉及人物品行評判之時，「孝」是一個重要的標準。

孝的第一意義層面是侍奉父母，盡人子之事，表現出一種倫理關係。第二層面的意義在此基礎上進行生發，上升到孝德層面，而且與國家、君主最高權力相連。在《二孝贊》中，李華記錄了靈武縣的兩位力行孝道之人，即侯知道與程俱羅。文中稱侯、程二人：「目不覩朝廷之容，耳不聞韶夏之聲，足不登齊魯之境，所見戎馬旄裘，參於夷狄。而能生養以孝，歿奉以哀，穿

〔註76〕李昉等編：《文苑英華》，北京：中華書局，1982年，第4395頁。

壙起墳，出於身力。」〔註77〕此文是李華天寶年間出使朔方時，在靈武縣聽說侯、程二人孝道之事寫作的一篇贊文，以紀錄當時當地行孝之人的事蹟。在文中，我們可以清楚地看到李華對儒家「孝」道的堅守，其云「根於天性，陶我孝理，其至乎哉」，又云「大哉二子，能以孝終始乎」〔註78〕，這兩問從天性的角度進行了反問，侯、程二人本非漢人，李華推崇的「孝」突破了民族界限。文中引曾參事蹟，對二人孝德進行了品評，「孝如曾參，不忍離於親，生既不忍，歿忍離之哉！』二子之孝，過於曾氏矣」〔註79〕。值得注意的是，李華為二人所寫的贊詞，詞云：「厥初生人，有君有親。孝於親者為子，忠於君者為臣。兆自天命，降成人倫。背死不義，忘生不仁。愚及智就，為之禮文。禮文不能節其哀，繫道德之元純……」〔註80〕這篇贊詞其實是對君親、子臣、天命、人倫、道德、倫理的總結和概括。

獨孤及在《檢校尚書吏部員外郎趙郡李公中集序》中指出，李華之文「風雅之指歸，刑政之本根，忠孝之大倫皆見於詞」〔註81〕，可謂是中肯之評。所謂「孝敬忠廉，根於天機」〔註82〕，大致指出了李華人性之本質，這其實也是李華為文的根本。李華本人也在《贈禮部尚書清河孝公崔沔集序》指出「行先乎孝，藝裕乎文。資孝可以股肱王室，揆文可以弼成邦教」〔註83〕，盛讚崔沔「孝達於神祇」，通過孝道可「股肱王室」。文後稱讚崔祐甫也說「祐甫純孝而文，直清而和，希公門者，謂公存焉」〔註84〕。孝在李華文中是高頻之詞，這一點似乎是在刻意強調。《楊騎曹集序》云「君幼孤，事繼母以孝聞」〔註85〕，又稱「君子孤年十餘，一身奉親，孝敬和敏，有先人風」〔註86〕。《李夫人傳》中有云，「道義德禮，歸於一門，魏史所謂事親孝謹，風度審正是也」〔註87〕。文末稱「無子，有女一人，孝慈明惠，如夫人之德」〔註88〕。

〔註77〕李華：《李遐叔文集》，上海：上海古籍出版社，1993年，第27頁。
〔註78〕李華：《李遐叔文集》，上海：上海古籍出版社，1993年，第27頁。
〔註79〕李華：《李遐叔文集》，上海：上海古籍出版社，1993年，第27頁。
〔註80〕李華：《李遐叔文集》，上海：上海古籍出版社，1993年，第27頁。
〔註81〕董誥等：《全唐文》，北京：中華書局，1983年，第3946頁。
〔註82〕董誥等：《全唐文》，北京：中華書局，1983年，第3946頁。
〔註83〕李華：《李遐叔文集》，上海：上海古籍出版社，1993年，第10～11頁。
〔註84〕李華：《李遐叔文集》，上海：上海古籍出版社，1993年，第12頁。
〔註85〕李華：《李遐叔文集》，上海：上海古籍出版社，1993年，第13頁。
〔註86〕李華：《李遐叔文集》，上海：上海古籍出版社，1993年，第13頁。
〔註87〕李華：《李遐叔文集》，上海：上海古籍出版社，1993年，第37頁。
〔註88〕李華：《李遐叔文集》，上海：上海古籍出版社，1993年，第38頁。

《故相國兵部尙書梁國公李峴傳》稱李峴之女「孤女范陽盧浩妻，哀有餘禮孝因其心，孝矣哉」〔註89〕，奉親之孝，是立身之本；家族傳承孝道，是國家立基之本。

　　「孝」上升到國家層面，這在李華古文中時有體現。「孝」對於國家的作用主要是通過儒家思想的倫理起作用，上「孝」自然下「效」。「孝」如果作爲統治者的行爲方式和理念，對整個國家的影響很大。李華作爲儒家思想的倡導者，自然知道社會發展過程中，「孝」是對維護社會秩序起作用的影響因素。李華評價統治者行爲方式常以「孝」作爲標準，如《含元殿賦》中云，「列文祖宗，永錫孝孫。孝孫有慶，於以施令，奄甸萬姓」「今至尊明發不寐，有懷先皇，周文之孝也」「今吾子之文明，昭乎累聖之耿光，美於大君之孝德，可進而退」〔註90〕。至於《太宗烈頌二》、《玄宗文頌六》、《肅宗孝頌七》、《今上昭頌八》這些頌讚文中，李華對最高統治者的觀察角度也不會脫離「孝」字。太宗「任忠孝文武，建禮章樂舞」，玄宗「克孝克仁，允武允文」，肅宗「帝在東宮，孝如文王。蒸蒸其心，天地知其孝」。代宗「玄宗玄孫，象玄宗列文。肅宗元子，承肅宗孝理」。在《故相國兵部尙書梁國公李峴傳》中，李華說：「國家孝治，追其世德乎？周之興也。」〔註91〕國家治理，推行孝道是其中重要的方法之一。在文中李華引用《論語・雍也》篇中孔子對閔子騫孝的讚揚，來說明孝的價值和意義。文曰「夫子稱閔子騫曰：『孝哉！閔子騫。』稱史魚曰：『直哉！史魚。』宣盛德者，一言蔽之」〔註92〕這一句評價李峴具有孝德、正直，是對其人格的積極評價，這種正面評價的作用是引導儒家思想在統治階層發揮影響力。兵部尙書的李峴身在高位，孝行在他的身上傳承和發揚，有個體意義，更有共同體意義。

　　「孝」在各個階層上都有意義，「孝」在不同人的身上體現出的是相同或相近的道德原則。

　　如忠孝者，《送何蒨序》稱何氏「有勳有德，遹追來孝」〔註93〕；《揚州司馬李公墓誌銘》稱「水部才冠時倫，訓迪於忠孝」〔註94〕；《唐丞相故太保

〔註89〕李華：《李遐叔文集》，上海：上海古籍出版社，1993年，第37頁。
〔註90〕李華：《李遐叔文集》，上海：上海古籍出版社，1993年，第9頁。
〔註91〕李華：《李遐叔文集》，上海：上海古籍出版社，1993年，第37頁。
〔註92〕李華：《李遐叔文集》，上海：上海古籍出版社，1993年，第37頁。
〔註93〕李華：《李遐叔文集》，上海：上海古籍出版社，1993年，第17頁。
〔註94〕李華：《李遐叔文集》，上海：上海古籍出版社，1993年，第67頁。

贈太師韓國公苗公墓誌銘》云「忠足以勵行，孝足以揚名」〔註95〕。《燕故魏州刺史司馬公誌銘》曰「惟忠與孝，義掩當世」〔註96〕。上述各例能夠看出李華在忠孝方面的強調。其實無論忠孝是在強調「忠」，還是強調「孝」，其本意是脫離不了儒家思想建構的「孝」的倫理體系。也正是如此，《慶王府司馬徐府君碑》一文，完整地提出了孝、仁、忠三個儒家思想的「構件」，其文云：「為君德性，與是相準，執親之喪，哀毀逾禮，迨啓手足，不貽憂於墳墓，孝也。守官廉平，未嘗違道干譽，奉長臨下，小大悉心，一夫得罪，則為之損容色，有可緩者，忻忻然出之，仁也。惠文太子之在岐邸，膚敏好學，上最器念。四時鐘渥澤，賓客多詞人，君每引道書滿盈之誡，以扶俊德，忠也。」〔註97〕所謂執親之孝、為官之仁、事君之忠，實質上是儒家思想道德體系的體現。除此之外，李華分析了忠、孝、仁三者之間的關聯性，「仁孝與忠，雖無位為貴，禮所謂以道得人而已，況承前人之烈光，被聖代之冕服乎」〔註98〕。同樣，在《唐贈太子少師崔公神道碑》中，李華再將忠、孝、仁進行了細緻分析，並加入了自己的觀點。《崔公神道碑》云：「《禮》之《中庸》曰：『父為士，子為大夫，葬以士，祭以大夫，是禮也。』於國為恩，於人為孝。」〔註99〕又云：「蘊百行，惟少師，宣六德，惟趙公。父慈子孝，移孝於忠，盛矣哉。」〔註100〕再云：「宗族歎曰：『孝可以動神祇而不壽。』僚友歎曰：『仁可以師天下而不貴。』聞者歎曰：『清可以激貪俗而不昌。』」〔註101〕《揚州隆興寺經律院和尚碑》將佛教與儒教進行了結合，提出「與人子言，依於孝；與人臣言，依於忠；與上人言，依於敬，佛教儒行，合而為一」〔註102〕的觀點。

又如純孝者、仁孝者、慈孝者等。在「孝」的意義裏，「純」「仁」「慈」與「孝」相連，更加凸顯「孝」的強大意義。《太子少師崔公墓誌銘》中云「根於至性，毀過乎哀。鄉黨憐之，皆曰純孝」〔註103〕；「玄宗獲申聖慈，肅宗獲

〔註95〕李華：《李遐叔文集》，上海：上海古籍出版社，1993年，第92頁。

〔註96〕陳尚君輯校：《全唐文補編》，北京：中華書局，2005年，第2280頁。

〔註97〕李華：《李遐叔文集》，上海：上海古籍出版社，1993年，第41頁。

〔註98〕李華：《李遐叔文集》，上海：上海古籍出版社，1993年，第41頁。

〔註99〕李華：《李遐叔文集》，上海：上海古籍出版社，1993年，第38頁。

〔註100〕李華：《李遐叔文集》，上海：上海古籍出版社，1993年，第38頁。

〔註101〕李華：《李遐叔文集》，上海：上海古籍出版社，1993年，第39頁。

〔註102〕李華：《李遐叔文集》，上海：上海古籍出版社，1993年，第50頁。

〔註103〕李華：《李遐叔文集》，上海：上海古籍出版社，1993年，第66頁。

申聖孝」。李華之所以會提出各種「孝」的意義，主要目的是「書國家之孝理，列聖君之得人」，這是初衷，也是李華矢志不渝的理念。《東都聖善寺無畏三藏碑》中有「大君心證無緣之悲，躬行不匱之孝」〔註104〕一語；《淮南節度使尚書左僕射崔公頌德碑銘有序》中稱「思崔公出鎮之崇，克孝克忠」〔註105〕；《唐故東光縣主神道碑銘並序》云，「孝以奉親，慈以臨下」〔註106〕，又云「孝之至，不忘其親；忠之至，乃心王室。自古賢士大夫，莫能備舉，惟縣主有焉」，甚至強調「忠孝兩極，首其人倫，使百代之下，聞其風者，有以勸焉，其為不匱遠矣」〔註107〕；《台州乾元國清寺碑》：「避狄，仁之盛也；復恥，孝之大也。惟仁盛孝大，故不逾年而收京師。」〔註108〕

第三節　李華古文創作主張與儒學

儒學，起源於東周春秋時期，是諸子百家之一，自漢武帝起，成為中國社會的正統思想。如果從孔子算起，綿延至盛唐時期已有一千多年的歷史了。隨著社會的不斷發展，儒家學說從內容、形式到社會功能也在不斷地發生變化。這是一個可以用幾本書來闡述的重大論題。所以，這裡我們只論述儒學發展到盛唐階段的一些特點。而且，一方面，李華是儒學覺醒的推動者，他的古文創作融入了儒學變化發展的眾多形跡；另一方面，李華的古文創作對盛唐儒家學說的內容、形式和社會功能等都有所反映，他將古文創作的方法與自身的情感、理性結合起來，將儒學的傳統不斷以警示的方式呈現出來。從李華古文的宏觀方面考察，李華古文創作與儒學的關係主要體現在三個方面：一是體用合一，二是情理結合，三是志道一統。

一、以文為體，以文為用，體用合一

以文為體，以文為用，在李華的古文中，以「論」和「序」兩種文體最具特色。在「論」和「序」這兩種文體中，「體用合一」具有明顯的特徵。

首先是「論」體文。論是一種論文文體，主要以議論為主，要善於分析

〔註104〕李華：《李遐叔文集》，上海：上海古籍出版社，1993年，第45頁。
〔註105〕李華：《李遐叔文集》，上海：上海古籍出版社，1993年，第55頁。
〔註106〕李華：《李遐叔文集》，上海：上海古籍出版社，1993年，第79頁。
〔註107〕李華：《李遐叔文集》，上海：上海古籍出版社，1993年，第80頁。
〔註108〕李華：《李遐叔文集》，上海：上海古籍出版社，1993年，第80頁。

論證，常常是立意高遠，論據詳瞻，論證嚴密，氣勢恢宏。據《文章辨體序說》所記：「按《韻書》:『論者，議也。』梁昭明《文選》所載，論有二體，一曰史論，乃史臣於傳末作議論，以斷其人之善惡⋯⋯二曰（政）論，則學士大夫議論古今時世人物，或評經史之言，正其訛謬⋯⋯」〔註109〕李華現存的九篇「論」文體，兼具《文選》所言的兩種類型——史論和政論。無論是「史」，還是「政」，均是儒家思想的重要載體，李華正是借用這兩種類型的政論體，對當時社會時弊和國家政治等問題進行評論。李華將儒家所倡導的修身、治國、平天下融入到自己的政論文裏，不僅表達了自己的觀點，更是將唐代儒學的特點呈現出來。李華的《賢之用捨》、《君之牧人》、《國之興亡》等，文章簡短有力，思想明確，辨析得當。《賢之用捨》一文曰：「上之於賢也，患不能好之。好之也，患不能求之。求之也，患不能知之。知之也，患不能任之。任之也，患不能終之。終之也，患不能同其心而化於道。是故士貴夫遇，懼夫遇而不盡也。」〔註110〕這樣一則短文，用排比之句，將「士貴夫遇，懼夫遇而不盡也」的觀點表達出來。此文氣勢如排山之勢，邏輯十分嚴密，雖不曾有具體事例爲證，卻讓人信服，這與儒家用語的簡潔雋永一脈相承。李華從維護國家統治出發，對賢人的「用」與「捨」給予了新的意義。這裡看似與儒家的各種思想無關，但實際上卻極具儒家勸諫之意，有著宋、元、明、清理學思想家的味道。李華的時代懂得如何用人，已是難得，這種「人治」已不是單純意義上的簡單用人思想。《國之興亡解》中談治國之法，以理身比譬治國，文曰：「爲國者同於理身。身或不和，則藥石之，針灸之。若夫扶疾而不攻，疾病則斃，扶之者屍也，齊隋之亡也，以貞於終始爲惑。」〔註111〕治國者不能諱疾忌醫，倘有需要整治之處，應與理身之法一致，或用藥石，或用針灸。李華善用同事比譬之法展開論述，將治國之法淺顯易懂地表現出來。

李華的史論文，特別之處還在於其具有寓言性質。《言醫》和《材之小大》兩篇尤具有特色。《材之小大》主要說了兩點：一是「材小爲貴，養而玩之，易爲力也」；二是「材大爲累，扶而救之，難爲功也」。無論是「材小」還是「材大」，其最終結果都似乎悖於常道。《言醫》以「晉侯圖秦」爲故事背景，

〔註109〕吳訥、徐師曾：《文章辨體序說・文體明辨序說》，北京：人民文學出版社，1982年，第43頁。
〔註110〕李昉等編：《文苑英華》，北京：中華書局，1982年，第1861頁。
〔註111〕李華：《李遐叔文集》，上海：上海古籍出版社，1993年，第74頁。

想像秦客與晉侯之間的對話，用語言刻畫人物，再現當時駁論場景，頗有先秦縱橫家的遺韻。不僅如此，莊子那種大氣磅礴文中亦有體現。但秦客最終說服晉侯放棄攻秦，貫穿始終的是儒家的治國之術。

　　李華還有一種「論」的文體，既非史論又非政論，頗有現代所謂雜文的特點。而正是這些論體文，更多體現了李華「以文爲體，以文爲用」的思想。其中以《三賢論》、《質文論》、《正交論》和《卜論》爲代表。就文體而言，李華反對奢靡文風（雖然他的賦依然有堆砌辭藻之嫌），他《質文論》中說：「質則儉，儉則固，固則愚，其行也豐肥。天下愚極則無恩，文則奢，奢則不遜，不遜則詐，其行也膕瘠，天下詐極則賊亂，故曰不待其極而變之。固而文之，無害於訓人。不遜而質之，艱難於成俗。若不化而過，則愚之病，淺於詐之病也。無恩之病，緩於賊亂之極也，故曰莫尚乎奢也。奢而後化之，求固而不獲也。利害遲速，不其昭昭歟。」〔註112〕他認爲「天地之道易簡，易則易知，簡則易從」〔註113〕。質文乃樸實之文，應有實質內容，與外在形式或無關聯。「儉」「固」與「奢」「詐」相對，爲文之法與天地之道相似，易簡之文方能呈現事物本質。在追求「致理」上，他主張學習經史。《質文論》中又說：「《左氏》、《國語》、《爾雅》、《荀》、《孟》等家，輔佐五經者也。及藥石之方，行於天下，考試仕進者宜用之。其餘百家之說，讖緯之書，存而不用。至於喪制之縟，祭禮之繁，不可備舉者，以省之。考求簡易，中於人心者，以行之。是可以淳風俗，而不泥於坦明之路矣。」〔註114〕可見，李華的古文創作遵從的是先秦古文傳統，以五經爲其根基，以《左氏》、《國語》、《爾雅》、《荀》、《孟》等家爲其枝葉。至於其餘百家之說，讖緯之書，則是存而不用；儀禮方面則是省之。可見李華的古文觀點是崇尚樸質之風的，這似乎成爲一種規則，一切有礙於這一基準點的都要剔除。當然，李華並不是單純的文論家，他的觀點與其創作有相背離之處，這是社會背景、個人經歷和文壇傾向錯綜結合而導致的。但是，無論李華作品如何複雜，其大體風格以及創作主張是可以窺見的。正如他「以文爲用」的思想，在其所有的文體中都有體現。也就是說，李華的古文創作是講究實用性的，言之有物是李華古文創作的一大特點。正是因爲如此，李華才能在其文章中，直接而又深刻

〔註112〕李昉等編：《文苑英華》，北京：中華書局，1982年，第 3874 頁。

〔註113〕李昉等編：《文苑英華》，北京：中華書局，1982年，第 3874 頁。

〔註114〕李昉等編：《文苑英華》，北京：中華書局，1982年，第 3875 頁。

地傳達自己的思想。這就是所謂的「體用合一」。

其次是「序」體文。在「體用合一」這一點上,「序」體文的表現最為直接。我們曾在第一章第一節中對「序」體文的發展以及李華「序」體文的特點有較為詳細地論述。這裡著重要說的是內容上的特點,依照李華古文創作主張,探求其內在的儒學追求。李華的《送房七西遊梁宋序》一文,較為直接地將其思想體現出來。文曰:「君子既學之,患不能行也……顏子屢空,曾參衣敝……以顏曾之行,求仁義之均。」〔註115〕顏淵、曾參是儒家思想的代表,也是主要踐行者。李華注重君子的「學」與「行」,更強調「行」的重要性,並指出「行」的意義在於追求儒家思想中的仁義。

在送序中,文體作為一種創作的表現手段,在形式上有其侷限性,但李華卻能夠運用自如,以簡短之言表達豐富情感及深刻內涵。李華主張「以文會友」,又以顏淵、曾參、宋之君子為標榜,追求「仁義」,並以之自勉。說明李華不僅將儒家仁義思想付諸紙筆,在生活中亦能實踐之。他的《送張十五往吳中序》也十分注重「仁義」思想,兼及禮、樂等儒家思想之載體,如序中所言「欲而求仁,愚以為可,今賢士君子多在江淮之間」,「『人而不仁如禮何,人而不仁如樂何』,息言息言,此獲麟之絕筆也」〔註116〕。李華將仁、禮、樂等置於動態發展中進行論述,只有在現實生活中體現「仁」的行為,方能有助於「禮」「樂」的發展。事實上,仁德這一儒家思想主要在行動上,離開行動難於體現。李華認為,人要將古代儒家思想作為自己修身的標準,同時也要像江淮之間的賢士、君子那樣,踐行這一思想。「體用合一」對傳承儒家思想而言或許更有價值,更有實踐意義。

李華推崇儒家,敬重儒學,通過以上兩序可見一斑。其《楊騎曹集序》中,明確說:「夫子門人,德行、言語、政事、文學,四者無人兼之,雖德尊於藝亦難乎備也。後之學者,希慕先賢。其著也,亦名高天下。」〔註117〕此引數言雖是讚譽楊騎曹(名極,字齊物),但其「後之學者,希慕先賢」一語,卻深有己意。古之聖賢,德行、言語、政事、文學四門兼修兼得,而李華所見的唐朝現實生活中,人難於全備。這首先說明一種現象,儒家思想在盛唐時期衰落的現實,但是也並非完全無人做到兼得孔門四科,楊極(騎曹)之

〔註115〕李昉等編:《文苑英華》,北京:中華書局,1982年,第3726～3727頁。
〔註116〕李昉等編:《文苑英華》,北京:中華書局,1982年,第3727頁。
〔註117〕李昉等編:《文苑英華》,北京:中華書局,1982年,第3615頁。

所以得到李華賞識，並為其文集作序，其「事繼母以孝聞，讀書務盡其義，為文務申其志」。正是因為「義盡則君子之道弘」「志申則君子之言信」，所以李華給予楊極極高的評價。儒家思想重在行為的體現，這在李華的古文創作中具有明顯的傾向。

　　李華能夠打破文體侷限，以所要表達的觀點為出發點，自如運用各種文體，追求直接效應，即使這種效應是無意識的，但其對後世古文家的創作確有較為深刻的影響。

二、以情為文，融情於理，情理結合

　　李華為文情理兼併。「情」是李華文章的主要色彩，其文中涉及到的主要情愫有親情、友情、愛國情等，李華對友情尤其珍視，這之中所體現出的送別之情、悲憫之情、傷感之情、哀悼之情，讓人心生憐惜之情。李華情感豐沛，注重情感表達，其古文閱讀起來有一種發自內心的真實情感在湧動。無論是針對國家、民族，抑或是對待長輩和幼孩，他都能直接用情感鋪敘文意。情感是一個方面，李華古文中還有理性的存在。李華作文有自己獨立的原則，他常將各種情感融於理性之中。李華作為一位情感豐富的古文家，他卻能抑制自己的情感，使其符合儒家所推崇的「樂而不淫，哀而不傷」的抒情傳統。在李華的行文中，處處能夠窺探出這一點。他的情與理結合得自然、貼切，無做作之痕，有時情勝於理，有時理高於情。

（一）以情為文，融情於理的儒學淵源

　　李華的以情為文，融情於理與當時的社會環境有關，其根源則是上層社會對儒學的推崇。唐玄宗開元十四年六月的《求儒學詔》曰：「天下官人百姓，有精於經史，道德可尊，工於著述，文質兼美者，宜令本司本州長官，指陳藝業，錄狀送聞。其吏部選人，亦令所由銓擇，各以名薦。」〔註118〕詔中所言的「文質兼美」是對當時文章風格的一種導向。獨孤及《檢校尚書吏部員外郎趙郡李公中集序》也說：「當斯時，唐興百三十餘年，天下一家，朝廷尚文。」〔註119〕獨孤氏所謂的「朝廷尚文」亦當是文與質兼美的文章。而這一點體現在李華的古文中，則是情與理的完美結合。為不過分強調這種上層社會統治階級政策對李華為文的影響，我暫且只舉此二例。事實上，在盛唐時

〔註118〕宋敏求編：《唐大詔令集》，北京：中華書局，2008 年，第 538 頁。
〔註119〕董誥等：《全唐文》，北京：中華書局，1983 年，第 3946 頁。

期，文之情理兼具是寫作的一種傾向。

李華為文以情為主，與其自身的修養不無關係。李華深受儒家思想感化，對儒家所贊同的為人做事方式恪守不渝。《哀節婦賦（並序）》一文，表面上看是贊同封建思想的「婦德」，但是全文並未將「節婦」描寫成典型，過分吹捧其高大形象。而是將自身情感融入其中，行文時將儒家教化淡化，用客觀事實敘說「哀」情，於是才有了這篇情文並茂的賦體文。李華作文一貫如此，他的文章有儒家教化，但卻隱藏在背後，只有從思想上深度挖掘，才會剖析出李華的儒學觀念。《哀節婦賦（並序）》從思想上看，已經超越了儒家教化，而是用實際的「理」來陳述作此文的必要性。梁蕭在《為常州獨孤使君祭李員外文》中贊李華為人、為文，是這樣說的：「惟兄孝友仁恕，高明寬裕。何德之茂，何才之富。粹氣積中，暢於四肢。發為斯文，鬱鬱耀輝。自五百年，風雅陵夷。假手於兄，鬱為宗師。乃登憲闈，直以舉之。乃列諫臣，闕則補之。……博約乎文章之間，優游乎性命之際。」〔註120〕陳子昂時五百年年間，風雅不作，又經歷百年，李華的創作上接漢魏風骨，下啟古文復古運動。在梁氏看來，李華已然為「一代宗師」。李華為文確實是厚積薄發，梁氏所言的「博約」二字，可謂是見解獨特，深領李華為文之道。《文選‧陸機〈文賦〉》中說：「銘博約而溫潤，箴頓挫而清壯。」李善注曰：「博約，謂事博文約也。」〔註121〕亦即文章內容廣博，言簡意明。觀李華之文，莫不如是。博約一詞尚有第二義，晉陸雲《晉故散騎常侍陸府君誄》云：「是綜是緯，博約以禮。」〔註122〕當指廣求學問，恪守禮法。查李華之文，無一不是恪守禮法，遵循儒家道統而作。梁氏將李華文章界定在「博約」範疇內，實際上也指出了李華儒家思想的深邃內核。所以梁蕭《補闕李君前集序》言：「唐有天下幾二百載，而文章三振。初則廣漢陳子昂以風雅革浮侈，次則燕國公張說以宏茂廣波瀾。天寶以還，則李員外、蕭功曹、賈常侍、獨孤常州比肩而出，故其道益熾。」〔註123〕梁氏的唐代文學發展圖譜描繪得非常清晰，二百年間文章三變，一變而為陳子昂倡導風雅之作，二變而為張說倡導文章寫作視野廣袤，行文波瀾壯闊，三變而為李華、蕭穎士、賈至、獨孤及的復古文學。於此，李華在盛唐古文家中的地位可見一斑。

〔註120〕李昉等編：《文苑英華》，北京：中華書局，1982 年，第 5166～5167 頁。
〔註121〕蕭統編，李善注：《文選》（第二冊），上海：上海古籍出版社，第 766 頁。
〔註122〕張溥輯：《漢魏六朝百三名家集》卷五十，掃葉山房藏版，第 33 頁。
〔註123〕李昉等編：《文苑英華》，北京：中華書局，1982 年，第 5166～5167 頁。

（二）文與質齊，情理結合的儒學行為

在唐代的古文創作中，李華是公認的古文能手。在李華徙家楚州，課子弟力農，無心仕途，放浪形骸之時，依然有人請李華為其撰寫碑文。獨孤及《檢校尚書吏部員外郎趙郡李公中集序》云：「惟吳楚之士君子，譔家傳，修墓版，及都邑頌賢守宰功德者，靡不齎貨幣、越江湖，求文於公（李華），得請者以為子孫榮。」〔註124〕家傳、墓誌等是文學的一部分，更是儒家倡導孝道的一部分。為他人撰寫家傳、墓誌銘等，一方面體現的是李華文章的成熟，另一方面則是李華借為他人寫作家傳之文表達自己對儒學的執著遵守與身體力行。吳楚之人，譔家傳，修墓版本身也是一種孝道，李華從本根上是讚揚這種行為的。至於求文於李華，並得到應允者以此為榮，這或是李華始料未及的，可見，李華晚年的古文家地位更加顯著。所以皇甫湜在《論業》一文中評論李華古文：「李員外之文，則如金舉（同輿）玉輦，雕龍彩鳳，外雖丹青可掬，內亦體骨不凡。」〔註125〕觀此言知，李華古文家先驅的地位可謂當之無愧。內外兼修是李華古文的精妙之處，皇甫湜評判其「外丹青可掬」「內體骨不凡」，頗為精當。丹青體現的是李華文章的絢麗色彩，體骨呈現的是李華文章的深刻內核。這就是文與質的結合，為文追求色彩是一方面，色彩之外有古樸而又醇厚的思想，這是另一種境界了。依今之李華文集來看，皇甫氏所論疑有溢美之嫌，但其所見或是李華文集之前、中、後集，皇甫氏所言當為不虛。退一步講，僅從李華存世一百餘篇文章來看，李華之文也是文質兼備的。

李華之文外在表現為「丹青可掬」，通過閱讀李華所遺之文，不難得此結論，然其「內體骨不凡」卻可一說。「體骨」當指其文章的內涵與思想。李華通過為文，彰顯其內蘊深奧的一面，這點無可置疑。因其內蘊皆與儒家思想相關，我們暫且將李華此種寫作行為稱曰「儒學行為」。從他的論體文中，我們發現李華皆以儒家思想統攝全文。在情理結合，「文質彬彬」的同時，始終堅守著推崇儒學這一信念。《三賢論》，論國之賢人；《正交論》，論如何交友；《質文論》，論為文之法；《賢之用捨》、《材之小大》與《國之興亡》皆依儒家思想論事。但因李華文筆妙傳，其行文如同流水，讀之非但沒有教條之感，反而為其行文之理論邏輯歎服。在這一點上，李華可謂是寫作雜文的高

〔註124〕董誥等：《全唐文》，北京：中華書局，1983年，第3947頁。
〔註125〕潘自牧撰：《記纂淵海》卷七十五，北京：中華書局，1988年，第322頁。

手，其教化之言有理有據，難使人不從。「骨氣高妙」者，妙在李華的古文創作具有理論深度和思想意義。例如，《卜論》就是一篇見解深刻的具有唯物思想的論文。其文開篇即點出論點，依理行文，雖皆是理論之言，行文卻環環相扣，引人深思，令人歎服。盛唐時期，對占卜之學，能夠有此發覆者，非李華一人，但李華能夠如此精當表達自己對占卜的想法，其理論價值非同一般。文曰：

> 天地之大德曰生。舜好生之德洽於人心，五福首乎壽，麟鳳龜龍，謂之四靈。龜不傷物，呼吸元氣，於介蟲為長而壽。古之聖者，刳而腴之，觀其裂畫，以定吉凶。殘其生，翦其壽，既翦殘之，而求其靈，夫何故？愚未知夫天地之心，聖達之謨。靈之壽之，而夭戮之。脫其肉，鑽其骸，精氣復於無物，而貞悔發乎焦朽，不其反耶？

> 夫大人與天地合其德，與日月合其明，與四時合其序，與鬼神合其吉凶，不當妄也。壽而夭之，豈合其德乎？因物求徵，豈合其明乎？毒靈介而徵其神，豈合其序乎？假枯殼而決狐疑，豈合其吉凶乎？《洪範》曰：「爾其大疑，謀及卜筮。」聖人不當有疑於人以筮也。

> 夫祭有尸，自虞夏商周不變。戰國蕩古法，祭無尸，尸之重於卜，則明廢龜可也。又聞夫鑄刀劍者不成，則屠犬麂血而祭之，被髮而哭之，則成而利，蓋不祥器也。其神者，躍為龍蛇，穿木石，入泉源，以至發炯光聲音。人不能自神，因天地之氣，化天地之物而為神，固無悉然，是亦為怪。

> 古者成宮室必落之，鐘鼓器械必釁之，豈神明貴殺享膻腥歟？今亡其禮，未聞屋室不安身，而器物不利用。由是而言，則卜筮陰陽之流，皆妄作也。夫絜壇墠而布精意，求福之來，緬不可致，耕夫蠶婦，神一草木，禱一禽畜，鼓而舞之。謂妖祥如答，實歟妄歟。犧文之易，更周孔之述，以為至矣。楊子雲為太玄，設卦辯吉凶，如易之告。若使後代有如子雲，又為一書可筮。則象數之變，其可既乎？專任道德以貫之，則天地之理盡矣，又焉假夫蓍龜乎？又焉徵夫鬼神乎？「子不語」，是存乎道義也。〔註126〕

〔註126〕李昉等編：《文苑英華》，北京：中華書局，1982年，第3923頁。

此文末云「『子不語』，是存乎道義也」，是李華儒學行爲的重要體現。李華意會「子不語怪力亂神」之內涵，對「占卜」的慘絕行爲嚴加批判，既是遵從儒家思想之「仁」，亦是告誡統治者既要以仁德治理天下，就應力避怪誕之行爲。其宣傳儒家道統的行爲可謂昭昭然也。卜筮陰陽之作，在李華看來是妄作，這一點是從根本上維護儒家思想。陰陽家與怪力亂神之說，並不存道義，夭斲神龜，脫其肉，鑽其骸，李華認爲這是非常殘忍的，不符合儒家仁德思想。如此屠斲，還要用其軀殼進行占卜，神龜已精氣不存，奈何能夠預知未來。荒誕行爲造成的荒誕想法，李華曉之以理，並敢於斷言「聖人不當有疑於人以筮」的行爲。而聖人所指，蓋不出儒家孔聖人之道。

不僅如此，在李華送序、書體、頌讚中皆有主動宣揚儒家思想的痕跡。即便是在祭文中，也通過對祭主行爲的讚揚和肯定，論述其高尚的節操。借祭主之行爲，發己之意。諸如《祭劉評事兄文》、《祭劉左丞文》、《祭亡友揚州功曹蕭公文》、《祭亡友張五兄文》皆有所言。其所論者，亦不外乎儒家思想之仁、義、禮、智、信。李華文質一體的創作手法，將儒家思想的情理融入其中，這對後世古文創作也有一定的影響。

三、尊經立志，盡義守道，志道一統

李華的尊經立志，盡義守道，志道一統有其具體體現。所謂尊經是指繼承傳揚儒家思想，而立志則是在儒家思想教導下的精神體現；所謂盡義是指李華文中所體現的最重要思想之一，守道則是其行爲與內心的合二爲一。因而，論述李華的古文創作主張，必須對李華志道一統的儒學觀進行分析論證，探尋盛唐社會對李華儒學觀形成的影響。那麼，呈現在他筆下的文章所傳達出的古文創作主張就不難理解了。不僅如此，我們還應該看到，在盛唐儒學覺醒的這一大社會背景之下，文人是怎樣以手中之筆訴說心中所想，尤其是致力於宣揚儒家道統，主張以儒家思想維持社會秩序的文人。諸如像李華這樣有識之士，在當時具有很大影響力的古文家，他的思想是具有導向性的。經學是文人首要習得之書，在李華思想中，儒家著述對其影響深遠。

儒學作爲中國傳統的根基，被統治者用來作爲維護其統治的工具。唐初，儒學地位依然不可動搖；武后時，佛教盛行，力壓儒學；至玄宗朝，則儒、釋、道三家並行。這是儒家思想在盛唐之前大致發展狀態，由於社會歷

史的複雜性，細節部分或有差異。對統治者而言，一切有利於政治統治的手段都會加以利用，這就是唐代三教並行的重要原因之一。唐代統治者在進行了一段時間的實踐與刪選，最終還是將儒學確立爲「立國之本」。值得注意的是，無論在唐代的哪個時期，李氏統治者始終沒有放棄推行儒學。據宋敏求編《唐大詔令集》我們可以窺測一二。自武德七年二月的《置學官備釋奠禮詔》和《興學勅》始，景龍四年有《集學生制》，先天二年有《命張說等兩省侍臣講讀勅》，開元五年有《令明經進士就國子監謁先師勅》，開元十四年有《求儒學詔》，之後又有《選集賢學生勅》和《崇太學詔》。據詔令所記，我們知道，唐初下詔推行儒學是因爲「隋季以來，喪亂滋甚，睠言篇籍，皆爲煨燼」（《置學官備釋奠禮詔》）〔註127〕。可儒學未曾大興，武后臨政。終武后一朝，佛教盛行至極，儒學相對低迷。玄宗朝雖崇尚道教，但統治者業已意識到，儒學的低沉給統治帶來了麻煩。於是玄宗不斷下詔，力圖重振儒學。李希泌主編的《唐大詔令集補編》從《舊唐書》、《冊府元龜》、《全唐文》等文獻中輯出唐代頒布的《崇儒》詔書十則（按：一條與《唐大詔令集》重複，實爲九則），除文宗大和七年《搜訪名儒置五經博士各一人制》一則，其餘八則皆爲玄宗朝所下達。至此，至少可以說明，盛唐時期是儒學從思想上覺醒的一個階段。所謂「上有所行，下必傚之」，更何況振興儒學這一思想，符合絕大部分官人和一部分百姓的意願。上層統治者不需要付出更多的努力，就能夠實現這一目標。儒學的覺醒，是整個社會的動態運行，他只要依靠人們內心的一種「渴求」，便能夠實現振興，千年的儒學根基是堅不可破的。事實證明，也的確如此，唐代儒學的覺醒和發展，爲宋代程朱理學奠定了基礎。儒學的發展是一個連續的過程，唐代儒學在整個儒學發展史上是一個必不可少的環節。李華古文創作只是儒學覺醒環節中的一個個案，這一個案在整個儒學覺醒中具有特殊性和個別性。

我們把盛唐儒學覺醒放在這裡論述，主要是爲了說明李華所處的時代，正是儒學覺醒的中心時期。他的古文創作思想，一定帶有這個時代的印記。而這些印記也恰恰說明了李華對於儒學覺醒的肯定與支持。其通過古文創作，傳達儒學思想。可以說，盛唐儒學覺醒刺激李華不斷進行古文創作，以支持儒學的發展；另一方面，李華的古文創作宣揚了儒學思想，客觀上也推動了儒學的發展。當然，李華只是盛唐古文家的一個代表，盛唐古文創作群，

〔註127〕宋敏求編：《唐大詔令集》，北京：中華書局，2008 年，第 537 頁。

諸如蕭穎士、獨孤及、賈至、元結等，對儒學覺醒的推動作用不可小覷。由此可見，盛唐古文與儒學覺醒有著較深的淵源關係，探尋這一關係，對於理解和把握唐代儒學發展具有重要意義。把李華古文創作作爲一個個案，將其與盛唐儒學覺醒進行比較研究，其意義也正在於此。

（一）尊經立志的體現

繼承傳揚儒家思想，在儒家思想教導下立志有一番作爲，這是李華在古文創作中所表現出的精神境界。以銘文、祭文、壁記文觀之，李華的尊經立志可明。這三種文體所體現出儒家思想主要有三：一「溫柔敦厚」，二「怒而不怨，哀而不傷」，三「主文而譎諫」。三者是詩教傳統，但早已演變爲儒家正統思想的一部分。大而括之，只要能體現儒家正統思想，無論是使用「詩」體還是使用「文」體，手段方式都已不重要。因而，我們可以借詩教之說，來探求古文說教的尊經思想。在「主文而譎諫」這一思想中，則體現出李華的志向。他希望能夠用儒家溫柔敦厚，取譬喻意的方式進行諷諫，以達儒教教化之功。我們將以上述三種文體爲例，求索李華尊經立志之跡。

首先，堅守溫柔敦厚的古文創作原則。「溫柔敦厚」一詞，最早出現於《禮記》一書，《禮記‧經解》中有言：「入其國，其教可知也。其爲人也，溫柔敦厚，《詩》教也。」〔註128〕李華爲人態度溫和，其古文創作之筆亦是樸實寬厚，他的銘體文是這方面的代表。《唐丞相太尉房公德銘》開篇說：「玄宗季年，逆將持兵。天賜房公，言正其傾。群凶害直，事乃不行。虜起幽陵，連覆二京。帝慈蒸人，避狄西蜀。爰命監國，理兵北朔。登賢爲輔，讓子以續。公賚冊書，亦捧瑞玉。聖人神聖，天地咸若。子孝臣忠，元元踊躍。」〔註129〕述安史之亂這一大事，更當謹言，「逆將持兵」「群凶害直」等詞，乃眞實記錄史實之言，用於此十分合宜。所謂「帝慈蒸人，避狄西蜀」「登賢爲輔，讓子以續」「子孝臣忠，元元踊躍」，諱事諱人，更是符合儒家所倡導的溫柔敦厚。直而能言，言當時國事；委婉撰述，亦能與史料契合，反映歷史事實。「帝慈」是溫柔敦厚思想的體現之一，「子孝臣忠」是從儒家思想角度出發，表達的一種眞實內心，這裡是合乎儒家禮教的。《四皓銘》曰：「天靜地一，默成四時。人妙其用，三靈推移。遯蛻秦禍，出扶漢危。道不可屈，南山採芝。抱和全默，皆享期頤。山下水濱，四墳纍纍。悚慕玄風，俳徊古

〔註128〕孫希旦撰：《禮記集解》，北京：中華書局，1989 年，第 1254 頁。
〔註129〕李昉等編：《文苑英華》，北京：中華書局，1982 年，第 4148 頁。

祠。」〔註 130〕短短 56 字，將商山四皓的行為及品德呈現在我們面前。據史書記載，商山四皓為避秦亂而隱居商山，結茅山林，過著與世隔絕的生活。此四人德高望重，常被世人稱讚。正因如此，漢高祖劉邦多次請他們出山為官，四人皆不至。後劉邦寵幸戚夫人，打算另立太子，呂后急找張良商量，張良便請出商山四皓以商對策。後來商山四皓被太子劉盈請去，成為太子上賓。劉邦見太子有四位賢人輔佐，消除了改立趙王如意為太子的念頭。劉盈後來繼位，為漢惠帝。李華寫作此文，有追述先人的志向。在自己的為官之路上，李華努力向先賢學習。對先賢的讚揚控制在穩定的情感範圍內，也就是他能夠把握自己的情感，用溫柔敦厚之言表達自己的為政理想。

　　第二，李華古文創作遵循「怒而不怨，哀而不傷」的儒學教化。《國語·周語上》說：「事君者險而不懟，怨而不怒。」〔註 131〕《論語·八佾》言：「子曰：『《關雎》樂而不淫，哀而不傷。』」〔註 132〕在李華的祭文中，《弔古戰場文》是一篇遵循儒家「怒而不怨」之教化的典型論文。前面在論述李華文章內容之時，已有較為詳細的論述，這裡需要補充一點，對李華的「怒」與「怨」做一番解釋。唐玄宗開元後期，生活奢靡，且喜歡用兵，社會已步入衰敗之態；而邊疆將領常常喜歡用兵，使用陰謀，挑起對邊境少數民族的戰爭，以此邀功求賞。於是，玄宗後期唐代邊疆戰事不斷，士兵傷亡慘重。如天寶八載（749）哥舒翰攻吐蕃石堡城，唐軍戰死數萬；十載（751）安祿山率兵六萬進攻契丹，全軍覆沒。據陳鐵民《李華事蹟考》考證：「李華當於天寶十一載（752）或十二載（753）秋冬間出使朔方，此行曾到過安北單于二都護府、三受降城及靈州等地。」〔註 133〕《弔古戰場文》當作於李華奉旨出使朔方之際。文章鋪寫戰士生活之苦，與敵人交戰時的場面，以及戰後的慘況，寫出戰爭給人民帶來的苦難，文曰「蒼蒼蒸民，誰無父母？提攜捧負，畏其不壽。誰無兄弟，如足如手？誰無夫婦，如賓如友？生也何恩？殺之何咎？其存其沒，家莫聞知」，一句句的反問，將心中的「怒」傾瀉而出。然而，李華此文卻是借憑弔古戰場，來告誡統治者要實行王道，以仁德、禮義治理國家，達到天下一統。在對待戰爭的觀點上，李華主張興仁義之師，用文德使四方異

〔註 130〕李昉等編：《文苑英華》，北京：中華書局，1982 年，第 4148 頁。
〔註 131〕徐元誥集解：《國語集解》，北京：中華書局，2002 年，第 15 頁。
〔註 132〕劉寶楠撰：《論語正義》，北京：中華書局，1990 年，第 116 頁。
〔註 133〕北京大學中國傳統文化研究中心編：《北京大學百年國學文粹·文學卷》，北京：北京大學出版社，1998 年，第 453 頁。

族歸順天子，以此避免戰禍。所以，從勸君、諫君上看，李華這篇《弔古戰場文》又是「不怨」的。

　　李華的古文不僅能夠做到「怨而不怨」，而且讀來有種「哀而不傷」之感。古文創作最重要的是要能夠表達出自己的眞情實感，所謂怨、喜、哀、樂，四者不可或缺。但是，此四者間卻要有一個度：喜，不可大喜；哀，不可過哀。所表現的情感，要符合儒家的思想教化。《祭蕭穎士文》將其與蕭穎士「平生相知，情體如一」的深厚交情盡述而出，在蕭穎士辭世之後，李華「痛之至者，言不能宣」〔註134〕，悲哀之情，盡於言表。雖是大悲之事，但卻不過分悲傷，通過追憶曾經的交往，而將不捨之情傳達給讀者。雖不盡是「中和之美」，但卻稱得上「哀而不傷」。

（二）盡義守道的追求

　　盡義守道是李華文學創作的原則，它與尊經立志一同構成了李華古文的精髓。立志與守道，一在內心，一在行動。《易・繫辭上》曰：「成性存存，道義之門。」〔註135〕此「道義」當爲道德義理之謂，而李華的「道義」，不僅有道德義理之意，而且賦予了「道」一種至高的境界，給予了「義」一種凜然正義之勢。漢荀悅的《漢紀・高祖紀一》將儒家經典的五種功能概括爲：「夫立典有五志焉：一曰達道義，二曰彰法式，三曰通古今，四曰著功勳，五曰表賢能。」〔註136〕李華古文創作皆能體現以上五志，達道義之文主要見於贊體文；彰法式之文主要見於論體文；通古今之文則有較多文體體現，如序文、祭文、誄文等；著功勳之文見於廳壁記、碑文、墓誌銘等；表賢能之文見於序文、贊文等。需要指出的是，道義一詞在李華古文中最具表現力，它與荀悅所言既有相互關聯性，又有自己獨立的內涵。道義之文在序、論、傳等文體中皆有表現。

　　道義一詞，在李華的文章中出現了四次。《楊騎曹集序》中說：「河南元德秀、陸據、崔器，范陽盧治，爲道義之交。」〔註137〕《正交論》云：「《詩》曰：『喪亂既平，既安且寧。』美道義相成也。」〔註138〕《卜論》言：「專任

〔註134〕李昉等編：《文苑英華》，北京：中華書局，1982年，第5159頁。
〔註135〕朱軾撰：《周易傳義合訂》，光緒二十三年，卷十，第16頁。
〔註136〕荀悅：《漢紀・高祖皇帝紀（卷一）》，龍溪精舍本，第1頁。
〔註137〕李昉等編：《文苑英華》，北京：中華書局，1982年，第3615～3616頁。
〔註138〕李昉等編：《文苑英華》，北京：中華書局，1982年，第3911頁。

道德以貫之，則天地之理盡矣，又焉假夫蓍龜乎？又焉徵夫鬼神乎？『子不語』，是存乎道義也。」〔註139〕《李夫人傳》有：「夫人趙郡李氏，……道義德禮，歸於一門，魏史所謂事親孝謹，風度審正是也。」〔註140〕這裡的「道義」皆有道德仁義之意。既包括友朋之間交往的道義，又包括對生靈的憐恤與寬仁，還包括對婦人具有道義德行的讚揚。然而，在李華的古文中，更多的則是「道」（這裡的「道」不包括道家之「道」）與「義」分離開來。李華將儒家傳統精神各用一字表達出來，更具有一種強調的意味。我們先來看李華文中關於「道」與「義」的語句，擇其要者，羅列於下：

道：

人已古兮山在，泉無心兮道存。——《望瀑泉賦》

屈平宋玉哀而傷，靡而不遠，六經之道遯矣。

道冠儒林，遷秘書少監。

置之散地，竟孤其道。

道勝而齊物，德全而及人。

行乎天下，反魏晉之浮誕，合玄言於世教，其於道也至乎哉？祐甫純孝而文，直清而和，希公門者，謂公存焉。明發不寐，泣次遺文，以華北州鄰壤。婚姻之舊，嘗趨公門，備閱家編，祐甫代華為校書郎，華以是味公之道也熟。詞則不敏，有古之直焉！——《贈禮部尚書清河孝公崔沔集序》

開元天寶之間，海內和平，君子得從容於學，以是詞人材碩者眾。然將相屢非其人，化流於苟進成俗，故體道者寡矣。夫子門人，德行、言語、政事、文學，四者無人兼之，雖德尊於藝亦難乎備也。後之學者，希慕先賢。其著也，亦名高天下。行修言道以文，吾見其人矣。

讀書務盡其義，為文務申其志。義盡則君子之道弘矣，志申則君子之言信矣。

識者讓議，以論道許之，質純氣和，動必由道，談笑中雅，名理入玄，所著文章，多入玄中雅之才者也。

向道之流，聞之涕洟。

〔註139〕李昉等編：《文苑英華》，北京：中華書局，1982年，第3923頁。

〔註140〕李昉等編：《文苑英華》，北京：中華書局，1982年，第4213頁。

遊方之内爲哀，遊方之外爲道，或固然歟。　——《楊騎曹集序》

天下有道，貧且賤焉，恥也。

豈紛累未滌，將悲亦有道，且以箸擊茶甌歌而餞之曰：「江沉沉兮雨淒淒，洲渚沒兮玄雲低，傷別心兮聞鼓鼙。」　——《江州臥疾送李侍御序》

夫贈人以言，古之道也。　——《送十三舅適越序》

士之舒羽毛，宣聲調，不在高位，在有道。

南陽有略兼有道之高，玄晏之道，論其措意，則王充、左思，豈其遠乎？　——《送薛九遠遊序》

君子既學之，患不能行也。河南房敬叔，其行之者歟。我思古人之道，其房君哉。安親於羈旅之中，講道於茅茨之下，不改其樂，以文會之，吾與房也。　——《送房七西遊梁宋序》

晨告余曰：「雖耕楚田，而無檴費，相里杭州刑部郎李君以道教我，以文博我，將求飦粥於二賢可乎？」　——《送張十五往吳中序》

夫知卿大夫之族姓，班位之高下，見貴春秋，而此道將亡，自族之不知，況他人乎？　——《送觀往吳中序》

專任道德以貫之，則天地之理盡矣，又焉假夫著龜乎？又焉征夫鬼神乎？「子不語」，是存乎道義也。　——《卜論》

終之也，患不能同其心而化於道。　——《賢之用捨》

悲夫！材之大也爲累，材之小也爲貴。戾於理，悖於道，莫甚焉。君天下者辯而返之，則不世而仁矣。　——《材之小大》

人或有言，志屈道行。公曰不可，屈則佞生。　——《唐丞相太尉房公德銘》

道不可屈，南山採芝。抱和全默，皆享期頤。　——《四皓銘》

義：

若薄氏者，與其父遊，聞其聲義動於江南。　——《哀節婦賦並序》

　　論及後世，力足者不能知之，知之者力或不足，則文義寖以微矣。　——《贈禮部尚書清河孝公崔沔集序》

　　篇目雖存，章句遺落，古所謂有其義而無其詞者也。　——《揚州功曹蕭穎士文集序》

　　讀書務盡其義，爲文務申其志。義盡則君子之道弘矣，志申則君子之言信矣。　——《楊騎曹集序》

　　奇節發於仁義者也，以顏曾之行，求仁義之均，勉旃斯有望。——《送房七西遊梁宋序》

　　吾之休廢，永無榮耀於伯仲之間。自非深仁高義，長才厚德，又焉肯惠於朽壤枯木哉？　——《與弟莒書》

　　夫山傾川竭，未爲成災。大臣盛德捨榮，即哀災之大者，刻頌之義。發乎心，播乎聲，施事爲教，感哀爲德。　——《平原公遺德頌並序》

　　厥初生人，有君有親。孝於親者爲子，忠於君者爲臣。兆自天命，降及人倫。背死不義，忘生不仁。　——《二孝贊並序》

　　師乏儒宗則道不尊，道不尊則門人不親；友非學者則義不固，義不固則交道不重；選不由鄉則情不繫府，情不繫府則舉薦寡恩。

　　義在切切偲偲，匡救其闕。　——《正交論》

　　使不仁之人萌芽賊心，而仁義之士閉目掩卷，何如哉？　——《質文論》

　　見義不爲爲長者，繩違用法，則附強而潰弱也。　——《國之興亡》

　　勵志讀書，誦無遺文，釋無遁義，皆一覽也。　——《太子少師崔公墓誌銘》

　　元惡憚其義烈，人鬼衛（「衛」，《文苑英華》注云「疑作御」）其愷悌，惟身與族，隨正而行。

　　在昔偃王，仁義道（「道」，《文苑英華》作「遒」）興。沿源而下，勳德相承。　——《慶王府司馬徐府君碑》

　　於爲義非，爲義非爲半人。　——《揚州隆興寺經律院和尚碑》

　　由此我們可以看出，李華對道、義二字的重視。李華熟悉《春秋》、《論語》等經典，因而熟諳經部典籍中有關道與義的闡釋。如在《春秋》一書中，有很多關於道義的論述。孔子根據理想中的禮制文化原則來評判春秋時期各諸侯國的國君、大夫等人的政治行動的合法性，從而達到「使亂臣賊子懼」的懲戒效果。《春秋》運用「道義」二字來論述諸侯邦國政治行為的合法性，其深藏的價值評價標準是「大一統」。從最深層次上講，李華的重義守道也是在維持一種社會秩序。這種社會秩序的建立，需要人人從內心上遵從儒家傳統道德與仁義。與李華同時的蕭穎士〔註141〕，也是遵義重道的典型。蕭穎士

〔註141〕按，李華與蕭穎士、趙驊同年及第。參李華《寄趙七侍御……因敍疇年之素寄懷於篇》自注。尚與賈季鄰、張南容、楊拯（楊極）、張罕、鄔象先（詩人李順亦是本年進士）同榜，崔圓時中智謀將帥科，皆為友好。參《登科記考補正》卷八。李華《楊騎曹集序》：「舉進士，時刑部侍郎樂安孫公逖以文章之冠為考功員外郎，精試群材。君以南陽張茂之、京兆杜鴻漸、琅邪顏真卿、蘭陵蕭穎士、河東柳芳、天水趙驊、頓丘李琚、趙郡李崿、李傾、南陽張階、常山閻防、范陽張南容、高平郗昂等連年高第，華亦與焉。」（《李遐叔文集》卷一）孫氏極重穎士才華，《舊唐書·孫逖傳》：「拔李華、蕭穎士、趙驊登上第，逖謂人曰：『此三人便堪掌綸誥。』」《舊唐書·韋述傳附蕭穎士傳》：「（穎士）開元二十三年登進士第，考功員外郎孫逖稱之於朝。」時蕭氏以聰儁過人，富詞學，被賈曾、席豫、張垍及韋述等引為談客，知名於時。開元二十九年五月，蕭氏入京待選，尚在《贈韋司業書》中追述此間事云：「忽記往年奉詣時，足下云：『孫大所言第一進士，子則其人。』……若由此見知，僕不才者，幸嘗遇賞於孫氏。」李華《揚州功曹蕭穎士文集序》曰：「十九進士擢第。」（《文粹》卷九三）記時頗為明確。而《贈韋司業書》自述其「孜孜強學，業成冠歲。射策甲科，見稱朝右」者，乃因歲愈十九即入弱冠之年，故所謂「業成冠歲」者，論其實則十九。然其自述泛泛處，恰可反證李華所言之確。諸書於此無異詞，今俱引如下。《舊唐書·韋述傳附蕭穎士傳》：「開元二十三年登進士第，考功員外郎孫逖稱之於朝。」《舊唐書·蕭穎士傳》：「蕭穎士者，字茂挺，與華同年登進士第。」《朝野僉載》卷六：「開元中，蕭穎士年十九，擢進士。」《明皇雜錄》卷上：「蕭穎士開元二十三年及第，恃才傲物，曼無與比。」（又載《唐摭言》卷三「慈恩寺題名遊賞賦詠雜記」）《南部新書》庚卷：「蕭穎士，開元中年十九，擢進士第，儒釋道三教，無不該通。」《新唐書·蕭穎士傳》：「開元二十三年舉進士，對策第一。」按開元二十三年蕭氏年十九歲推算，當開元五年生。《贈韋司業書》作於開元二十九年，時年二十五，與《書》中自稱「丈夫行已三十年」略合，「行」者，近也。俞紀東、喬長阜說同。參潘呂棋昌《蕭穎士研究》，文史哲出版社1983年版；俞紀東《蕭穎士事蹟考》，《中華文史論叢》，1983年第2輯；喬長阜《蕭穎士事蹟繫年考辨》，《江南學院學報》，2000年第3期。（見《蕭穎士集校箋》，〔唐〕蕭穎士著，黃大宏、張曉芝校箋，中華書局，2017年，第183～184頁。）

《贈韋司業書》中說：「夫司業古成均之貳，學正是循，國風伊始，先哲王之所以導人敏德、謀猷長世者，曷嘗不就學校而奔風化耶？梁代劉嗣芳，自尚書左丞除國子博士，於時物議，以爲妙選。近高宗朝，樂安孫公，以宰臣之重，再轉此官。朝廷素望，初不點缺，斯尚學尊儒之道也。」〔註142〕蕭穎士所言「尚學尊儒之道」，是盛唐階段儒學發展的典型特徵。崇尚學問，尊重儒家道統，當然要更加推崇儒家的道德與仁義。

李華在尊經立志的基礎上，發展儒家盡義守道的理論思想。在古文創作中，將儒家的傳統道德融入其中，再加之對仁、義、禮、智、信五方面的推崇，使其具有更加深刻的意義。其實，儒家傳統在唐初「崇儒」的環境下，發展到盛唐時期，便有了再次覺醒的可能性。《唐大詔令集》載《興學敕》曰：「〔武德七年二月〕自古爲政，莫不以學爲先學，則仁義禮智信五者俱備，故能爲利深博。朕今欲敦本息末，崇尚儒宗，開後生之耳目，行先王之典訓，而三教雖異，善歸一揆。豈有沙門事佛，靈宇相望，朝賢宗儒，辟雍頓廢，公王以下，寧得不慚！朕今親自觀講，仍徵集四方胄子，冀日就月將，並得成業。禮讓既行，風教漸改，使期門介士，比屋可封，橫經庠序，皆遵雅俗，諸公王子弟，並皆率先，自相勸勵。賜學官胄子及五品以上各有差。」〔註143〕從國家層面強調興學的重要性，而且儒家仁、義、禮、智、信爲必備之品行，「崇尚儒宗」四字的提出，更是致力於恢復、傳承先王典訓。詔令中提出的禮讓、風教、雅俗等，與儒學不無關係。而且強調王公子弟要率先而爲，勤勉勸勵，發揚儒學思想。唐代初年的詔令，從某種意義上說，起著思想導向的作用。從最高層提出的尊儒思想在短時間內不會變更，所以儒家思想一直是統治者立國立基之本。《冊府元龜》言：「〔開元〕十八年八月丁酉詔曰：祭主於敬，神歆惟德，黍稷非馨，蘋藻可薦。宣尼闡訓，以仁愛爲先；句龍業官，以生植爲本。普天率土，崇德報功，饗祀惟殷，封割滋廣，非所以全惠養之道，葉靈祇之心。其春秋二祀及釋奠，天下諸州府縣等並停牲牢，唯用酒脯，務在修潔，足展誠敬。自今已後，以爲例程。」〔註144〕盛唐時期，又詳細規定祭祀釋奠之禮法，儒家思想的細節也得以從最高的詔書中體現。「宗儒」當以「仁愛」爲先，這是國家意志，也是崇儒的體現。

〔註142〕李昉等編：《文苑英華》，北京：中華書局，1982年，第3492頁。
〔註143〕宋敏求編：《唐大詔令集》，北京：中華書局，2008年，第537頁。
〔註144〕王欽若等編：《冊府元龜》，北京：中華書局，1982年，第3125頁。

（三）志道一統的形成

志道一統是李華在進行文學創作時所追求的一種精神境界。李華說：「文章本乎作者，而哀樂繫乎時。本乎作者，六經之志也；繫乎時者，樂文武而哀幽厲也。有德之文信，無德之文詐。皋陶之歌，史克之頌，信也；子朝之告，宰嚭之詞，詐也，而士君子恥之。夫子之文章，偃、商傳焉，偃、商歿而孔伋、孟軻作，蓋六經之遺也。屈平、宋玉哀而傷，靡而不遠，六經之道遯矣。論及後世力足者不能知之，知之者力或不足，則文義浸以微矣。」〔註145〕楊慎在《丹鉛雜錄》中說：「慎謂華之論文簡而盡，韓退之與人論文諸書，遠不及也，特難為褊心狹見者道耳。」〔註146〕楊氏所言的「簡而盡」，只侷限於李華論文的外在形式如何，內在卻並未闡明，思想意義層面也有所忽視。事實上，李華古文思想則如獨孤及所言：「公之作本乎王道，大抵以五經為泉源，抒情性以託諷，然後有歌詠；美教化，獻箴諫，然後有賦頌；懸權衡以辯天下公是非，然後有論議；至若記序編錄、銘鼎刻石之作，必採其行事以正褒貶，非夫子之旨不書。故風雅之指歸，刑政之本根，忠孝之大倫皆見於詞。」〔註147〕李華提出的六經之志與六經之道，是重要的思想概念。在古文創作中，他強調為文要「有德」而不能「無德」。無論是怎樣的文章，皆遵從於「夫子之旨」。獨孤氏所言，可謂然也。

李華為文，以儒家思想為旨歸，主張中和之美，他對元德秀的美諡，能夠體現出這一點。《新唐書・元德秀傳》記曰：「李華兄事德秀，而友蕭穎士、劉迅。及卒，華諡曰文行先生。」〔註148〕在李華的創作中，詩、賦、碑、銘、序、記、誄、祭文等，都在堅持志道一統的寫作原則。在志道一統這一思想的形成過程中，李華的思想是有波動的。早期李華進入仕途，所作之文也有一些粉飾太平之嫌，《含元殿賦》便是〔註149〕。所謂「帝唐以文德勇祐

〔註145〕李昉等編：《文苑英華》，北京：中華書局，1982年，第3613頁。

〔註146〕楊慎：《丹鉛雜錄及其他二種》，上海：商務印書館，民國二十五年，第41頁。

〔註147〕董誥等：《全唐文》，北京：中華書局，1983年，第3946頁。

〔註148〕歐陽修、宋祁：《新唐書》，北京：中華書局，1986年，第5565頁。

〔註149〕按，《含元殿賦》作於李華任校書郎之時，即天寶二年至天寶七年（743～748），具體時間待考。《舊唐書》本傳：「華進士時，著《含元殿賦》萬餘言，穎士見而賞之曰：『《景福》之上，《靈光》之下。』」《舊唐書》本傳：「李華……開元二十三年進士擢第。」按《舊唐書》所言，此文當作於開元二十三年（735）之後。但此說僅見於《舊唐書》，《新唐書》卷一百九十下、《唐國史補》卷上、

於下，民被王風，俗稍丕變。至則天太后時，陳子昂以《雅》易《鄭》，學者浸而嚮方。天寶中，公與蘭陵蕭茂挺、長樂賈幼幾勃焉復起，振中古之風，以宏文德」〔註150〕，此言當是針對李華、蕭穎士、賈至等形成統領文壇的文風時所言。「振中古之風」，是李華堅持志道一統的結果。

當然，李華志道一統思想的形成，也是歷史發展的過程。對傳統經學的推崇，對志與道的闡發，以及對儒學復興的渴望，促使這一思想不斷向前推進。葛兆光先生在《中國思想史》中有這樣一段論述：

《隋書·儒林傳》中說，隋代平定天下，曾經大興儒學，徵辟儒生，「使相與講論得失於東都之下，納言定其差次，一以聞奏焉」，不僅是官方，私人講學也如此，據說當時最負盛名，「後生鑽仰」和「縉紳咸宗師」的劉焯就撰有《五經述義》，劉炫也撰有《五經正名》與《論語》、《春秋》、《尚書》、《毛詩》、《孝經》的《述義》，如果據《隋書》卷七十五《劉炫傳》記載劉氏的自述，可以知道他對於《周禮》、《禮記》、《毛詩》、《尚書》、《公羊》、《左傳》、《孝

《唐摭言》卷七、《唐語林》卷二均未言賦作於「進士時」。《舊唐書》記載不確。又獨孤及《檢校尚書吏部員外郎趙郡李公中集序》云：「自監察御史已後所作頌、賦、詩、歌、碑、表、敘、論、志、記、贊、祭，凡一百四十三篇，公長子羔，字宗緒，編為二十卷，號《中集》。其中陳王業則《無疆頌》；主文而譎諫則《言鹽》、《含元殿賦》。」《序》又云：「（天寶）十一年（752），拜監察御史。」《新唐書》本傳：「天寶十一載，遷監察御史。」據此又知《含元殿賦》乃天寶十一載華官監察御史之後所作。《通典》卷二四：「大唐監察御史……掌內外糾察，並監祭祀及監諸軍、出使等。」《新唐書·百官志》：「監察御史……掌分察百僚，巡按州縣，獄訟、軍戎、祭祀、營作、太府出納皆莅焉。」監察御史有監諸軍和出使的職事，在官監察御史期間，李華出使朔方，此時距京遙遠，俗務煩雜，不可能做此鴻篇巨製。因而獨孤及《序》記載亦不甚明。此賦當作於李華任秘書省校書郎之時。賦末云：「崇四瀆之前式，勅懷鉛之小臣。俾讎書於禁中，正百代之遺文。由是循環天造，耳目日新，敢頌成功，告於神宗。無媿斯干之什，式昭聖德之容。」「懷鉛小臣」謂從事著述的卑微小吏，「讎書禁中」當是自指其任秘書省校書郎之職。獨孤及《序》：「……天寶二年舉博學宏詞，皆為科首，由南和尉擢秘書省校書郎。」《著作郎廳壁記》云：「今大著作清河崔公名傑，天寶三載，自秘書拜。……先是命官之記，不列於齋，以華職忝末班，與聞前志，拜命之辱，敢敘官之守云。時天寶七載二月辛亥記。」據以上兩條，知李華天寶二年（743）擢秘書省校書郎，至七載（748）仍任此職。唐秘書省有著作局，置著作郎二人（從五品上），掌判局事；又置校書郎二人（正九品上），華自云「職忝末班」，則是時（天寶七載二月）他當在秘書省著作局為校書郎。

〔註150〕董誥等：《全唐文》，北京：中華書局，1983年，第3946頁。

經》、《論語》，以及「孔（安國）、鄭（玄）、王（肅）、何（休）、服（虔）、杜（預）等注凡十三家」都有研究，也可以講授〔註 151〕，按照《隋書・儒林傳》的介紹，「江左周易則王輔嗣，尚書則孔安國，左傳則杜元凱；河洛左傳則服子慎，尚書、周易則鄭康成」，可見劉氏之學已經兼容了南北兩方。到了唐代初期，這種匯通與融合就成了官方意識形態的取向，據《舊唐書・褚亮傳》說，唐太宗平定天下後，立即「留意儒學」，曾經聚集了杜如晦、房玄齡、于志寧、陸德明和孔穎達等最著名的學者，「討論墳籍，商略前載」〔註 152〕，特別是作為國家意識形態依據的儒學經典，《新唐書・儒學傳序》記載：

> （唐太宗）雛正五經繆闕，頒天下示學者，與諸儒粹章句為義疏，俾久其傳。因詔前代通儒梁皇侃、褚仲都，周熊安生、沈重，陳沈文阿、周弘正、張譏，隋何妥、劉炫等子孫，並加引擢。（貞觀）二十一年，詔：「左丘明、卜子夏、公羊高、穀梁赤、伏勝、高堂生、戴聖、毛萇、孔安國、劉向、鄭眾、杜子春、馬融、盧植、鄭玄、服虔、何休、王肅、王弼、杜預、范甯二十一人，用其書，行其道，宜有以褒大之，自今並配享孔子廟庭。〔註 153〕

葛先生所言深入淺出，對隋唐儒學發展有較為深入的探討。如果說，隋至唐初這一時期是儒學覺醒的先聲或前奏；那麼，依葛先生所言，我們不難推斷，盛唐儒學的覺醒勢在必然。這種覺醒體現在社會的各個方面，後面我們將詳細論述。這裡，主要談李華志道一統的形成。在剛邁進盛唐時期，社會上層對儒學需求依然是維護其統治的工具。這一點體現在文人身上便是要遵守儒家傳統道德，忠君愛國，以仁義治理天下。於是「志向」便成了文人首要考慮的問題，一旦「志向」確立，那麼他所行之「道」便有了方向和角度。通過李華所處的社會情境以及其古文創作的過程，我們不難窺測出李華志道一統的形成過程。

〔註 151〕魏徵等：《隋書・儒林傳》，北京：中華書局，1973 年，第 1720 頁。

〔註 152〕劉昫等：《舊唐書》，北京：中華書局，1975 年，第 2583 頁。

〔註 153〕葛兆光：《中國思想史》第一卷，上海：復旦大學出版社，2001 年，第 460～461 頁。

第二章　李華古文創作與盛唐儒學

　　通過第一章的論述，我們知道，李華古文創作與盛唐儒學覺醒有相當大
的關係。李華作為一個個體古文家，受盛唐儒學覺醒的影響當然不可忽視，
這一點是顯而易見的，也是容易理解的。同時，李華這一個體通過其創作的
主觀能動性，對盛唐儒學覺醒的推動作用亦不可小覷。其中原因是，李華絕
大部分時間身處社會上、下層的中間狀態，而早期與上層社會交往甚密，晚
年則又屬於社會下層的代表。所以李華身上有社會各個階層的影子，從他的
身上，我們能夠看到更多關於儒學覺醒的起伏跌宕。不僅如此，他對推動儒
學覺醒所做的一如既往的努力，我們也可管窺一二。為了不過分強調二者的
關係，我們將儘量從客觀史實出發，再結合李華古文創作進行論述。當然，
既然確定二者有一定相關性，就不免有主觀的成分，這也是避免不了的。此
章將從李華古文創作中所體現的「強調儒學觀念的自覺性」、「重視儒學教化
的主動性」和「追求儒學發展的功用性」三個方面著手研究。一方面將李華
與儒學的互動關係呈現出來，另一方面將作品中能夠展現李華儒學思想觀念
的理論分解出來，與前面所論的儒學因子進行呼應。

第一節　強調儒學觀念的自覺性

　　李華古文呈現出的儒學觀，表現在多個方面。他主動強調文人應該具有
儒學觀念，傳承儒家思想文化。在李華的古文中，「儒」字的出現達 27 次之
多。這些對儒學的相關論述，是在傳達一種自我心跡。而且，通過李華的言
語行為和思想變化，我們也能窺測出李華嚴守儒家思想的鄭重心態。

一、自我心跡的描述

（一）李華對儒家的推崇，有深刻的家學淵源

李華在《送觀往吳中序》中，提到了自己的家世：「在昔蘭陵府君、高平棘公、柏仁懿公兄弟三人，有重名於天下。鉅鹿，蘭陵之穆也，故楊州孝公後之，觀之世父也；高平，平棘之嫡也；吾後之。」〔註1〕據陳鐵民先生考證：「蘭陵府君即蘭陵太守瓌，平棘公即後魏平棘令系，柏人懿公即後魏趙郡太守、柏人懿子曾，三人皆東祖睿之曾孫。又，鉅鹿，謂瓌子後魏洛州刺史、鉅鹿簡公靈；高平，謂系子四部尚書、高平宣公順。而華，即順八世孫。」〔註2〕「又據《表》載，華曾祖太沖，雍王友；祖嗣業，同州司功參軍；伯父虛己，安邑令；父恕己，典設郎。」〔註3〕對李華家世的考證，當不僅只限於此，隨著對李華研究的深入，撰述李華年譜當是必然。只有這樣，或許能夠更加清晰地看到李華思想中的儒學淵源。這裡所引旨在說明，李華的祖上皆是儒學出身，已然能夠推測李華思想中可能接收到的信息。對於這樣一個家族來說，李華當是引以為豪的，其內心對儒家正統的推崇自當比一般人強烈。

《送十三舅適越序》述舅氏之言，宣揚儒家傳統。舅氏以自己與鮑君交往，比為子路與顏淵之交。以所述內容來看，李華對舅氏適越，是十分讚賞的。李華贊其：「柔而立，咎繇所以成九德也；寬而靜，師乙所以諧五聲也；文犀明珠之珍，伏於掌握之間，此君子所以恢令名也。」〔註4〕「柔而立」「寬而靜」是儒家思想中對君子的行為要求。「咎繇」乃皋陶，李華以皋陶與師乙之德，讚揚舅氏，稱其有君子之德。這些言語從某種程度上，體現了李華的自我心跡——守護儒家正統道德。儒家正統道德的要求是具體的，也是明確的。簡言之，李華心中儒學觀念的「參照性」與「行動項」其實是統一的。他《與弟莒書》中說莒有田仁、任安二舍人之才，卻未曾遇到賞識之人；接著以孔子言行，勉勵其要不斷努力。書的內容很簡單，但他所傳達出的思想內涵卻不僅如此。《與弟莒書》一文約作於大曆三年至大曆六年之間

〔註1〕 李昉等編：《文苑英華》，北京：中華書局，1982 年，第 3727 頁。

〔註2〕 北京大學中國傳統文化研究中心編：《北京大學百年國學文粹·文學卷》，北京：北京大學出版社，1998 年，第 451 頁。

〔註3〕 北京大學中國傳統文化研究中心編：《北京大學百年國學文粹·文學卷》，北京：北京大學出版社，1998 年，第 451 頁。

〔註4〕 李昉等編：《文苑英華》，北京：中華書局，1982 年，第 3726 頁。

〔註5〕，時李華業已「客隱山陽，勒子弟力農，安於窮槁」了。而讀文中之
語，李華所言與其所爲似有矛盾之處，文曰：「自非深仁高義，長才厚德，又
焉肯惠於朽壤枯木哉？」他卻遠離仕途，安於貧苦。李華沒有言明自己是否
具有深仁高義，長才厚德的品質，但他的內心是有所指向的，他曾進入仕
途，渴望有所作爲，於今鼓勵弟莒，也是希望其能夠平心靜氣，努力做好當
前之事。他自己絕意仕途，其內心對儒家的「學而優則仕」則是銘記於心
的。換言之，如若李華沒有風痺之疾的困擾，他也許不會離開仕途。晚年的
李華，看透人生，晚事浮圖。但他畢竟不會忘記自己的本根，儒家傳統所倡
導之事，深深地鑴刻在其內心和意念上。個人心跡與人生際遇有很大的關
係，李華經歷的人生狀態是值得深入研究的。他視儒家思想爲立身之本，仕
進是他的選擇，也是追求。但在晚年他力勸子弟務農，個中原因或許只有從
心理學視角進行判斷，才能有所得窺。

（二）推崇儒學，當與志同道合之人交友

李華崇尚儒學的心跡，不僅表現在他的家世淵源上。在他爲各位友人所
寫的文集序中，這一點體現的尤爲明顯。他在《揚州功曹蕭穎士文集序》中
說蕭穎士之死：「天下儒林，爲之顚頷。」〔註6〕觀蕭穎士文集，李華所述並
非言過其實。蕭穎士一生博學多聞，儒學是其思想之本根。他作爲古文運動
的先驅者之一，其文學思想上承初唐陳子昂追求風雅傳統的主張，中與李
華、賈至、獨孤及等人共同推動儒學復興，下啓梁蕭、韓愈、柳宗元等人的
文以載道之說。在古文創作領域，蕭穎士的地位與李華並駕齊驅，二人並稱
「蕭李」。李道英在《唐宋古文研究》中說蕭穎士：「崇尚儒學，有意識的倡
揚儒學，並認爲文章應該與儒學相結合，以儒學爲內容。」〔註7〕李華如此讚

〔註5〕按，《與弟莒書》或可繫年。文曰：「汝憂吾疾，令吾將息，一一用汝語，念
　　　汝知之；且作判官，事中丞叔父，小心戒愼，不離使司……莒省吾書，當努
　　　力也。」中丞叔父，謂贊皇公李棲筠。《新唐書·李棲筠傳》：「族子華自稱（棲
　　　筠）有王佐才，仕多慕向。」《舊唐書·代宗紀》云：「（大曆）六年……八月……
　　　丙午，以蘇州刺史、浙江觀察使李棲筠爲御史大夫。」唐節度、團練、觀察
　　　等使僚屬判官（見《新唐書·百官志》），所謂「作判官，事中丞叔父」，即指
　　　是時莒任浙西團練觀察使兼御史中丞李棲筠判官。據此，可知本文當作於大
　　　曆三年（768）二月之後、大曆六年（771）八月以前。
〔註6〕李昉等編：《文苑英華》，北京：中華書局，1982年，第3615頁。
〔註7〕李道英：《唐宋古文研究》，北京：北京師範大學出版社，2005年版，第43
　　　頁。

譽蕭穎士，不僅僅是因為他與蕭穎士私交甚篤，更是因為二人在行為上的契合度，以及思想上所達到的一致性。尊崇儒學，是二人的共同心理傾向。李華在《與外孫崔氏二孩書》中說：「汝等當學讀《詩》、《禮》、《論語》、《孝經》，此最為要也。」〔註8〕其《三賢論》讚譽劉迅說：「劉名儒史官之家，兄弟以學著稱，乃述《詩》、《書》、《禮》、《樂》、《春秋》為五說，條貫源流，備今古之變。」〔註9〕可見李華對儒家經典是時時銘記於心的。不僅對崔氏二孩教讀儒家經典，對友人闡釋儒家經典更是十分推崇。李華所說的「條貫源流，備今古之變」涉及源與流、古與今的矛盾，通過對李華的研究，我們知道其站在同等視角予以對待這兩個問題。

蕭穎士尊崇孔子，其個人對《論語》鑽研也頗有造詣。他強調學習和實踐孔門四科，特別是要「孝悌謹信，泛愛親仁」。《贈韋司業書》中有言：「孔聖斷唐虞以下，刪帝王之書，因《魯史記》而作《春秋》，託微詞以示褒貶。全身遠害之道博，懲惡勸善之功大。」〔註10〕他不僅對孔子授徒傳道、發展教育之舉大加讚頌，更是立志自己要「以名教為己任」。蕭穎士還積極建議朝廷「尚學尊儒」、「就學校而本風化」，以培養賢才。這些都是李華所認同的，因而李華不僅為蕭穎士寫有集序，在蕭穎士離世後，還寫有《祭亡友揚州功曹蕭公文》。

《臥疾舟中相里范二侍御先行贈別序》中說：「華與二賢早相得，偕修君子之儒，而獨無成。偕勵人臣之道，而獨失節。」〔註11〕這裡，李華對范二侍御的「君子之儒」、「人臣之道」的德行，是十分讚賞的，而對自己在安史之亂中被授偽職一事，則是耿耿於懷。李華認為自己沒有盡人臣之道，有失於儒家正統行為。此處亦可看出，李華的內心是極其懊悔的。「獨無成」與「獨失節」，兩個「獨」字可以看出李華心態的不平衡，是對自己行為的內在揭櫫，表現出不一般的思想狀態。他恪守儒家所倡導的「孝」，在戰爭來臨之時，「輦母而行」，為賊所獲。他不曾以死殉志，也實是因為要奉養老母之故。但自古以來忠孝不能兩全，李華的這一忠一孝，也未能豁免。他在《唐丞相故太保贈太師韓國公苗公墓誌銘》中讚韓國公云：「有唐宗臣，為國元老。清明淳粹，全德體道。磊落臣節，深沉廟謨。智能逃難，忠則忘

〔註8〕董誥等：《全唐文》，北京：中華書局，1983年，第3195頁。
〔註9〕李昉等編：《文苑英華》，北京：中華書局，1982年，第3886頁。
〔註10〕李昉等編：《文苑英華》，北京：中華書局，1982年，第3494頁。
〔註11〕李昉等編：《文苑英華》，北京：中華書局，1982年，第3823頁。

軀。」〔註12〕由此可知，李華對為人臣子的節操是十分看重的，「人臣之道」是遵循儒家思想者的為官標準。李華未能做到忠而忘軀，這對他來說是不能接受的。儒家正統思想自他出生以來，就不斷對其人生導向產生影響。這種影響是根深蒂固的，因而，晚年失節的李華，在對友人談及自己的時候，總是揮之不去的便是失節一事。這在封建思想盛行的唐代，是十分嚴重的事情。我們知道，李華行為並非大過，但他卻為彌補自己行為的失當，而不斷撰文悔過；甚至在晚年勒令子弟力農，他明白自己的失節對子弟的仕途來說是一種徹底的毀滅，與其與世抗爭，不如安於貧苦，守節守志。

　　李華從為官到失節，從失節到遠離仕途，這其間經歷了太多的人生起伏。李華的心跡是複雜的，這一點毋庸置疑。對於李華的心跡，有一點是可以肯定的，那就是自始至終他都對儒家思想進行極力維護。這在盛唐儒學覺醒時期，對儒學的推動是有作用的。李華在思想層面上確立了一種絕對的價值取向。

二、言語行為的統一

　　言語行為與思想道德是聯繫在一起的。早在孔子時代，論人品好壞，就將言語行為二者放在同等重要的地位。我們討論李華的言語行為，是要與其道德人格相互映照的。正所謂「不知命，無以為君子也；不知禮，無以立也。不知言，無以知人也」。我們對李華言語的理解，關係到其重要的人格素質。而李華的行為是否與言語相左，也將直接影響我們對其人品的判斷，而這些都將關乎到一點，那就是儒家傳統道德的失與守。而且，儒家傳統道德中所體現出的思想，也將是李華儒學觀念的延伸。

　　李華儒學觀念的自覺性，在言語行為上的體現比其心跡更加清晰，完整。凸顯出一種真實的人格價值，這些價值上升到儒家傳統觀念便是「忠孝」二字。當然，儒學觀念的自覺性不僅於此，李華只是通過其言語行為，給世人樹立了一種榜樣。

　　李華有《隱者贊七首》，其中所言，多能表達其思想意志。我們來看他的以下三首：

> 去危圖安，危則不隕。竭而後汲，力亦隨盡。麒麟退步，終日不踠。逃刑諸生，自脫何晚。深乎智叟，孤遊冥遠。　──陳留老父

〔註12〕董誥等：《全唐文》，北京：中華書局，1983年，第3253頁。

我蠶我衣，我耕我食。推心而動，神佐正直。溟波不沉，伏此之力。島夷卉服，移我淳德。衡門棲遲，臺佐讓職。時非吾世，語不如默。　——管幼安

孺子心壯，陰仇國冤。結客飛椎錘，天下雷喧。神付幽符，帝納密言。去則項亡，就則劉興。唯天有鑒，類日之升。玄機靜運，四海波澄。絕粒謝時，方追赤松。強爲國起，鎮定東宮。安危在我，萬古清風。　——留侯〔註13〕

從自力更生的「我蠶我衣，我耕我食」，到爲國爲民的「強爲國起，安危在我」，有一種從自我到國家的層次感和高度性。在李華的行文中，我們能夠看出李華的內心與其憂國憂民的思想是一致的。表現在言語層面便是與儒家思想相始終的愛國、忠君，並且有修善其身的道德責任感。以上三首贊體文，是表現李華思想性格的重要篇章。將李華的這種思想集中在一起，不免想到儒家的修身、齊家、治國、平天下。但是李華的言語中並未明確提出修齊治平的要求，但是無論怎樣，通過李華的文字確實能夠明確他的愛國責任感。借他人之事，述己之意，李華的諸多贊體文多是此種寫法。上述的陳留老父、管寧以及張良都是賢能的代表，自身具有爲世人稱道的品質。在《先賢贊六首》中，李華追述管仲、范會等先賢的豐功偉績，大手筆的描繪，使得語言也有一種氣勢磅礡之感。語言和行動本身是兩個意義層面的事，李華的言行卻似乎有所分離，這需要分析事情的來龍去脈以及之後的表現來做判斷。

李華在言語中宣揚的忠君愛國思想，在殘酷的現實面前卻是無從著手。李華開元二十三年（735）登進士第，大曆初辭官歸隱，這期間長達三十餘年，李華在仕途上並未有大的功績。經歷了安史之亂這一歷史事件，李華的人生也發生了巨大的轉變。授僞職一事，李華始終耿耿於心，這也成爲當時世人詬病李華的藉口。唐趙璘的《因話錄》卷三云：「或傳功曹爲李林甫所召，時在禮制中，謁見，林甫薄之，不復用。蕭遂作《伐櫻桃樹賦》以刺。此蓋不與者所誣也。功曹孝愛著於士林，李吏部華稱其冒難葬親，豈有越禮之事？此事且下蕭公數等者不爲。」〔註14〕不難想見，李華在當時的社會重壓下所歷經的心理痛苦。但是，通過史料知，李華安史之亂後曾任吏部員外

〔註13〕李昉等編：《文苑英華》，北京：中華書局，1982年，第4119頁。
〔註14〕趙璘等：《因話錄及其他一種》，上海：商務印書館，民國二十八年（1939年），第19頁。

郎一職，同時也可以看出，李華被迫授僞職一事在當時已被澄清。李華的行爲似乎是得到了當時絕大部分人的理解，但是李華所爲畢竟是觸犯了統治者的底線。若李華在授僞職之後依然身在仕途，那儒家思想在他那裡就成爲「假道學」，純粹的進入仕途的「敲門磚」。但是我們知道，李華的行爲其實是爲後世人所稱道的。宋計有功的《唐詩紀事》述李華一生簡潔明確，也較爲客觀，其云：「華，字遐叔。舉開元二十三年進士。天寶二年博學宏詞，皆爲科首。天寶十一年，拜監察御史，除右補闕。祿山亂，輦母而逃，爲盜所得。二京復，坐謫杭州司功參軍。召加司封員外郎，將以司言處之。華曰：『爲有隳節奪志者，可以荷君之寵乎？』移病請告。李峴領選江南，表爲從事，以風痹廢居楚。」〔註15〕李華是因爲侍奉親母而被敵軍所獲，後得到加封，但李華認爲失節之人不應獲得君王的恩寵，因而不就。從李華之言中，可以看出，其言行是合一的。之後明代胡應麟在《唐音癸籤》中對李華的行爲也給予了肯定，《談從一》說：「華自傷隳節，力農，甘貧槁終身，徵召不起，較摩詰知所處矣。」〔註16〕將李華與王維相較，兩失節之人的德行高下不辯自明。

李華其人，《舊唐書》無傳，但《新唐書‧李華傳》在吸收了《唐詩紀事》等文獻的基礎上，也對李華有了客觀的評價。李華行爲也應該得到世人的理解，諸如胡應麟之人的評價，是歷史眞實的考究，合乎常理與人倫。

據《新唐書》所言，李華「晚事浮圖法，不甚著書，惟天下士大夫家傳、墓版及州縣碑頌，時時齎金帛往請，乃強爲應」〔註17〕。在李華文集中，安史之亂後的碑文、銘文有很多篇。李華在文中對碑主多有溢美之言，這當然有碑文體自身特點的原因，但也不乏李華對碑主的羨慕。《唐贈太子少師崔公神道碑》和《太子少師崔公墓誌銘》都是爲崔景晊所撰，褒揚之言充溢文中，其中前者長達兩千餘言。李華不惜揮毫筆墨，對碑主大加讚揚的同時，也不忘肯定皇恩之浩蕩。李華所處的社會環境，決定了他走不出儒家忠君思想的侷限。正是因爲這一點，他對儒家的各種思想才會恪守不渝。傳統儒學觀念在李華的思想中是根深蒂固的，於是他力求達到言行一致。關於李華「晚事浮圖法」，當另有專論。這裡補充一點，其晚年所爲之事，亦當是以

〔註15〕計有功撰：《唐詩紀事》，上海：上海古籍出版社，1987年，第308頁。
〔註16〕胡震亨：《唐音癸籤》，上海：古典文學出版社，1957年，第221頁。
〔註17〕歐陽修、宋祁：《新唐書》，北京：中華書局，1986年，第5776頁。

儒學為宗。在他所撰寫的佛家大師碑銘中，對大師的儒學修為都給予了很高的評價。

三、思想情感的發展

李華的思想是隨著社會變化而不斷發展的。儒學觀念的自覺性也在「文以情變」的過程中產生。「文以情變」這一思想在李華古文中有一個發展的過程，他認為文學的發展本以情變，情感的變化催生並推動文學走向。李華的文學創作以志為本，輔以情感。在儒學覺醒的盛唐，情與志的結合是對儒學發展的推動。

《韻語陽秋》卷八云：「東漢李固，忠直鯁亮，志在許國，不為身謀。爭立清河，遂忤梁冀，以致身首異處。當時有提鈇上章，乞收固尸，如汝南郭亮者；有星行至洛，守衛尸，如陳留楊羌者；亦可見固以忠獲罪矣。唐李華嘗觀《黨錮傳》，撫卷而悲之，且作詩曰：『古墳襄城野，斜徑橫秋陂。況不禁樵採，茅莎無孑遺。』」〔註18〕《韻語陽秋》所記，其真實性自當大打折扣，但是從李華的《弔古戰場文》中，我們可以推測，《韻語陽秋》所言當有根據。李華情感真摯，又有憐惜眾生之情，所以其文章讀來沒有生硬之感。但是李華所追求的還不止於此，他將情感融於儒家教化之中，產生一種「儒學情變」。這種變化尤其是在安史之亂以後，不斷影響其創作，從其贊體文、論體文可以管窺一二。

《新唐書‧侯知道傳》中說：「侯知道、程俱羅者，靈州靈武人。居親喪，穿壙作冢，皆身執其勞，鄉人助者，即哭而卻之。廬墳次，哭泣無節，知道七年、俱羅三年不止。知道垢塵積首，率夜半傳墳，踊而哭，鳥獸為悲號。李華作《二孝贊》表其行曰：『厥初生人，有君有親。孝親為子，忠君為臣。兆自天命，降及人倫。背死不義，忘生不仁。過及智就，為之禮文。至哉侯氏，創巨病殷。手足胼胝，以成高墳。夜黑飈動，如臨鬼神。哭無常聲，迥徹蒼旻。苴斬三年，爾獨終身。嗟嗟程生，其哀也均。顧後絕配，瞻前無鄰。』」〔註19〕史傳中大篇幅引用李華之言，其一說明侯知道、程俱羅二人人品高尚，是至親至孝之人；其二，李華的孝誠之心也是史家所稱道的。我們要說的，還是李華的這篇《二孝贊》，他在文中說「華奉使朔陲，欲親往弔焉，

〔註18〕葛立方：《韻語陽秋》，上海：上海古籍出版社，1984年，第101頁。
〔註19〕歐陽修、宋祁：《新唐書》，北京：中華書局，1986年，第5589頁。

屬河凌絕渡，願言不果，憑軾隔川，寄聲二孝」〔註 20〕。李華將儒家所推崇的「孝」字銘記於心，對遵從孝道之人更是崇敬有加。李華本是「奉使朔陲」，有公務在身，但他卻爲侯知道、程俱羅的孝心感動，「欲親往弔焉」〔註 21〕。這其中，又是忠與孝二者兼併，只是李華的情感發生了變化，他認爲只要努力作爲，人人都可能成爲至孝之人。至孝即爲忠君，這是李華所認同的。人的情感隨時都可能會發生變化，行爲受情感支配，而李華的行爲又有儒家思想的介入，這一點使得其思想情感向縱深層次發展。

李華的思想情變還表現在其對人對事的品評上，能夠正確把握評價標準，所論切合實際，很少有所偏頗。對人的評價上，他具有很強的洞察力。如《新唐書・元德秀傳》記載：

> 李華兄事德秀，而友蕭穎士、劉迅。及卒，華諡曰文行先生。天下高其行，不名，謂之元魯山。華於是作《三賢論》。或問所長，華曰：『德秀志當以道紀天下，迅當以《六經》諧人心，穎士當以中古易今世。德秀欲齊愚智，迅感一物不得其正，穎士呼吸折節而獲重祿，不易一刻之安易，於孔子之門，皆達者與！使德秀據師保之位，瞻形容，乃見其仁。迅被卿佐服，居賓友，謀治亂根原，參乎元精，乃見其妙。穎士若百鍊之剛，不可屈，使當廢興去就、一生一死間，而後見其節。德秀以爲王者作樂崇德，天人之極致，而辭章不稱，是無樂也，於是作《破陣樂辭》以訂商、周。迅世史官，述《禮》、《易》、《書》、《春秋》、《詩》爲《古五說》，條貫源流，備古今之變。穎士尤罪子長不編年而爲列傳，後世因之，非典訓也。自《春秋》三家後，非訓齊生人不錄。然各有病，元病酒，劉病賞物，蕭病貶惡太亟、獎能太重。若取其節，皆可爲人師也。』世謂篤論。〔註 22〕

李華所論可謂見解獨到，若不是與所論之人有較深的交往，是不可能做到的。李華的幾篇論贊體文，給人一種耳目一新之感，這在盛唐古文中確有其獨立的地位。他的祭文、誄文等，也都以「情變」的手法，使人倍感新奇。其對事的評論也是如此。《鵰執狐記》一文，由「鵰執狐」的殘忍惡

〔註20〕李昉等編：《文苑英華》，北京：中華書局，1982 年，第 4120 頁。
〔註21〕按，文曰「華奉使朔陲，欲親往弔焉，屬河凌絕渡，願言不果」，華於天寶十一載（752）或十二載（753）秋冬間出使朔方，此文當作於此後。
〔註22〕歐陽修、宋祁：《新唐書》，北京：中華書局，1986 年，第 5565 頁。

毒想到「高位疾賡，厚味臘毒」之人，並發出「況假威爲孽，能不速禍」的感慨。

李華的這種思想情感與其自身所處的社會環境有關。當然，其自身的個體因素也不容忽視。《新唐書‧李華傳》云：「李華字遐叔，趙州贊皇人。……華少曠達，外若坦蕩，內謹重，尚然許，每慕汲黯爲人。累中進士、宏辭科。天寶十一載，遷監察御史。宰相楊國忠支婭所在橫猾，華出使，劾按不橈，州縣肅然。爲權倖見疾，徙右補闕。安祿山反，上誅守之策，皆留不報。」〔註 23〕可見李華是位個性很強的人，他不畏權貴，對事情的發生和發展常常具有預見性；當然，這些預見性是建立在他個人學識的基礎上的。正是如此，他的古文創作常常帶有個性特徵，加之其對儒家思想的理解與遵從，這種創作便有了理論與情感的雙重特徵。思想的變化與情感的經歷相互依附，因而兩者都產生了細微的變化，這種變化除了向相互交融的一面發展之外，還有一種思想的更新。這就是李華在不自覺地強調儒學觀念的自覺性，而且與當時社會的種種事態相互聯繫著，這一點在第三章第一節中將有相關論述。

第二節　重視儒學教化的主動性

儒學發展到唐代已有近千年的歷史，他對唐代社會的政治、經濟、文化以及宗教等領域都產生著巨大的影響。儒教成爲統治者治理國家的一種必不可少的手段，包括行政的、道德的、文化的各個方面。但是，我們知道，傳統的儒家道德是德政、禮治和人治的，而道德教化卻是社會的主流層面。儒家是強調道德感化的，並且依靠一定的情感基礎，發揮感化的作用，「曉之以理動之以情」是文人慣用的一種手段。在三教並行的盛唐，儒學在不斷的覺醒，其教化的主動性必將發揮作用，而且要漸漸超越佛道二家。李華堅守儒家思想，所以他是十分重視儒學教化主動性這一點的。

一、辭曉義顯以求儒學教化之普遍

李華古文創作的文體傾向性並不明顯，也就說李華對某一文體沒有絕對的喜好。但是在儒學教化這一點上，他的各種文體都有涉及。其古文簡潔明

〔註 23〕歐陽修、宋祁：《新唐書》，北京：中華書局，1986 年，第 5775～5776 頁。

快，辭曉義顯，尤其是後期的創作更能凸顯這一點。儒家的言論都是短小精悍的，包含的意義深刻卻又能讓人明瞭。李華在創作中正是利用了這一點，來求得儒學教化的普遍性。形式方面，李華並未過度在意；而內容及思想方面，李華做了很大的努力。

除賦體文和碑體文外，李華的各種文體都寫得很精練，是韓柳古文的先導。其僅有的帶有山水特色的一篇《賀遂員外藥園小山池記》，寫法尤其明快，舉其精彩部分略述如下：

> 夢寐以青山白雲爲念。庭除有砥礪之材，礎礩之璞，立而象之衡巫。堂下有畚鍾之坳，圩塈之凹，陂而象之江湖。種竹藝藥，以佐正性。華實相蔽，百有餘品。鑿井引汲，伏源出山。聲聞池中，尋竇而發。泉躍波轉而盈沼，支流脈散而滿畦。一夫躡輪，而三江逼戶，十指攢石，而群山倚蹊。智與化侔，至人之用也。其間有書堂琴軒，置酒娛賓，卑痺而敞，若雲天尋丈，而豁如江漢。以小觀大，則天下之理盡矣，心目所自不忘乎？賦情遣辭，取興茲境，當代文士，目爲詩圃。道在抑末敦元，可以扶教。〔註24〕

這種精細的描寫，與韓柳的小品文難分軒輊。文中所述「立而象之衡巫」、「陂而象之江湖」，以小見大，惟妙惟肖，所描之物如在目前。小小的一個藥園，若有「竹」、「藥」、「波」、「井」、「汲」、「池」、「泉」之屬，使之具有「若雲天尋丈，而豁如江漢」之感，再置之「書堂」、「琴軒」於園中，眞可謂人間瑤池。李華說，在遂員外的藥園「賦情遣辭，取興茲境，當代文士，目爲詩圃」，可見這一小園在當時並非徒有虛名。李華對小園的描繪，眞切自然，若說寫此文僅限於此，那這並非李華爲文的目的所在。文末云「道在抑末敦元，可以扶教」，僅此一語，道出了李華寫此文的用意。他思想中的儒家教化，在任何時候都不會離開他的筆端。可見，他的確是在用辭曉義顯的語言傳達儒家教化。

李華的序體文前面曾多次提到，對於辭曉義顯這一點，已毋庸贅述，他的贊體文、論體文也是如此。而對於銘體文和廳壁記，前面所論極少，這裡著重分析他的這兩種文體，對於我們理解李華的所有文體亦有裨益。李華存世的銘體文不足十篇，但卻有著統一的風格。記述傳主的事蹟常常是細緻完善，惟恐遺漏一二；所用之語，也是簡短有力，惟恐晦澀難辨。《唐丞相太尉

〔註24〕李昉等編：《文苑英華》，北京：中華書局，1982 年，第 4372 頁。

房公德銘》對歷史事實毫不隱晦，其云：「玄宗季年，逆將持兵。天賜房公，言正其傾。群凶害直，事乃不行。虜起幽陵，連覆二京。帝慈蒸人，避狄西蜀。」〔註25〕他的《揚州司馬李公墓誌銘》在給李並寫墓誌時，不盡言語暢達，而且述及李並事蹟尤爲詳細，頗有存史的特徵。李華所記較兩《唐書》爲詳，據李華所言考李並事蹟，當無困難。下面一段頗具實錄價值：

> 公少孤，以經明行修登第。直崇文館，授雍丘尉，屬國家升中秦山。縣當馳道，徵責萬計，臨事無違，居至卑而不拆，當大務而不撓。外兄許公蘇尚書頲，特親重之。秩滿，考六經，覽群書，手抄二百卷，觀其大義。歷交城尉，無何。丁內艱，柴毀終禮，授榆次尉。裴尚書伷先爲太原尹，廉察河東，引公在幕。賢者知勸，不仁者懼，既而從調。朝廷詔有司精求令長，公以崇璧之譽，鍾彝之重，屈爲蕭令。〔註26〕

若說此段文字出自史書，亦爲不過。百餘字將墓主的一生進行了概括，從少孤到登第，從任職升遷到忠於職守，從秩滿核議到丁艱守禮、擔任幕僚，人生發展大致軌跡呈現出來。李華的文字已經脫離辭藻華美的初唐風氣，開啓盛唐古文質樸的文風。值得一提的是，岑仲勉先生的《唐人行第錄》所錄之人，有很多材料出自李華。岑氏之《唐四李觀考》，運用的主要材料依據便是李華的這篇《揚州司馬李公墓誌銘》〔註27〕。可見，李華之文的史料價值非同一般。文既有史的性質，那也當具有史的特徵。史書語言的不隱晦這一點，在李華的古文中體現得尤爲明晰。不隱晦，即是要求用語要簡練樸實，所以所寫的古文就具有了辭曉義顯的特點。李華所爲，當不止於此，他所追求的是更高遠的價值觀念——儒學教化。《元魯山墓碣銘並序》和其他幾篇銘文一樣，筆法簡潔樸質，但此文確有其獨特的價值。元魯山與李華是至交，因而李華在爲元魯山作墓誌銘時，常常將元魯山的儒家思想融合在文章中。讀《元魯山墓碣銘並序》，能夠體味到濃厚的儒家思想氛圍，這種氛圍具有一種普遍性。借贊元魯山之言，表達自己的思想情懷。如：「彈琴讀書，不改其樂，好事者攜酒食以饋之，陶陶然脫遺身世，涵泳道德，拔清塵而棲顯氣，中古以降，公無比焉。」〔註28〕李華晚年也是「陶陶然脫遺身世」，這種

〔註25〕 李昉等編：《文苑英華》，北京：中華書局，1982年，第4148頁。

〔註26〕 李昉等編：《文苑英華》，北京：中華書局，1982年，第5025頁。

〔註27〕 岑仲勉：《唐人行第錄（外三種）》，北京：中華書局，1962年，第375頁。

〔註28〕 董誥等：《全唐文》，北京：中華書局，1983年，第3249頁。

潔身自好，亦當是李華所倡導的。

　　廳壁記雖具有官方文書的性質，官方文書具有幾種特徵：一是講求事實，具有史料性質；二是有明確的立場，一般代表了絕大部分人的觀點和主張；三是文字簡潔，行文清晰，絕少文學色彩。李華所作的廳壁記遵循了上述三種特徵，但略有不同。李華廳壁記具有史料價值的同時也具有文學價值和教化意義。《中書政事堂記》開篇即敘政事堂的發展演變，有史筆之感。後之題記，層次分明，分以「此堂得以易之」、「此堂得以誅之」、「此堂得以殺之」三方面論述其功能。對中書政事堂的作用，李華給予了肯定，但他又從儒家治國角度，述其弊端：

　　　　自君弱臣強之後，宰相主生殺之柄。天子掩九重之耳，變理化
　　為權衡，論思變成機務，道變傾身禍敗，不可勝數。〔註29〕

　　因此，儒學教化的普遍性在李華的古文創作中，被運用到了極致。《御史大夫壁記》、《御史中丞廳壁記》、《著作郎廳壁記》等，創作手法皆如出一轍。在記撰縣令、參軍以及各州刺史廳壁記時，為給後世留下榜樣，不免有誇讚之言。但李華所論無一不是依照儒家傳統道德行文，《安陽縣令廳壁記》、《臨湍縣令廳壁記》、《京兆府員外參軍廳壁記》、《杭州刺史廳壁記》、《衢州刺史廳壁記》、《常州刺史廳壁記》等皆是如此。李華的議論之言，成為此種文體一種必不可少的部分，刪之則頓覺平淡無味。他的《盧郎中齋居記》，對盧振（子厚）的君子行為評價極高：

　　　　君子出則行其志也，公以瑚璉之器為郎官，以干將之斷宰赤
　　縣。君子入則善其身也，公就鴻鵠之冥冥，捨騏驥之馳騁，況大江
　　在下，名山當目，嘉賓時來，攜手長望，可以頤神遠壽，暢其天
　　和。浴乎沂，風乎舞雩，吾與點也。尋陽僑舊，推仁人焉，推智者
　　焉。〔註30〕

　　這裡將儒家的「志」與「器」並提，推崇君子「善其身」的儒家教化。這種具有普遍意義的儒家思想，李華在不斷地重複，並以人、事為線，將其妥帖地串聯起來。減弱了教化的意味，卻增強了意念的力量。所以，在重視儒學教化普遍性這一點上，李華是傾心盡力的，較之蕭穎士、獨孤及諸輩，李華略勝一籌。

〔註29〕李昉等編：《文苑英華》，北京：中華書局，1982年，第4217頁。
〔註30〕李昉等編：《文苑英華》，北京：中華書局，1982年，第4363～4364頁。

二、情眞意切以存儒學教化之本性

李華古文具有結構的完整性，思想的深度性，情感的適度性，這形成了獨特的行文風格。換言之，李華古文具有系統化的傾向。除此之外，因爲李華對以孔子爲代表的儒家思想的遵循，使得自身的情感限定在一定的範圍內。但這並不意味著李華爲文皆是理性的說教。在傳世的李華的多種文體中，情眞意切這一特徵依然是其文章的重要風格。情感很難把握，但是由於儒家對人的本源情感進行了發揮，從形而上的理論領域到形而下的具體領域形成了一個龐大的體系。從每個人都會產生的一點「惻隱之心」、「不忍人之心」開始，濬源導流，最終形成一種強大的仁愛精神，並將這種精神帶到具體的領域中，使其發揮調節社會秩序的重要作用。李華篤信儒家思想，對儒家學說的「仁」體會尤深。所以，他在進行古文創作時，將仁愛精神通過個人情感發抒出去，常常以眞情存乎儒學教化的本性。

李華的兩篇賦《木蘭賦並序》和《哀節婦賦並序》，寫得情眞意切，皆以一簡單之事闡發開來，傳達出儒家教化的「賢愚好惡」、「淵然明節」。這與《無疆頌》、《平原公遺德頌》直接的頌讚語不同，最主要的區別在於，《木蘭賦》和《哀節婦賦》兩文融入了李華較強的個人情感。《木蘭賦》以木蘭樹爲闡發對象，從「鄉人不識，伐以爲薪」入題，闡述己見，並發出「賢愚各全其好惡，草木不夭其生植」的感歎。《哀節婦賦》贊鄒待徵妻義行〔註31〕，情感性特色明顯，見於「哀風起爲連波，病氣結爲孤雲；鳧雁爲之哀鳴，日月爲之蒙昏」等語。

《蒙求序》一文，係李華爲李瀚所著《蒙求》寫的一篇序。此文算不得情眞意切，但李瀚的《蒙求》卻是「列古人言行美惡」。李華性情直率，對李瀚的這篇《蒙求》應是讚譽有加的。序云：「比其終始，則經史百家之要，十得其四五矣，推而引之，源而流之，易於諷誦，形於章句，不出卷知天下，

〔註31〕 按，鄒待徵妻《舊唐書》卷一百九十三，《新唐書》卷二百〇五有傳。據《舊唐書》所載，「待徵，大曆中爲常州江陰縣尉，其妻爲海賊所掠」，知此事當發生在大曆間。而此賦所記與《舊唐書》相互牴牾。賦云：「及江左之亂，待徵解印竄匿，其妻爲盜所驅。」「江左之亂」指袁晁叛亂，時間在寶應元年（762）至寶應二年年（763），是年七月改爲廣德元年夏。而寶應二年（763）春，李華再次奉詔入京，已經離開江浙一帶，所以武康尉薄自牧向李華講述其女兒之事，必在此之前。因而此文當作於寶應二年四月，與袁晁之亂時間吻合。

其蒙求哉。」〔註32〕「蒙求」是「授幼童」的教材，是傳播儒家思想的一個很好的途徑，所以李華對此評價甚高。由此觀之，李華存乎儒學教化之本性的心情可見一斑。

　　儒學施其教化於社會的各個方面，巧妙地運用人的心理，將已經形成的理念、儀式作用於人的行爲，於是人的各種活動及思維都將切合儒家思想。隨之而來的，是在整個社會形成了一種協調的秩序。對儒學教化的本性，當代代相傳，所以「儒士」（包括文人）的一個重要任務就是「傳道」，即將儒家思想的本質不斷傳承。李華在《與弟莒書》、《與外孫崔氏二孩書》裏都在做「傳道」的角色，《與外孫崔氏二孩書》一文尤爲明顯。前面對此文已經有較爲詳細的論述，這裡做一下補充，李華爲文注重情感，也常常融入理性。這篇看似說教的書體文，有李華對崔氏二孩的教導之情，那種渴望後輩有所作爲的情感充溢全篇。文中云：「吾出身入仕，行四十年。晚有汝母，已養汝二人矣。吾逮事裴氏、鄭氏、崔氏、諸姑于氏堂姑，皆賢明淑哲，爲內外師範，意欲與汝言之。」〔註33〕對晚輩的教化先從自身行事開始，「出身入仕」四字，包含的言外之意是四十年所經歷的坎坎坷坷與辛酸悲楚。在對孩子進行訓導的時候，李華常常結合自身所見所聞的具體事例進行說教。這不僅拉近了與孩子之間的距離，而且更能讓人體會出其中的辛苦用意。

　　李華在《正交論》中說：「師乏儒宗則道不尊，道不尊則門人不親；友非學者則義不固，義不固則交道不重；選不由鄉則情不繫府，情不繫府則舉薦寡恩。」〔註34〕他意在強調儒學自身所形成的一種體系，人人都應該遵守。可見，儒學所行之教化，於中國古代社會的各個層面，具有普遍性的意義，而佛、道等的宗教儀式或與之匹敵，但其廣泛性卻無法與其相比。儒、釋、道三家都能夠做到處事平穩，但惟有儒家能夠做到「情眞意切」，這一點，佛、道二家也是無法企及的。李華在給佛家大師撰寫碑文時，也將情眞意切的筆法運用進去，所以即便是爲佛家撰文，也有儒學教化的思想融入其中。這是一種揮之不去的思想本性，在李華的創作中已經成爲定格。我們來看他的幾篇碑文：

　　《唐贈太子太師崔公神道碑》：「《禮》之《中庸》曰：『父爲士，子爲大

〔註32〕董誥等：《全唐文·唐文拾遺》，北京：中華書局，1983 年，第 10574 頁。
〔註33〕董誥等：《全唐文·唐文拾遺》，北京：中華書局，1983 年，第 3195 頁。
〔註34〕李昉等編：《文苑英華》，北京：中華書局，1982 年，第 3911～3912 頁。

夫，葬以士，祭以大夫，是禮也。』於國爲恩，於人爲孝……《書》之《洪範》曰：『是訓是行，以近天子之光。』趙公奉若少師之訓，爲國股肱，翊大君之明，可謂忠矣。」〔註35〕李華將恩、孝、忠三者並提，他欣賞崔景晊爲人，是因爲崔氏身上所體現出的儒家傳統德行正是李華所推崇的。

《揚州隆興寺經律院和尚碑》：「和尚與人子言，依於孝；與人臣言，依於忠；與上人言，依於敬，佛教儒行，合而爲一。慮學者流誤，故親教經論。延來者聽受，故大起僧坊。將警群迷，故廣圖菩薩因地。善護諸命，故曲濟眾生壽量。以文字度人，故工於翰墨。法皆佛法，兼採儒流，以我慢爲防；故自負衣缽，以規範爲任；故綱正緇林，以發揮道宗；故上紆睿禮，以感慕遺跡；故不遠他邦，以龍象參議；故再至京國，以軌度端明；故研精律部，黃門侍郎盧藏用，才高名重，罕有推挹。」〔註36〕李華筆下的這位和尚，儼然一位儒者，而且是一位能夠融通佛、儒兩家的學者。碑云「法皆佛法，兼採儒流」，這在李華看來是非常難得的。此處所言，並沒有情感特徵顯現，但讚賞之言似乎是溢於言表。

《台州乾元國清寺碑》則有這樣一處記載：「今刺史陳郡殷公，日用忠武傑出。長城江海，專知官司馬隴西李公乾嘉峻能操綱，清可激俗。縣令李令宗室大儒政之善者，皆易簡詣於真境。」〔註37〕當時，有政者大多與佛僧交往，這裡提到的「儒政善」的縣令李令，便是一例。李華此處所言是唐代儒、佛並行的一個側面，通過對唐代佛教的瞭解，我們知道這種交往使得佛教中儒學因素越來越濃。

若說碑文中所言，距「情真意切」有一段距離，那麼李華的八篇送序文，則是情真意切的典型。他將儒學教化之本性融入其中，注重社會功用、突出道德教化、追求文道一體的境界。《送薛九遠遊序》中說：「士之舒羽毛，宣聲調，不在高位，在有道。自王充、玄晏發左思，名盛當時，價壓百代。薛都卿以夷澹養素，以文章導志。自浙右遊湖左，一句一韻，遍於衣冠，江山爲之鮮潤，煙景以之明滅，其餘情性所得，蓋古人之儔歟。」〔註38〕薛都卿是一位有志向的文人，李華贊其以文述志，其所作之文更是「江山爲之鮮潤，煙景以之明滅」。贊其所作的性情之文，可與古人所作之文相媲美。王充、玄

〔註35〕李昉等編：《文苑英華》，北京：中華書局，1982年，第4740頁。
〔註36〕李昉等編：《文苑英華》，北京：中華書局，1982年，第4549頁。
〔註37〕李昉等編：《文苑英華》，北京：中華書局，1982年，第4537頁。
〔註38〕李昉等編：《文苑英華》，北京：中華書局，1982年，第3727頁。

晏是儒學大師，左思是文學大家，李華將薛都卿與他們並提，是肯定他的儒者身份，其意更是將他的為文主張以及儒學觀傳達出來。《送房七西遊梁宋序》、《送張十五往吳中序》、《送觀往吳中序》等均是這種寫法，以情繫文，存儒學教化之本性。

三、志高德重以示儒學教化之宗旨

儒學教化的宗旨是讓人形成良好的道德品質。道德是人安身立命的重要基石，道德教育就成為教育內容的重中之重。先秦曾出現過的諸子百家，也無不從自身理解的角度推崇道德教育。而儒家學說，更是將道德教育提升到了一個無上的高度，歷經千年而至盛唐階段，仍在不斷完善、充實、提高，儒學的道德教育成為一種系統、成熟和實用的教育體系。李華不是一位教育家，但他作為一個文人，卻充當了傳播儒家傳統道德的傳授者。他以自己遠大的志向、高尚的品格，擔起了一份社會責任。傅紹良先生在《唐代諫議制度與文人》中說：「天寶年間的李華和蕭穎士，是生活在儒家道德理想中的人。當這種理想與現實社會發生衝突的時候，他們所選擇的是安貧守道，以道術和道德自足。他們雖任過諫官或有諫臣意識，但由於仕途坎坷，他們在政治上基本沒有作為，看不出他們所從事的諫政活動。不過他們那種重道術和道德的崇儒精神，通過廣交同道之士，對此後儒士的人生理想和政治作為都產生了深刻的影響。」〔註39〕傅先生還說：「他們（按：指李華、蕭穎士、獨孤及、梁肅、權德輿等）的品格和才能都具有以下共同特徵：其一，性剛直，敢論議；其二，有儒術，重道德；其三，有政能，尚實效。他們是一批傑出的深受儒家觀念影響的以復興儒學、振興時代為己任的政治家和文學家。」〔註40〕復興儒學、振興時代，這兩點都與儒學教化的宗旨密切相關，因為他們都重視道德品行與修養。

李華恪守儒家的道德規範，在忠、孝、友、悌等方面都十分突出。《新唐書·李華傳》記載李華「外若坦蕩，內謹重」〔註41〕，因彈劾奸相楊國忠之親族被權貴嫉恨，為右補闕。這種正直坦蕩的品性，卻是儒家所推崇的。《尚

〔註39〕 傅紹良：《唐代諫議制度與文人》，北京：中國社會科學出版社，2003 年，第300 頁。

〔註40〕 傅紹良：《唐代諫議制度與文人》，北京：中國社會科學出版社，2003 年，第299 頁。

〔註41〕 歐陽修、宋祁：《新唐書》，北京：中華書局，1986 年，第 5775 頁。

書》中說「惟德動天，無遠弗屆」〔註42〕，說得是道德品行的重要地位。《易經》中也說「君子以儉德辟難，不可榮以祿」〔註43〕，這與傅玄所言「立德之本，莫尙乎正心，心正而後身正」相映成彰〔註44〕。李華深受儒家傳統文獻的影響，當然也知道《左傳》之言「夫令名、德之輿也；德，國家之基也」〔註45〕。所以，他在《含元殿賦並序》中對含元殿的東西兩面這樣描繪：「其東於是弘文教而開館，對日華之清閟，蓋左學之遺制，協前王之講德。其西於是延載筆之良史，俯月華之峻扉，集賢人於別殿，朝命婦於中闈。」〔註46〕他對國家施行的這種文教政策是極力稱讚的。他的《贈禮部尙書清河孝公崔沔集序》在論及如何做文章時說：「文章本乎作者，而哀樂繫乎時。本乎作者，六經之志也；繫乎時者，樂文武而哀幽厲也。立身揚名，有國有家，化人成俗，安危存亡。於是乎觀之。宣於志者曰言，飾而成之曰文。有德之文信，無德之文詐。皋陶之歌，史克之頌，信也；子朝之告，宰嚭之詞，詐也。」〔註47〕他將個人人品與國家的興衰榮辱結合在一起，並把文章與個人志向與道德聯繫起來。因而，我們可以說李華將提高個體的「志向」與「道德」作爲儒學教化的宗旨。

　　然而，品行是一種複雜的個體素質，不僅是意識的結果，而且也與社會狀態、社會習俗以及各種環境因素有關。所以，越是在社會變革或即將變革的時候，越是思想火花產生的時候。盛唐相對太平，但經歷了安史之亂這一大的歷史事件以後，有志向和遠見的知識分子已經察覺到了社會最起碼道德的缺失。於是李華等一批盛、中唐古文家，在提高個人的道德素質方面不斷地作出努力。榜樣的力量是無窮的，因而李華在爲蕭穎士文集所寫的序言中說：「開元天寶間詞人，以德行著於時者，曰河南元君德秀字紫芝。其行事，趙郡李華爲墓碣，已書之矣。」〔註48〕即便是在爲他人文集所寫的序言中，李華也不忘提及孔門四科之一的「德行」。他的《楊騎曹集序》在慨歎道德缺

〔註42〕 孔安國傳，孔穎達正義：《尚書正義》，上海：上海古籍出版社，2007年，第139頁。

〔註43〕 朱軾撰：《周易傳義合訂》，光緒二十三年，卷三，第21頁。

〔註44〕 傅玄：《傅子・正心篇》，《影印文淵閣四庫全書》第696冊，臺北：臺灣商務印書館，1986年，第505頁。

〔註45〕 楊伯峻：《春秋左傳注》，北京：中華書局，1981年，第1089頁。

〔註46〕 李昉等編：《文苑英華》，北京：中華書局，1982年，第216頁。

〔註47〕 李昉等編：《文苑英華》，北京：中華書局，1982年，第3613頁。

〔註48〕 李昉等編：《文苑英華》，北京：中華書局，1982年，第3614頁。

失的同時，也在極力尋找道德高尚的榜樣，序云：

> 開元天寶之間，海內和平，君子得從容於學，以是詞人材碩者
> 眾。然將相屢非其人，化流於苟進成俗，故體道者寡矣。夫子門人，
> 德行、言語、政事、文學，四者無人兼之，雖德尊於藝亦難乎備也。
> 後之學者，希慕先賢。其著也，亦名高天下。行修言道以文，吾見
> 其人矣。〔註49〕

此序後文涉及到的人物還有刑部侍郎樂安孫公逖、南陽張茂之、京兆杜鴻漸、琅邪顏眞卿、蘭陵蕭穎士、河東柳芳、天水趙驊、頓丘李琚、趙郡李崿李欣、南陽張階、常山閻防、范陽張南容、高平郗昂等，這些人物在當時都可稱得上德行高尚之人。李華不厭其煩，羅列眾人，其意亦已說明他對道德品行的重視。

李生龍先生在「唐代詩文創作之以儒抑文傾向」一節中說：「在唐代文化的薰染之下，文士們普遍有著一種深厚的儒家情結：他們都有著強烈的參與意識與淑世情懷，有著深厚的倫理和道義擔當，有著高遠的精神志趣和恢弘氣概。」〔註50〕盛唐時代的李華，在接受著盛唐文化的薰染的同時，也在爲盛唐文化做著自己的，哪怕很微薄貢獻。他在《質文論》中強調：「夫君人者，修德以治天下，不在智，不在功，必也質而有制，制而不煩而已。」〔註51〕這種「參與意識與淑世情懷」是顯而易見的。關於「深厚的倫理和道義擔當」在第一章第二節已有較詳論述，茲不贅言。以李華所作之文觀之，他也不缺乏「高遠的精神志趣和恢弘氣概」。例如他的一篇論體文《國之興亡》，單單從題目上看，就給人一種強大的震撼。文中所論極爲精彩，氣勢磅礴，有讓人躍躍欲試，非他所說不爲之感。其文曰：

> 苟而無恥爲明，慢於事職爲高賢。見義不爲爲長者，繩違用
> 法，則附強而潰弱也。議於得失，則異寡而同眾也。尚學希古謂之
> 誕，趣便時中謂之工。觀其燥濕而輕重之，候其成敗而褒貶之。肉
> 食之尊，以滋味餬其口。忍危亡而僥祿利，自是而下，則曰上司猶
> 如之，我於國何有？設能憤發，則逆爲備豫。動閡關束，氣沮志
> 衰。亦從以化，幸於生者，炎炎而四合。死於正者，求援而無繼。

〔註49〕李昉等編：《文苑英華》，北京：中華書局，1982年，第3615頁。

〔註50〕李生龍：《儒家文化與中國古代文學》，長沙：嶽麓書社，2009年，第282~283頁。

〔註51〕李昉等編：《文苑英華》，北京：中華書局，1982年，第3874~3875頁。

麒麟悲鳴，鳳鳥垂翅，鴟鼓害翼，犬呀毒喙，則蛇鵰虎狼之熾，其
可向耶？〔註52〕

這種議論，確是奇論、妙論，言之有物、有氣、有情。以「恢弘氣概」
四字概括，確不為過。

李華將「志」與「道」結合在一起，再一次用古文創作的方式宣揚了儒
學教化的宗旨。李生龍先生說：「詩人們又崇儒而不獨尊儒，尊儒而不廢藝
術技巧，不失性靈，求新求變，作品的藝術水平也在不斷提升，最終達到了
儒與文高度統一的境界。」〔註53〕用此言來概括李華的古文創作，當是十分
恰當。

第三節　追求儒學發展的功用性

儒家為後世王朝統治者提出了「仁義」的理念，「仁義」成為王朝統治的
「合法依據」，它需要儒家和統治者相互配合。而在盛唐，首先代表儒家的重
要個體便是文人，以李華為代表的古文家積極推進儒家思想，使其具有普遍
性、神聖性和實踐性。簡言之，就是崇尚實用主義。其次，作為信仰儒學的
文人，他們認定儒家思想的經典地位，不斷通過創作使其發揚光大，這便是
追求文教功用。第三，社會群體道德水平的高低，決定了國家統治的安定與
否，而在人的思想當中，「義利」二字是驅使人們規範自己行為的有效觀念。
因而，李華在古文創作時，非常重視「義利」觀念在人們思想中的建立。

一、崇尚「實用」之風

早在唐貞觀四年（公元630年），太宗下詔在各州縣設立孔廟，這不僅是
唐代教育制度的進步，而且為儒家思想的傳播提供了有效的條件。黃進興先
生說：「孔廟遂是兼有正統文化宣導者，與國家教育執行者的雙重功能。」
〔註54〕因而，從國家執行儒家思想教育這一點看來，唐代儒學就已經在向
「實用」主義邁進。這是統治階級上層所實行的措施，而在古文家這裡，他
們所用的最好最有效的途徑便是用古文手段，闡發自己對實用之風的崇尚。

〔註52〕李昉等編：《文苑英華》，北京：中華書局，1982年，第1861頁。

〔註53〕李生龍：《儒家文化與中國古代文學》，長沙：嶽麓書社，2009年，第283頁。

〔註54〕黃進興：《優入聖域——權利、信仰與正當性》，西安：陝西師範大學出版社，
1998年，第230頁。

這在李華古文中，有較明顯的體現。

　　李華在《揚州功曹蕭穎士文集序》中借蕭穎士之言曰：「君（蕭穎士）以爲六州〔經〕之後，有屈原、宋玉，文甚雄壯，而不能經。厥後有賈誼，文詞最正，近於理體。枚乘、司馬相如亦瓌麗才士，然而不近風雅。揚雄用意頗深，班彪識理，張衡宏曠，曹植豐贍，王粲超逸，稽康標舉，此外皆金相玉質。所尙或殊，不能備舉。左思詩賦有雅頌遺風，干寶著論近王化根源，此後復絕無聞焉，近日陳拾遺子昂文體最正。以此而言，見君之述作矣，君以文章制度爲己任，時人咸以此許之……」〔註55〕他將六經之後重要文學家都給予了評價，屈原、宋玉、賈誼、枚乘、司馬相如、揚雄、班彪、張衡、曹植、王粲、稽康、左思、干寶、陳子昂皆在蕭穎士的評判視野中。李華此處所言雖意在說明蕭穎士之文有「古風」之態，實則也在闡述自己對古文的理解。從上述所引，可以看出李華主張作文要備六經、具「風雅」，其出發點即在於反對空洞無物的駢體文，做文章要以社會現實爲基礎，作爲反映時代的一面鏡子。這就是李華的「實用」思想：不空虛，有實質。所以他在《楊騎曹集序》中說楊極爲文「所著文章，多入玄中雅之才者也」。

　　在實際創作中，他將「實用」的觀點與儒家思想結合起來，多有肺腑之言。《質文論》中說：「學者局於恒教因循，而不敢差失毫釐，古人之說，豈或盡善？」〔註56〕李華不主張因循古人之說，對古代的說教也持以辯證的觀點看待。因襲必將導致社會停滯不前，固執地遵循純古思想，也是「無裨世教」的。他認爲那些祭禮中的繁文縟節，「不可習也」。從某種意義上說，李華的這種思想是極具進步意義的。他的「簡」與「質」，實際上就是「實用說」的一個重要層面。簡，必然要求別除蕪雜，追求事物的實際層面；質，也必然要言之有物，以達到能爲所用的操作層面。所以，其所作之文有存史的作用，諸如銘文、碑文，對於考證傳主的一生事蹟有重要的參考價值，這一點武漢大學張思齊先生有專文考論，題爲《李華涉史文章研究》〔註57〕。其所作的「廳壁記」，史料價值也很高，這些都與他所主張的「實用」思想分不開。

　　給傳主作碑文，對傳主而言，本就是一件有實際意義的事情。李華之

〔註55〕李昉等編：《文苑英華》，北京：中華書局，1982年，第3615頁。

〔註56〕李昉等編：《文苑英華》，北京：中華書局，1982年，第3875頁。

〔註57〕張思齊：《李華涉史文章研究》，《殷都學刊》，2010年第3期，第94～101頁。

文，除了無心插柳的「存史」價值外，最重要的就是以所作之文尋求事情的解決途徑。徐復觀先生在他的《中國藝術精神》中說：「儒道兩家的基本動機，雖然同是出於憂患，不過儒家是面對憂患而要求加以救濟，道家則是面對憂患而要求得到解脫。」〔註58〕這裡引徐氏這句話並不是要強調儒道二者之間的區別，而是想用他的「救濟」一詞。李華面對憂患，無論是自身層面還是社會層面，都是一種「救濟」的心態。即便是在他晚年絕意仕途之時，兼濟天下的實用思想依然充斥在他的創作中。《弔古戰場文》即是基於戰爭給人民帶來嚴重災難的社會現實，尋求一種解決這種矛盾的途徑——實行仁政。他用恢弘的筆法，深摯的情感，大膽的想像行文，無疑是想引起更多人對戰爭危害的認識，在眾人心中確定一種情感傾向，為尋找仁政打下基礎。

儒學運行到盛唐時期，漸次覺醒。因為盛唐社會已經存在了各種各樣的危機，主要原因是經濟上土地兼併造成貧富分化，加之賦稅苛繁、吏治腐敗、統治集團分裂，使得社會矛盾重重。李華生活在這樣一種社會情境中，作為信仰儒家思想的文人來說，他不可能對這一切無動於衷。但是儒學的理想秩序與社會現實秩序存在的矛盾，在文人這裡是不可能深入瞭解的，這是一種社會侷限。對李華而言，他所採取的措施，除了前期並不顯著的吏治外，只能訴諸於筆端。這種方式，是儒學知識分子能夠做的，當然，它的效果甚微，這已不在討論的範圍內了。

對李華的書體文而言，最重要的功能是實用性。他將諄諄教導通過書信的形式，傳達給接收者。諸如他的《與表弟盧復書》、《與外孫崔氏二孩書》等。當然，這種直接運用文體寫作的方式，並不能說明李華是推崇實用主義思想的；但是這在操作層面，卻向我們傳達出一種信息，李華重視言傳身教，而這也正是儒家實用思想的體現。李華將生活和行動統一起來，注重行為的效果，他把儒家思想作為真理，在思想中形成了「儒學有用」的思維定勢。因而他在教育外孫崔氏二孩的時候，常常是引用儒家經典語言，並列舉出《詩》、《禮》、《論語》、《孝經》等儒家文獻。李華的這種「用」也是基於一種社會現實，這種社會現實正如凍國棟在《讀李華〈與外孫崔氏二孩書〉論唐前期風俗》所言：「而據李華書信所說，趙郡李氏子孫在開元、天寶之世，也『禮法』頓弛，以致他痛加感歎。這裡表明，隨著社會的變遷，以家法嚴

〔註58〕徐復觀：《中國藝術精神》，北京：春風文藝出版社，1987年，第115頁。

整著稱的山東名門至少一部分已無法格守於『禮』。」〔註59〕李華痛心儒學「禮法」的喪失，當然會在一切可能的條件下提出自己的想法。從李華寄希望於兩個孩子來看，他的「尚用」已經開始從社會最易被惡俗感染的層面著手教化了。

二、求達「文教」之功

宋敏求編《唐大詔令集》「崇儒」篇有開元十四年六月《求儒學詔》一篇，其文曰：

> 朕聞以道得人者謂之儒，切問近思者謂之學。故以陽禮教讓，則下不爭，以陰禮教親，則遠無怨，豈無習不利，教所由生者乎？朕所以厚儒林，闢書殿，討論易象，研覈道源，冀淳風大行，華胥非遠，而承平日久。趨競歲積，謂儒官爲冗列，視之若遺，謂吏職爲要津。求如不及，頃亦開獻書之路。觀揚己之人，闕下之奏，徒盈，席上之珍蓋寡。豈弘獎之義，或有未孚，將敦本之人，隱而未見。天下官人百姓，有精於經史，道德可尊，工於著述，文質兼美者，宜令本司本州長官，指陳藝業，錄狀送聞。其吏部選人，亦令所由銓擇，各以名薦。朕當明試，用觀其能，若行業可甄，待以不次，如妄相襃進，必加明罰。〔註60〕

從詔書中所言，我們可以看出，此時盛唐的上層統治者已經開始注重儒學的各種功用了。而此篇詔書則主要從「文教」的角度出發（這裡所說的「文教「是一個廣義的概念，它包括與儒學有關的各種思想教化、措施、行爲等等），推行一系列諸如「厚儒林」、「闢書殿」、「開獻書之路」等措施，吸引文人；進而運用政治手段，用令州縣長官推薦，吏部進行銓選的方式，從儒家所謂「學而優則仕」的觀念上吸引有識之士（這些有識之士大多也都是文人）。統治者當然是想用「柔」的手段，即文教的方式，以求得統治的長治久安。文人在儒家思想的教化下，對統治者的這種「仁政」方式是極力維護的，也常常是樂此不疲。因而，李華等盛唐古文家也會受這種政策的影響。我們暫且把它作爲一種社會因素看待。

〔註59〕凍國棟：《讀李華〈與外孫崔氏二孩書〉論唐前期風俗》，《武漢大學學報（哲學社會科學版）》，1995年第3期，第32頁。
〔註60〕宋敏求編：《唐大詔令集》，北京：中華書局，2008年，第538頁。

　　統治者要「文教」，文人當然會被這種政策「感召」。其實，早在開元五年九月，就有《令明經進士就國子監謁先師勑》的詔書，可見統治者對「文教」是十分重視的。在文人這裡，這種「文教」思想被擴大、充實，並得到應有的提升。李華便是一例。

　　這裡又要提他的《與外孫崔氏二孩書》。李華認為「汝等當學讀《詩》、《禮》、《論語》、《孝經》，此最為要也」，這是針對當時社會風俗敗壞，要求樹立儒學權威，以重新整頓社會秩序，肅清社會頹敗之風。此文的文學教化思想尤其濃厚，所引涉及《周易》、《詩經》、《禮記》等重要儒家著作。不僅如此，在涉及到社會現實時，則是以自己所見所聞的事件，痛斥當時社會的「頹風敗俗」。李華雖是在教育崔氏二子，然其所言對社會各個階層都有教化作用。「文教」之功的影響是潛移默化的，它需要人們真正從思想層面有所理解。李華在頌、贊這兩種文體中，將德、義、禮、信、忠融入其中，將「文教」從內容上升到了思想層面。

　　《平原公遺德頌並序》中云：「公默麾偏師，勿駭吾人，無聲無色，群凶梟夷，下遂其順，上遂其仁……大臣盛德捨榮，即哀災之大者，刻頌之義，發乎心，播乎聲，施事為教，感哀為德。」〔註61〕對平原公張鎬的德行給予讚揚，頌中所說的「施事為教」正說明了李華為文的意圖。用平原公之「事」，給社會世俗以「教」。李華將張鎬的品德行為記錄成文，「文教」之功能將自然而然地發揮作用。

　　其實，唐代的「文教」早在初唐和盛唐早期就已顯露出來。以陳子昂為首的追求漢魏風骨的大有人在，初唐四傑即是一例；只是在陳子昂去世後，較少有人繼承他的衣鉢，發揚其思想言論（見《與東方左使虬修竹篇序》），繼而「文教」思想開始沉淪。陳子昂以後，文人創作依然有初唐時期的風格。這一時期，無人高舉陳子昂「漢魏風骨」的大旗。到盛唐初期，「文教」思想再次萌發，上層社會的文人開始注重以文「化」人，儒學思想與文學創作並駕齊驅。劉順先生在其博士論文《初盛唐的儒學與文學》中說：「文儒派的領袖人物張說、張九齡，立足於天人交感的禮樂體系，達成了儒學與文學關係的大體平衡，在成就傳統儒學前期發展高峰的同時，以其美學品位、個體創作及對於士人的積極提攜為盛唐文學的到來奠定了堅實的基礎。儒學精神的再次彰顯與盛大國勢所培養的士人自信，在盛唐文學中展露無遺。」

〔註61〕李昉等編：《文苑英華》，北京：中華書局，1982年，第4087頁。

〔註 62〕劉氏重在探討儒學與文學的關係，且從宏觀層面進行把握，本文的李華個案研究和盛唐儒學覺醒與其亦有關聯。但二者存在明顯的不同，那就是本文是建立在具體的文人研究的基礎之上，是從現象尋求本質，總結歸納的過程。而劉氏所說的「以其美學品位、個體創作及對於士人的積極提攜爲盛唐文學的到來奠定了堅實的基礎」這一論調卻與本文不謀而合。李華作爲盛唐著名古文家，以他爲首的文人集體在進行古詩文創作的時候，必將融入個人品味，而這些個人品味卻是大眾所需求的改革奢靡文風的一劑良藥。因而在他的古文中，呈現出更多的說教意味。李華古文中的儒學精神也是士人自信的一種表現，因爲儒學傳承的自信，說教也就有了發自內心的自覺感和責任感。

觀盛唐社會秩序，「文教」之功功不可沒，這是與古文家的努力分不開的。李華的論體文《三賢論》、《正交論》、《質文論》、《賢之用捨》、《材之小大》等，都是具有教化功能的。李華的教化不僅在論體文中直言，還在教化爲文者要寫「有德之文」。《贈禮部尚書清河孝公崔沔集序》中說：「宣於志者曰言，飾而成之曰文，有德之文信，無德之文詐。」〔註 63〕這與劉勰的《文心雕龍·原道》：「文之爲德也大矣」不謀而合，只是李華闡釋得更加簡明清晰。較之劉勰的「取象乎《河》、《洛》，問數乎蓍龜，觀天文以極變，察人文以成化；然後能經緯區宇，彌綸彝憲，發揮事業，彪炳辭義」的抽象性，則更形象而具體。劉勰認爲文章對道德的教化功能很大，也就是所謂的用儒家思想實現教化人民。至盛唐李華，他們所追求的「風雅」，與劉勰不約而同。既然李華也是以「載道」爲己任，思想中早已烙上了儒家的教化思想。

三、重視「義利」之觀

儒家思想中有一個特別意義的詞，即「義利」。儒家是比較注重「義利」二字的，並在思想闡發中將其置於相互比照的地位。《論語》中常將君子和小人納入比較，如「放於利而行，多怨」「不義而富且貴，於我如浮雲」等。孔子強調作爲君子，不能總考慮個人利益的得失，也不能一味追求利益最大化，這種「先義後利」的思想成爲儒家代表思想之一。李華也認爲人貴有「義」，

〔註 62〕劉順：《初盛唐的儒學與文學》，華東師範大學 2008 屆研究生博士論文，第 150 頁。

〔註 63〕李昉等編：《文苑英華》，北京：中華書局，1982 年，第 3613 頁。

人的價值除了能夠在政治、經濟、社會等因素上體現出來，還有一方面則是個人觀念方面的表現，而這些恰恰體現在他對身邊友人的情感。《楊騎曹集序》中說：「永泰二年，余旅疾延陵。故人（楊極）之孤，更來候余。君子孤年十餘，一身奉親，孝敬和敏，有先人風。與余鄰居，炊汲相望，候余小間，捧君之集十卷：詩、賦、贊、序、頌、記、策，凡一百七十五篇。諮余爲序，視之愴然。」〔註64〕由此可見，李華對友人楊極的情感是很深厚的，不僅爲楊極的文集作序，更爲楊極之孤命名，曰「且名之曰德元，字之曰長宗」。對於李華而言，其身份是長者，爲後輩賜名賜字並非越禮，或許是因爲抒發個人情感的需要，形成的一種不自覺行爲。另外，《江中臥疾送李侍御序》一文，單單從文題上看，就可得窺李華對友人的用情。「臥疾送友」這種情感，是摯友交往才會呈現出來的情形。

　　《論語》中說「義然後取」，「見利思義」〔註65〕，《禮記・儒行》中也有「見利不虧其義」〔註66〕，說的都是要取得錢財，就要首先考慮是否合乎「義」。然而，儒家所謂的「義」是具有相當寬泛的意義的，其思想也是不但發展、深化的，「義利」之觀「利」早已不單單指錢財。《禮記・禮運》對「義」概括爲：「父慈、子孝、兄良、弟弟（同悌）、夫義、婦聽、長惠、幼順、君仁、臣忠，十者謂之人義。」〔註67〕到了宋代，理學家則將其深化爲：「聖人以義爲利，義安處便爲利。」〔註68〕其實，「義」在儒家思想中早已成爲一種倫理原則，維護尊卑、貴賤以及君臣關係的秩序。李華文集中，對「父慈」的記載如《與外孫崔氏二孩書》，對「弟悌」的記載如《與表弟盧復書》，對「夫義」、「婦聽」的論述有《哀節婦並序》，對「長惠」的記載如《送十三舅適越序》，對「幼順」、「君仁」、「臣忠」等也都有論述。李華的「義」是與儒家思想相契合的，他所推行的「義利」之觀是緊遵儒家傳統道德的。「義利」觀在唐代已經開始被重視，至宋代理學家則發展成爲一種思想體系，二程、朱陸等對「義利」都有所闡釋。宋代對「義利」觀的重視與爭論固然是理學家對儒家思想的深化和認識，然而這些認識的發展似乎借唐代這一重要的橋

〔註64〕李昉等編：《文苑英華》，北京：中華書局，1982年，第3616頁。

〔註65〕劉寶楠撰：《論語正義》，北京：中華書局，1990年，第568頁。

〔註66〕孫希旦撰：《禮記集解》，北京：中華書局，1989年，第1402頁。

〔註67〕孫希旦撰：《禮記集解》，北京：中華書局，1989年，第606～607頁。

〔註68〕程顥、程頤著，王孝魚點校：《二程集》，北京：中華書局，1981年，第173頁。

樑。此問題在鄧小軍先生的《唐代文學的文化精神》已有所涉及。

　　李華的「義利」觀除以上所講，有與儒家思想相契合的部分（這是李華思想的主流），也有與儒家思想不合節的部分，這主要體現在他的行為上。爲將李華的「義利」觀闡述透徹，我們將李華的「言」與「行」結合起來。正如李華在《贈禮部尚書清河孝公崔沔集序》中所說：「文顧行，行顧文，此其與於古歟。」〔註69〕

　　干犯權威是李華「義利」觀的一種嬗變。從宏觀角度來看，干犯權威是一種具有較高意義的「義利」觀。獨孤及《趙郡李公中集序》中說：「（天寶）十一年，拜監察御史。會權臣竊柄，貪猾當路，公入司方書，出按二千石，持斧所向，郡邑爲肅，爲奸黨所嫉，不容於御史府。除右補闕。」〔註70〕可見李華的性格是十分耿直的，他敢於針砭時弊，與不良世俗抗爭。而補闕的職責就是對皇帝進行規諫，並能夠爲國家舉薦人才。《新唐書‧李華傳》也說：「天寶十一載，遷監察御史。宰相楊國忠支婭所在橫猾，華出使，劾按不橈，州縣肅然。爲權興見疾，徙右補闕。」〔註71〕李華不避權貴，正義直言，雖有違儒家「溫柔敦厚」的思想原則，但卻是在維護儒家思想，維護上層社會的統治秩序。對李華而言，一切有違儒家思想的行為，都是應該予以制止的。《賢之用捨》與《君之牧人》就是用事而發的感慨之言；《言醫》與《卜論》也是針對不良世俗的一種批評。李華的這種干犯權威發展到極致，便是以《弔古戰場文》爲代表。前已提到《弔古戰場文》是一篇「怒而不怨」之教化的典型論文，但其所論之事、所談問題是統治者非常忌諱的，這就是李華後期「干犯權威」的表現。在古文創作中，李華注重行為「敦厚」的一面，似乎有「知者不惑，仁者不憂，勇者不懼」的味道〔註72〕；也有冒犯權威「嚴正」的一面，呈現一種大無畏的精神和憐憫眾生的意志。

　　安貧守道是李華「義利」觀的第二種嬗變。《唐詩紀事》記載：「『昔日蕭邵遊，四人纔成童。』華與趙七侍御驊、故蕭十功曹穎士、故邵十六軫，未冠進太學，皆苦貧共弊。」〔註73〕李華幼年苦貧，晚年更是經受痛病與苦貧的雙重壓迫。他在《送張十五往吳中序》中說：「邯鄲遘叔，風病目疾，家貧

〔註69〕李昉等編：《文苑英華》，北京：中華書局，1982年，第3613頁。

〔註70〕董誥等：《全唐文》，北京：中華書局，1983年，第3946頁。

〔註71〕歐陽修、宋祁：《新唐書》，北京：中華書局，1986年，第5775～5776頁。

〔註72〕劉寶楠撰：《論語正義》，北京：中華書局，1990年，第358頁。

〔註73〕計有功撰：《唐詩紀事》上海：上海古籍出版社，第310頁。

不能具藥,爰以言自醫。」〔註 74〕這種「不能具藥」、「以言自醫」的狀態,是到了何等的貧苦階段。傳記所言,李華「客隱山陽,勒子弟力農,安於窮槁」與《送張十五往吳中序》兩相印證,亦說明李華始終堅持安貧守道的「義利」觀。

李華的「義利」觀極具廣泛性。他的代表性文體「廳壁記」,從《禮記》「人義」的角度說,是記載「臣忠」之事。從寫作目的的角度說,則是推行仁治,以榜樣的力量推行良性的社會秩序。李華的「義利」對盛唐其他古文家都有極大的影響。蕭穎士的《送劉太真詩序》就說:「記有之尊道成德,嚴師其難哉?故在三之禮,極乎君、親,而師也參焉。無犯與隱,義斯貫矣。孔聖稱顏子,有視予猶父,歎其至與。今吾於太真也然乎!」〔註 75〕在敘劉太真之「義」時,也表達自己的一種「義利」觀。盛唐古文家團體,以蕭、李為代表的,其二人從總體上看具有一致的「義利」觀,他們之間相互影響、相互借鑒,共同推動了古文創作的發展和盛唐儒學的覺醒。

〔註 74〕李昉等編:《文苑英華》,北京:中華書局,1982 年,第 3727 頁。

〔註 75〕蕭穎士、李華:《蕭茂挺文集·李遐叔文集》,上海:上海古籍出版社,1993年,第 17 頁。

第三章　李華古文創作與盛唐崇重儒學傾向的建構

　　唐代儒學覺醒主要表現在實踐領域，理論層面的建構則略顯滯後。唐代的古文創作是儒學實踐的一種形式，也是理論建構的一個重要載體。我們知道，李華的古文創作不是抽象地進行哲學思辨或枯燥地討論政治、人生問題，而是在文章中表現出鮮明的個性，帶著濃鬱的情感，具有很高的文學價值。不僅如此，他尊崇儒家思想，行文中處處維護儒家思想體系。這不僅與個人經歷相關，而且與盛唐文壇崇重儒學的傾向也有密切的關係。儒學發展到盛唐階段，漸漸建立起一種以儒學思想的復興爲己任的機制（體系），上至高層統治階級，下至文人百姓，都對儒學倍加推崇。盛唐的尊儒崇經成爲一種社會風氣，這就開啓了宋代理學的先聲。自漢代儒學大興，經歷了平庸的唐代儒學之後，宋明理學再次將儒學發展推到了極致。若說宋明理學是儒學的一個復興時期，那唐代便是這個復興時期的重要準備，我們可稱其爲「儒學覺醒」時期。

第一節　創作動因層面

　　古文創作對盛唐儒學覺醒有相當大的推動作用，通過唐代古文家的創作可以窺其一二。從另一方面說，儒學思想的發展也成爲古文創作的一個動因。在創作動因方面，個人的價值取向（重儒學）、社會的統治需求（用儒學）、國家的政治導向（崇儒學）都對創作有所影響，隨著這些影響的加深，逐漸

建構了一種儒學價值體系。古文創作的不斷發展，也必然使得這些價值體系為絕大多數人所接受，並趨向平穩。這裡的動因有生理學層面的意義，也有心理學層面的色彩，更有社會學層面的表現。動因研究一方面要探索誘因的產生，另一方面則要關注目標的實現。

一、個人取向

　　古文家的個人創作主張，能夠體現出一種價值取向。幸運的是，千年的儒學價值觀早已深入人心，以李華、蕭穎士等為代表的古文家不約而同地選擇了同一種價值取向——尊崇儒學。他們儒學思想的發展，對盛唐儒學的覺醒起到了巨大的推動作用，而且有助於建構盛唐崇重儒學思想體系。李華的個人取向較為明顯，通過研究其作品，我們發現他對儒、佛兩家的理論都有所涉及，但是儒學思想卻是主流。李華的個人取向主要在兩個方面：

　　第一，「修己以安百姓」。

　　儒家所倡導的修、齊、治、平在李華的古文創作中都有所體現，綜合比較李華創作，可以將其主要思想概括為「修己以安百姓」。李華十分注重個人修養，注重人品的提高，這些都服從於他「安百姓」的偉大志向。他在為張鎬所作的頌文中記載，張鎬品德高尚，辭世後有很多人前來弔唁：「公故吏侍御史博陵崔貫，文明殿中侍御史昌黎韓……百姓彭伋、潘玉等一十二人，諮余為頌。」〔註1〕李華對頌主的德行得到百姓的認可，十分讚賞，因而也將彭伋、潘玉等百姓的名字記錄一二。儒家思想在統治領域的目標是「安民」，民安，國方能長久，李華深諳其道。他的《潤州丹陽縣復練塘頌並序》的記載更是深動人心，文曰：

> 丹陽令杜孟寅秉公之清白，延陵令李令從如公之愛人，金壇令胡玘稟公之成規，及丹陽耆壽周孝環，百姓湯源等，拜首而請曰：「兗為澤，兗悅也；水歸於澤，而澤悅於人，百年侵塞，而公啓之，臣哉鄰哉，克諧帝休，永代是式，三縣無災，若不碣而刻之，則命不揚於厥後，後之人無以倚負也。」〔註2〕

　　李華此處依然將百姓湯源的名字記錄在文，可見李華對百姓口碑的看重。他所作頌文的傳主皆可稱德高望重之人，李華與此些人交往，自當以他

〔註1〕李昉等編：《文苑英華》，北京：中華書局，1982年，第4087頁。
〔註2〕李昉等編：《文苑英華》，北京：中華書局，1982年，第4111頁。

們爲榜樣，注重修身方面。文中所提到的杜孟寅秉公之清白、李令從如公之愛人、胡玘稟公之成規，皆是從個人品行的角度予以高度概括。李華善於看到人性好的一面，他的《與外孫崔氏二孩書》中說「裴氏姑恩慈，見吾一善，未嘗不流涕，祝吾成立」〔註3〕，即可說明這點。最能說明李華注重修身的文章是《三賢論》。文章開頭說：

> 或曰：「吾讀古人之書，而求古人之未獲。」嗟夫！遐叔謂曰：
> 無世無賢人，其或世教之至淪於風波，雖賢而不能自辯，況察者未
> 之究耳？鄭衛方奏，正聲間發，極和無味，至文無彩，聽者不達，
> 反以爲怪謏之音。太師樂工，亦失容而止。曼都之姿，雜於顝頏，
> 被緼絮，蒙蕭艾，美醜夷倫，自以爲陋，此二者既病不自明。又求
> 者亦昏，將剖其善惡，在遷政化，端風俗，則賢不肖異貫，而後賢
> 者自明，而察者不惑也。〔註4〕

讀古人之書，求古人之未獲，這是復古思想的一種表現。他對古之賢人給予了肯定，提出「無世無賢人」的主張。賢人品行會直接作用於社會風氣，因而李華比較注重個人品德的修養。題目中的「三賢」指的是元德秀、蕭穎士和劉迅，三人皆是當時知名賢儒，李華與元德秀、蕭穎士交遊，感情甚篤。他們的共同特點是注重修身和培養自身德行，表現在現實生活中則是對百姓體恤有加。又，蕭穎士在《與崔中書圓書》中寫道：「淮南、山北，境對賊壘，戶寡人貧，徵促弊竭，眾心危懼」〔註5〕，對身處戰爭災難中的百姓有無限的牽掛，也是他決心安撫百姓，爲人民多做實事的體現。另外，《登故宜城賦》一文中對安史之亂的破壞性也給予了深刻的揭露和批判，李華的《弔古戰場文》與其有異曲同工之妙。

第二，爲文以正王道。

李華爲文，還體現在「正王道」上。正如他在《君之牧人》所言：

> 古之帝者，非不欲厚其養，泰其身。固揣於變化之原，而要之
> 以極，亦至矣。蓋以爲上逸則下困，困百眾逸一人而，非天意也。極
> 非天意，亦不忍爲也。故下逸而上困，帝者甘心焉。況百姓逸，君
> 孰與困。書曰：「元后作民父母，父母勞於養子，則禐褓之疾弨，則

〔註3〕 董誥等：《全唐文》，北京：中華書局，1983年，第3195頁。
〔註4〕 李昉等編：《文苑英華》，北京：中華書局，1982年，第3886頁。
〔註5〕 李昉等編：《文苑英華》，北京：中華書局，1982年，第3432頁。

父母之心泰。」推是而求之，聖人志於儉薄不得不爾也。〔註6〕

李華對君王之道的認可，其依據是儒家思想的仁道，自然對君主（統治者）的行爲寄予了很高的期望。不僅如此，治國安邦也是他所遵從的理想原則，對同僚（或是身爲人臣之人）也給予了爲官之道的建議。其《常州刺史廳壁記》說：「夫子門人，高第者眾，唯稱雍也，可爲諸侯。至（矣）哉！古之爲理，本於德行，贊皇公秉心宣猷，盡瘁王室，愷悌君子，民之父母，爲王者輔，宜哉。」〔註7〕這正是對「爲王者輔」之人提出的爲官標準。上至君王，中至同僚，下至百姓，都在「王道」的框架下形成社會體系網，各階層都有需要做的本分之事。各階層人物的行爲，集中受制於「王道」，這是一個中心點，各種人、事、情、理都圍繞這個中心展開。李華的各種文體都有對王道的評述，如他的《國之興亡》結語處云：「心腹支體一也。爲病者萬焉，雖有岐緩而不請，岐緩視之而不救。噫！齊隋不亡，得哉。返是而理，則王道易易也。」〔註8〕「王道易易」是李華得出的國家興亡的至理，王道容易變換，因而建構長久的、合乎世道人心的王道，國家才能興旺長久。李華提出的各種治國思想，在某種程度上是對王道的重視，有著對國家興亡的使命感和責任感。

獨孤及《檢校尚書吏部員外郎趙郡李公中集序》中有言：「當斯時，唐興百三十餘年，天下一家，朝廷尚文……公危行正詞，獻納以誠，累陳誅凶渠、完封疆之策，闒犬迎吠，故書留不下。」〔註9〕李華處於唐代由盛而衰之時，在安史之亂爆發之前，李華早已對統治者提出了改制王道的部分建議。所謂「危行正詞，獻納以誠」即是如此，「正王道」的思想不言自明。但李華的勸誡基本沒有起作用，這是事實。《荀子‧儒效》中說：「修百王之法，若辨白黑；應當時之變，若數一二；行禮要節而安之，若運四肢，要時立功之巧，若詔四時；平正和民之善，億萬之眾而博若一人；如是，則可謂聖人矣。」〔註10〕《荀子》所言諸種儒家治國之思，李華所作之文均有體現，「修百王之法」「應當時之變」是一種理想，也是審時度勢給予統治者的一種勸誡。李華認爲君王（包括臣子）應該做的至少包括以下幾個方面：把握先王

〔註6〕 李昉等編：《文苑英華》，北京：中華書局，1982年，第1861頁。
〔註7〕 李昉等編：《文苑英華》，北京：中華書局，1982年，第4234頁。
〔註8〕 李昉等編：《文苑英華》，北京：中華書局，1982年，第1861頁。
〔註9〕 董誥等：《全唐文》，北京：中華書局，1983年，第3946頁。
〔註10〕 王先謙撰：《荀子集解》，北京：中華書局，1988年，第130頁。

之成敗，知曉立功之機會，團結億萬之民眾。總而言之，李華古文創作的初級動因是個人內心的價值取向，學識、思想、性格、經歷與人生感悟形成錯綜複雜的交織網。從某一方面探索思想形成的動因，都會有所偏頗，所以需要在主流動因之下分析具有毛細血管作用的個體因素。

二、社會需求

　　早在初唐階段，唐代的儒學覺醒就已肇端。陳子昂詩歌理論主張的提出，可以看作是唐代儒學覺醒的先聲。隨著文學的向前發展，陳子昂所提出的詩歌理論主張也在發生流變。陳子昂之後，儒學覺醒與文學創作越來越緊密地聯繫在一起，部分文人甚至進行了較為系統的總結。李舟《獨孤常州集序》中便說：「天后朝，廣漢陳子昂，獨泝潰波，以趣清源。自茲作者稍稍而出。先大夫嘗因講文謂小子曰：『吾友蘭陵蕭茂挺、趙郡李遐叔、長樂賈幼幾、洎所知河南獨孤至之，皆憲章六藝，能探古人述作之旨。』」〔註11〕李舟所言與李華、梁蕭等人的總結是契合的，說明儒學在唐代發展以盛唐古文為例，古文創作傾向於反映社會現實，提高儒學地位。於是，「古文」這一文體繼承了陳子昂的理論精髓，產生了一種近似於傳統的古文形式，我們或可稱之為「復古」。所以，從某種意義上說，詩歌理論的流變催生了古文創作思想。這種流變是社會發展的產物，盛唐古文家的古文創作是應社會需求而產生和發展的。唐代社會儒釋道三家並行，儒學的地位在發生動搖，但由於社會秩序的需要，儒學始終以支柱的形式存在著。這裡我們主要通過分析道教、佛教在唐代的發展狀態，來闡明儒學覺醒的必然性。

（一）唐代道教的不良影響

　　道教發展到唐代達到了鼎盛時期，道教發展壯大，導致道觀眾多，道徒泛濫。加之唐代統治者的推崇，道徒的推波助瀾，道教的求仙學道之風遍及帝王臣子、文人百姓，這對唐代的社會生活產生了深刻影響。這裡僅以安史之亂後為例，說明唐玄宗朝道教泛濫的危害。

　　首先，安史之亂後，唐代國勢衰微，而帝王、士大夫們卻溺於服餌金石的禍風之中，導致國耗日損、肢體殘敗。據兩《唐書》記載，安史之亂後上書勸諫服食之聲不絕於耳，而士人之間的相互諫告警醒，較之臣子上書勸諫則更是有過之而無不及。

〔註11〕李昉等編：《文苑英華》，北京：中華書局，1982 年，第 3622 頁。

其次，因爲具有象徵李唐王權意義的道教在戰亂中遭到劫難，例如東都太微宮毀於兵火，唐朝統治者因財力有限，沒有大規模地建設道觀，但是建立道觀的行爲並沒有停止。唐玄宗對道教十分狂熱，他經常發布命令在全國普建道觀。

第三，皇帝信奉道教，在他的倡導下，群臣及達官貴人、平民百姓紛紛仿傚，形成嚴重的社會問題。

以上簡略的三點〔註 12〕，引起有識之士（主要是文人）的深切關注。他們在宣揚儒家思想的同時，不斷與道教作鬥爭。李白有詩云：「何必求神仙，……糟丘是蓬萊」。道教所造成的社會問題比佛教小得多，這裡僅作簡單地論述。補充一點，憲宗即位後，在元和二年（807）正月，頒布詔令：「天下百姓不得冒爲僧尼、道士，以避徭役，其創造寺觀，廣興土木者，舉前敕處分。」〔註 13〕

（二）唐代佛教弊端嚴重

社會的需要是事物存在和發展的重要條件。佛教的傳播在一定程度上起到了緩解社會矛盾的作用，但是隨著社會的不斷發展，佛教與統治階級的矛盾也在不斷凸顯。隨著隋文帝統一中國，大興佛教，南北兩朝不同風氣的佛教合併發展，到唐朝才達到了最高峰。唐朝佛教在注疏、做法論上超越南朝；在習禪定、修功德上遠超北朝。但是，佛教的危害也隨著它達到高峰暴露無遺。唐名僧吉藏在所著《法華經遊意》裏說佛教是「逼引之教」。「逼」是逼使人厭惡現世的一切（包括本人的身體），「引」是引導人欣慕靈魂不滅，永享極樂。唐朝佛教極盛，受其禍害的最終還是廣大勞動人民。現結合湯用彤《隋唐佛教史稿》、范文瀾《唐代佛教》、郭朋《隋唐佛教》、謝重光《漢唐佛教社會史論》、譚世保《漢唐佛教史探眞》等名家所論，將唐代佛教的危害列舉三條：

第一，廣建寺廟，宣揚迷信

寺廟發展到唐代，成爲封建社會裏地主統治的一種特殊組織。每個寺有寺主，又有少數執事僧，這些人儼然居於統治者地位。普通僧眾則是被統治

〔註 12〕 按，以上觀點主要參考了陳國符的《道教源流考》（中華書局，1963 年版）以及李斌城《唐太宗與道教》（《晉陽學刊》，1994 年第五期），薛亞拴《論唐玄宗與道教》（《陝西師大學報》，1993 年第三期）。

〔註 13〕 宋敏求：《唐大詔令集》，北京：中華書局，2008 年，第 391～392 頁。

者，忍受虐待，無權利可言。照義淨《南海寄歸內法傳》說：「病發即服大便小便，病起便用豬糞貓糞，或堈盛甕貯，號曰龍湯，雖加美名，穢惡斯極。」僧眾幾乎毫無尊嚴可言。而且，以污穢之物治病，這種愚昧幾乎到了令人髮指的地步。尤其可憎的是一人出家為僧，便放棄本姓，自以為姓釋，應該享受特殊的物質生活。在寺廟中，他們上自意識形態，下至細微的生活方式也必須模仿天竺佛寺的煩瑣儀式。佛寺經濟是相當富裕或大富的，組織又是相當堅固的，自通都大邑到窮鄉僻壤，全國設立幾萬個大大小小這樣的宣傳據點，日夜不停地對民眾宣揚因果報應、忍受壓迫的教義。

第二，宗派林立，僧徒眾多

佛教宗派很多。而且不同的宗派，都會得到朝廷的優待。佛教宗派如實宗、三論宗、禪宗、天台宗、淨土宗、俱舍宗、法相宗、華嚴宗、律宗等，層出不窮。目的之一就是適應各種各樣的「念佛方式」，把人民束縛在精神的枷鎖裏。另外，佛教大師既是大地主又是大官僚，取富貴的途徑比士人的仕途快捷得多。抱有取富貴野心的士人，有學問又有文才，學佛條件比普通僧眾優越。他們出家以後，無衣食家室之累，專心求名，只要培養起大聲名，富貴便自然而至。許多大僧生為帝師，死贈美諡，遺產巨大，名公大官披麻帶孝，扶杖送葬，以做大僧的孝子為榮耀。例如，玄奘改葬父母，僧俗會葬的人有一萬多；玄奘死後，朝廷替他辦喪事，用金棺銀槨藏他的骨灰，五百里內有一百多萬人來送葬，三萬多人宿在墓地上，表示慕戀之意。當時社會宗教狂熱達到了如此程度，並將造成嚴重的精神空虛，久而久之，反倒不利於統治階級的統治。

第三，壓迫人民，阻止反抗

推動社會前進的動力是人民戰爭，但是佛教卻為阻止人民反抗而進行思想「壓迫」——說教。對於那些貧苦的人民，它告誡他們不能殺生，違犯這一條死後便會進入地獄受苦。而對於富貴者，他們可以恣意妄為，即便是殺了人，只要拿出錢來做功德，來世便會享福，而且不會入地獄。所以，佛教成為統治階級奴役人民的工具，而且將這種壓迫變得合情合理。李節在《送疏言禪師太原取經詩序》裏說：「論者徒知釋氏因衰代而生，不知衰代須釋氏之救也。何以言之耶？夫俗既病矣，人既愁矣，不有釋氏使安其分，勇者將奮而思鬥，智者將靜而思謀，則阡陌之人將紛紛而群起矣。今釋氏一歸之分而不責於人，故賢智俊朗之士皆息心焉。其不能達此者愚人也，唯上所役

焉。故雖變亂之俗可得而安，賴此也，若之何而翦去之哉。論者不思釋氏扶世助化之大益，而疾其雕鐫彩繪之小費，吾故曰，知其然而不知其所以然者也。」〔註14〕由此可見，佛教不僅壓迫民眾，而且自私自利，這種思想在唐代好像走向了一個極端。

佛教的弊端愈演愈烈，在盛唐階段，尤其是經過安史之亂後，佛教雖然依舊有統治階級的寵幸，但已開始走下坡路。統治者傾向於發展作為儒家正統思想的儒教。社會秩序混亂，人民生活困苦，佛教早已失去了它的「真實」教義，虛偽的面紗被揭開。從社會上層到文人志士，再到一般民眾，儒學正在他們的思想中覺醒。經歷了八年的戰爭，王朝統治者能否有能力建構「君君、臣臣、父父、子子」的社會秩序，能否做到「保民」、「從民所欲」，對整個社會來說是一個重大的問題。君王希望維護其統治地位；臣子希望對國家有所作為，輔佐君主，安撫人民；人民則希望統治者懲奸除惡，還社會一片安寧，百姓能夠安居生活。這在盛唐古文家的作品裏，有較多體現。諸如李華的《常州刺史廳壁記》、蕭穎士的《登故宜城賦》、元結的《農臣怨》等等。

這裡需要辨明一點，李華的古文中有多篇為佛僧寫的碑文。當時的古文家作品多有與僧人交往的描寫，從盛唐儒學覺醒這一時段來看，這與儒學覺醒是社會需求並不矛盾，只是這一問題涉及到唐代統治階級的「政治導向」與「儒學覺醒」的關係，我們將在下面詳細論述。

三、政治導向

政治導向是唐代覺醒的重要因素之一，文人創作因受其影響，對宣傳儒學亦是不遺餘力。這裡我們將從唐太宗和唐玄宗兩朝入手，把握初唐、盛唐對儒學發展的導向。選擇太宗、玄宗兩朝進行分析，原因是唐太宗崇儒思想推動了儒學的發展；而唐玄宗的儒家政治觀也有力地促進了唐代儒學的覺醒。

（一）唐太宗的崇儒思想

早在武德七年，唐朝統治者就下達了《賜學官冑子詔》：

> 自古為政，莫不以學，則仁義禮智信五者俱備，故能為利博

〔註14〕姚鉉編：《唐文粹》卷九十六，《四部叢刊》本，上海：商務印書館，1929年，第10頁。

深。朕今欲敦本息末，崇尚儒宗，開後生之耳目，行先王之典訓，而三教雖異，善歸一揆。沙門事佛，靈宇相望，朝賢宗儒，辟雍頓廢，王公以下，寧得不慚！朕今親自觀覽，仍徵集四方胄子，冀日就月將，並得成業。禮讓既行，風教漸改，使期門介士，比屋可封，橫經庠序，皆遵雅俗，諸王公子弟，並皆率先，自相勸勵。賜學官胄子及五品以上各有差。〔註15〕

而唐太宗親身經歷隋末農民起義的大風暴，他雖然得勝，但農民的威力，使得他不得不有所畏懼。因而在他統治期間，推行了尊儒崇經、推行仁政的重大決策。據《貞觀政要·政體》記載，唐太宗和群臣展開過「自古理政得失」的討論。魏徵有言：「聖哲施化，上下同心，人應如響，不疾而速，期月而可，信不為難，三年成功，猶謂其晚。」〔註16〕所謂「聖哲施化」就是指推行儒家的仁政。《貞觀政要·慎所好》中記載唐太宗對大臣所說的一段話：「朕今所好者，惟在堯、舜之道，周、孔之教，以為如鳥有翼，如魚依水，失之必死，不可暫無耳。」〔註17〕唐太宗將堯、舜之道，周、孔之教視為治國之本，並將其比譬為鳥之翼、魚與水的關係。志向之高可見一斑。在詔書之中，唐太宗極力抬高孔子的地位，「詔停周公為先聖，始立孔子廟堂於國學，稽式舊典，以仲尼為先聖，顏子為先師，兩邊俎豆干戚之容，始備於茲矣」〔註18〕。貞觀十一年下詔，尊孔子為宣父，並在兗州修廟，「給戶二十，充享祀焉」〔註19〕。唐太宗還曾兩次褒揚前代名儒和經學大師。第一次在貞觀十四年二月，褒揚梁皇侃、褚仲都，北周熊安生、沈重，南陳沈文阿、周弘正、張譏，隋何妥、劉炫等名儒。詔曰：「梁皇侃、褚仲都、周熊安生、沈重，陳沈文阿、周弘正、張譏，隋何妥、劉炫等，並前代名儒，經術可紀，加以所在學徒，多行其疏，宜加優異，以勸後生。可訪其子孫見在者，錄名奏聞，當加引擢。」〔註20〕第二次在貞觀二十一年又下詔令曰：「左丘明、卜子夏、公羊高、穀梁赤、伏勝、高堂生、戴聖、毛萇、孔安國、劉向、鄭眾、杜子春、馬融、盧植、鄭玄、服虔、何休、王肅、王弼、杜預、

〔註15〕董誥等：《全唐文》，北京：中華書局，1983 年，第 36 頁。
〔註16〕吳兢撰：《貞觀政要》，上海：上海古籍出版社，1984 年，第 18 頁。
〔註17〕吳兢撰：《貞觀政要》，上海：上海古籍出版社，1984 年，第 195 頁。
〔註18〕吳兢撰：《貞觀政要》，上海：上海古籍出版社，1984 年，第 215 頁。
〔註19〕王溥：《唐會要》，上海：上海古籍出版社，2006 年，第 742 頁。
〔註20〕劉昫等：舊唐書》，北京：中華書局，1975 年，第 4941 頁。

范甯、賈逵總二十二座，春秋二仲，行釋奠之禮。」〔註21〕這些經學大師師承有別，流派不同，而唐太宗不管古文學家與今文學家，不管是南學與北學，鄭學與王學，都一概尊崇。這說明唐太宗對經學是廣採博取，兼收並蓄的。這就為唐代經學走向打下了思想基礎。

唐太宗還精選文儒，置弘文館。他曾說：「戡亂以武，守成以文，文武之用，各隨其時。」〔註22〕又說：「夫功成設樂，治定制禮，禮樂之興，以儒為本。」〔註23〕然而，早在李世民為秦王時就已經「銳意經籍，於秦府開文學館，廣引文學之士，下詔以府屬杜如晦等十八人為學士」〔註24〕。即位後，李世民又「置弘文學館，精選天下文儒之士虞世南、褚亮、姚思廉等，各以本官兼署學士，令更日宿直。聽朝之暇，引入內殿，講論經義，商略政事，或至夜分乃罷」〔註25〕。唐太宗的這些措施提高了儒士的地位，為儒學發展傾向建構了藍圖。

唐太宗推行仁政治國，對社會產生了積極作用。他緩和了階級矛盾，促進了社會經濟的發展；團結了儒家知識分子，鞏固了封建統治。最重要的是，為唐代哲學的發展奠定了基礎。

（二）唐玄宗尊儒思想的重興

至唐玄宗時，唐代佛教大盛，儒學處於邊緣地位。唐玄宗崇道的同時，也主張復興儒學。先天二年十一月八日，玄宗下達《命張說等兩省侍臣講讀勅》云：

> 敕，先王務本，君子知教，化人成俗，理國齊家，必由於學矣。朕往在儲副，旁求儒雅，則張說、褚無量等，為朕侍讀。《詩》不云乎，「如切如磋，如琢如磨，斯之謂也」。咸能發揮啓迪，執經尊道，以微言匡菲德者，朕甚休之。自虔奉聖訓，祗膺大寶，冀天下學士，靡然向風，實獲我心，登於近侍。復欲勉聽虛佇，論思獻納。孔子曰，「德之不修，學之不講，是吾憂也」。豈食而不知其

〔註21〕劉昫等：《舊唐書》，北京：中華書局，1975 年，第 917 頁。

〔註22〕司馬光：《資治通鑑》，北京：中華書局，1976 年，第 6030 頁。

〔註23〕唐太宗撰：《帝範及其他一種》，《叢書集成初編》本，上海：商務印書館，1937年，第 41 頁。

〔註24〕劉昫等：《舊唐書》，北京：中華書局，1975 年，第 4941 頁。

〔註25〕劉昫等：《舊唐書》，北京：中華書局，1975 年，第 4941 頁。

旨，耕而不知其耨，將何以因於義，求於善，補朕之闕，誨人周倦哉！宜令銀青光祿大夫守中書令上柱國燕國公張說，銀青光祿大夫右常侍崇文館學士兼國子祭酒上柱國舒國公褚無量等，公務之暇，於中書，與兩省侍臣講讀。其有昌言至誠，可體要經遠者，仍令銀青光祿大夫行黃門侍郎昭文館學士上柱國中山郡開國公李乂，銀青光祿大夫行中書侍郎兼知制誥上柱國成安縣開國男蘇頲，與左右起居，隨事編錄，三兩月進，朕將親覽。庶施乎海內，始自京師，鳳沼擅鴻都之遊，中書有稷下之事，應須紙筆鋪設等，令中書檢校供擬。〔註26〕

詔書云「自虔奉聖訓，祗膺大寶，冀天下學士，靡然向風，實獲我心，登於近侍」，可見唐玄宗對那些遵從「聖訓」的「學士」，是十分讚賞的，並給予提拔。開元五年九月的《令明經進士就國子監謁先師敕》則說得更加具體，提倡尊崇儒學，並規定了一系列諸如拜謁先師、授予官職的原則，其文曰：

古有賓獻之禮，登於天府，揚於王庭，重學尊儒，興賢造士，能美風俗，成教化，先王之所繇焉。朕以寡德，欽若前政，思與大夫群士復臻於理，每日訪道，有時忘食，乙夜觀書，分宵不寐。悟專經之義篤，知學史之文繁。永懷覃思，有足尚者，不有褒崇，孰云獎勸。其諸州鄉貢明經進士，見訖，宜令引就國子監謁先師。學官為之開講，質問其義，仍令所司優厚設食，兩館及監內得舉人，亦準此。其清資官五品已上，及朝集使，並往觀禮，即為常式。《易》曰，「學以聚之，問以辯之」。《詩》云，「如切如磋，如琢如磨」。此朕所望於賢才矣。〔註27〕

不僅如此，開元十四年六月又頒布了《求儒學詔》，尋求「天下官人百姓，有精於經史，道德可尊，工於著述，文質兼美者，宜令本司本州島長官，指陳藝業，錄狀送聞」，並要求「其吏部選人，亦令所由銓擇，各以名薦」，他自己也親自參與「朕當明試，用觀其能，若行業可甄，待以不次，如妄相褒進，必加明罰」〔註28〕。在《選集賢學生敕》中說：「古者立大學，教

〔註26〕宋敏求編：《唐大詔令集》，北京：中華書局，2008年，第538頁。

〔註27〕宋敏求編：《唐大詔令集》，北京：中華書局，2008年，第538頁。

〔註28〕宋敏求編：《唐大詔令集》，北京：中華書局，2008年，第538頁。

胄子，所以延俊造，揚王庭。雖年穀不登，兵甲或動，而俎豆之事，未嘗廢焉。」〔註29〕由此可以推測，唐玄宗對儒家思想是銘記於心的，特別是祭祀之事，所謂「國之大事，在祀與戎」是也。敕文中言「投戈息馬，論道尊儒，用弘庠序之風，俾有簞瓢之樂，宜令所司，量追集賢學生，精加選擇，使在館習業，仍委度支准給廚米」，從具體措施方面保證對發展儒學的支持，「論道尊儒」是從最高層面提出的思想主張。

　　查閱《唐大詔令集》，我們可以發現，唐玄宗一朝，頒布的崇儒詔書遠遠超過前幾朝。上層統治者開始崇尚儒學，儒學在玄宗朝漸漸覺醒。值得注意的是，唐代佛、道二家在社會中依舊發揮著作用。以盛唐古文家李華為例，他的作品中有很多為唐代佛僧所寫的碑文。然而，我們能夠發現這些碑文在對佛僧高尚的品格進行讚揚的同時，融入了眾多儒學因素。雖然在李華的文章中依然有佛教教義的宣揚，但是那種明顯的蛻變早已傾向儒家思想。李華的《潤州鶴林寺故徑山大師碑銘》中有這樣一段記述：「菩薩戒弟子故吏部侍郎齊澣，故刑部尚書張均，故江東採訪使、潤州刺史劉日正，故廣州都督梁升卿，故採訪使、潤州刺史徐嶠，故採訪使、常州刺史劉同升，故潤州刺史韋昭禮，故給事中韓賞，故御史中丞李丹，故涇陽縣令萬齊融，禮部員外郎崔令欽，道流人望，莫盛於此。」〔註30〕其所列舉的官員，都是當時較為有名之人，他們從根源上講是崇尚儒家思想的，與其說他們所信仰的是佛教，不如說是對一位德高望重之人的崇敬。

第二節　創作新變層面

　　李華的古文創作開啟了唐代古文新的變革。他的古文思想源於儒家，其創作中所表現出的儒學思想甚多。因而，唐代崇重儒學思想傾向的建構，李華是有功者之一。在盛唐，詩歌一反靡麗之風，回歸質樸，反映現實；這時的古文創作與詩歌理論主張合流，也向著有實質內容一方發展。以李華等古文家為例，我們發現這一時段的古文創作有一些新的特點，首先是古文各方面的求新與求變，尋找一種具有唐代特色的獨具一格的風格。其次是古文與儒學的相互滲透，使得古文更加古樸，且帶有一種說教的儒學色彩，這種互

〔註29〕宋敏求編：《唐大詔令集》，北京：中華書局，2008年，第539頁。
〔註30〕李昉等編：《文苑英華》，北京：中華書局，1982年，第4551頁。

滲主要表現在兩個方面，一是統治者的儒文兼取，二是創作者的引儒入文。
再次是儒學與古文的衝突與調適，唐代科舉在施行時兼取儒文，但是唐代文
人存在著以儒抑文和以文抑儒兩種傾向，前者的表現更爲明顯，傾向性更
強；我們將在論述二者矛盾的同時，分析二者共存的條件。以上三點是古文
創作與崇重儒學思想建構的關鍵，也是此章內容的核心所在。

一、古文的求新求變

　　古文在追求復古的同時，注重各方面的求新求變。主要體現在兩個方
面：一是由駢體文追溯古文，但又較古文更加嫻熟，有「文質彬彬」之感；
二是體制靈活，或大或小，語言尚簡，但不乏迤邐。盛唐古文家的古文創作
具有以上兩個特點。我們以李華、蕭穎士、元結等爲例，試做比較分析。

　　李華的《登頭陀寺東樓詩序》云：

　　　　頭陀古寺，簡棲遺文，境勝可以澡濯心靈，詞高可以繼聲金石。
　　二大夫會臺寺之賢，攜京華之舊，十有餘人。燦如瓊華，輝動江甸，
　　涉金地，登朱樓。吾無住心，酒亦隨盡，將以斗撒煩襟。觀身齊物，
　　日照元氣，天清太空，無有遠近。皆如掌內，辨衡巫於點黛。指洞
　　庭於片白，古今橫前；江下茂樹方黑，春雲一色。曰屈平、宋玉，
　　其文宏而靡，則知楚都物象，有以佐之。舅氏謂華老於文德，忘其
　　瑣劣，使爲諸公敘事，不敢煩也，詞達而已矣。〔註31〕

　　蕭穎士《蓮蕊散賦並序》云：

　　　　彼散維黃，曰蓮之蘂。有輕其質，如雪伊灑。君子賚焉，厥疾
　　遄已。揆艱疾之永戚，矧羈孤之遠情。諒積悲而成疢，爰彼腫而斯
　　嬰。遭徂夏之赫曦，寨憂虞於此城。堆以壅蓄，介於腰腹。如煙斯
　　煥，如薀斯觸，靡宵靡晝，莫獲偃伏。亦既浹辰，寘予於毒，惴然
　　其恐兮，如集於木。幸于、張之久要，干至貴而爲言。感知己於名
　　公，降踰涯之厚恩。旅信宿以問至，致良散以斯存。於是瀹以蘇膏，
　　幕以油帛，玆焉塗附。未始竟夕，有瘳如神兮，厥痛斯滌。〔註32〕

　　元結的《送譚山人歸雲陽序》云：

　　　　吾於九疑之下賞愛泉石，今幾三年。能扁舟數千里來遊者，獨

〔註31〕李華：《李遐叔文集》，上海：上海古籍出版社，1993 年，第 15 頁。
〔註32〕李昉等編：《文苑英華》，北京：中華書局，1982 年，第 688 頁。

雲陽譚子。譚子文學、隱名山野。隱身雲陽之阿，世如君何？牧犢
愛雲陽之宰峻公。不出南嶽三十年，今得雲陽一峰。譚子又在焉，
彼真可家之者耶。子去爲吾謀於牧犢。近峻公有泉石老樹，壽藤縈
垂，水可灌田一區，火可燒種菽粟，近泉可爲十數間茅舍，所詣繞
通小船，則吾往而家矣。此邦舜祠之奇怪，陽華之殊異，澐泉之勝
絕，見峻公與牧犢，當一一說之。松竹滿庭，水石滿堂，石魚負樽，
鼍舫運觴，醉送譚子，歸於雲陽，漫叟元次山序。〔註33〕

　　李、蕭、元三人是盛唐古文的主要代表人物，上述所引均是其代表性作
品，或可對我們研究古文新變問題有所裨益，論述也會具有說服力。李、蕭
二人，古文中帶有明顯的駢儷色彩。對仗句式出現頻繁，但是李華古文創作
是以屈原和宋玉爲標榜的。其云「屈平、宋玉，其文宏而靡，則知楚都物象，
有以佐之」，可見，他雖然強調復古，但卻不排斥「奢靡」的文風。所謂「文
宏而靡」，在強調文章要有宏大氣魄的同時，也要注意文辭華美，這是十分難
得的，對古文的發展傾向有導向意義。李、蕭二人統領文壇，其古文主張是
得到絕大多數文人擁護的。蕭穎士的這篇《蓮蕊散賦並序》還有一個特點，
就是古奧之風尚濃，有明顯追古的意向。他的古文亦是對偶頻出，對仗工整，
但是文與質卻達到了兼容的境界。元結的這篇序文，駢儷之句常常可見，通
俗易懂，猶有「閒庭信步」之感。因而，我們說古文發展到元結，確實有了
一種質的飛躍。古文創作，從技巧到內容，從文辭到思想都有很大的開拓。
此其新變之一。

　　關於體制和語言問題，尚有數言要說。首先，體制靈活是古文創作的生
命。李華的一百餘篇古文，字數多者逾二千餘字，字數少者不足百字。從鴻
篇巨製的《含元殿賦》到袖珍卻給人印象深刻的《送薄九自牧往義興序》等
序文，足可窺見其體制的靈活多變。蕭穎士存文三十一篇，體制短小者佔了
大多數。而「元結所作的古文之中，除了《時議三篇》與《管仲論》稍長之
外，其他都短小精悍。並且，一篇一意，幾無例外」〔註34〕。以元結的《澐
泉銘》爲例，全文云：「沄沄澐泉，流清源深。堪勸人子，奉親之心。時世相
薄，而日忘聖教。欲將斯泉，裨助純孝。」〔註35〕一篇古銘文僅僅三十二字，

〔註33〕元結撰，孫望校：《新校元次山集》，臺北：世界書局，1964年，第 143 頁。
〔註34〕鄔文榮：《元結詩文創作研究》，武漢大學 2005 年碩士論文，第 17 頁。
〔註35〕元結撰，孫望校：《新校元次山集》，臺北：世界書局，1964年，第 149 頁。

論點明確，直截了當地說明「純孝」之旨，對「時世相薄，而日忘聖教」提出了一針見血的批評。其次，語言的多姿多彩，足以讓初唐大駢文家失色。李華的《含元殿賦》有云：

> 嶷兮峩峩，巨鼇載仙山而出滄波；劃兮煌煌，燭龍折折穴而臨北方。排層城而廓帝居，豁閶闔而面蒼蒼。左翔鷺而右棲鳳，翹兩闕而爲翼。環阿閣以周墀，象龍行之曲直。夾雙壺之鴻洞，啓重閨之呀豔。趨堂塗而未半，望宸居而累息。惟上聖之欽明，爰聽政而布崇德。去雕幾與金玉，紬漢京之文飾。熾丹雘於峻增，抗重霄而競色。
>
> 若乃紫微晨曛，彤墀夜明，雲薄萬栱，風交四榮。冬止其陽，則釋裘而燠；夏休其奧，則捐絺以清。旗獵風而振響，葉墜露而成聲。懸櫨駢湊，疏柱奔迾，復檻曾綴，高牖景爇。黯日翳而累連，曦天開而中絕。形持神而欲離，足僂步而將趺。貯昭訓之崇崇，瞬光範之揭揭。其南則丹鳳啓塗，遐矚荊吳，十扇開闔，陰陽晬盱，容鼎九扃，方駕五車。示王者之無外，不樹屏於清都。望仙闢於巽維，建福敞於坤隅。偃朱旗而纛玄甲，屯仡仡之驍夫。其後則深閨秘殿，曼宇疏楹，瑞木交陰，玄墀砥平，鮮風歷廡，凌霄飄英，蔭藹武闈，增華穆清，玉燭內融，則嘉盛豐備。太陽臨照，而天下文明，古有六寢，御茲一人。〔註36〕

他的《賀遂員外藥園小山池記》則有這樣的描寫：

> 賀遂公衣冠之鴻鵠，執憲起草，不麗其心，夢寐以青山白雲爲念。庭除有砥礪之材，礎礩之璞，立而象之衡巫；堂下有畚鍾之坳，圩塉之凹，陂而象之江湖。種竹藝藥，以佐正性。華實相蔽，百有餘品。鑿井引汲，伏源出山。聲聞池中，尋實而發。泉躍波轉而盈沼，支流脈散而滿畦。一夫躡輪，而三江逼戶，十指攢石，而群山倚蹊。〔註37〕

以上兩文只是約略舉一隅，其語言的駢儷多彩，足勝初唐駢文家；而其質樸流利之文風，又是那些駢文家的所望塵莫及的。因此，語言方面的文采與質樸是李華古文新變的體現之一。但並非駢儷色彩的文章均是內容空洞之

〔註36〕李昉等編：《文苑英華》，北京：中華書局，1982年，第216頁。
〔註37〕李昉等編：《文苑英華》，北京：中華書局，1982年，第4372頁。

文,判定古文的價值還是應該從內容本身出發,尋求思想內涵及意義。

古文的文風趨向質樸,這就有利於儒學的發展。古文發展到韓愈、柳宗元,儒學復興。例如,韓愈就把「道」和「文」密切地聯繫在一起,他在《答李秀才書》中說:「愈之所志於古者,不惟其辭之好,好其道焉爾。」〔註 38〕他的「古文」在遣詞用語上既非常簡臻,而又趣快自然,明晰妥當。這種文風早在盛唐時就已形成,到韓柳時已達到運用自如、爐火純青的程度。盛唐古文的新變是通過時代累積逐漸呈現出來的,李華古文創作對前代文學作品進行了深入思考。縱向方面來看,其發揚了陳子昂的理論主張;橫向方面來看,同時代作家之間的切磋及相互影響是文學創作變化的外在原因之一。

二、古文與儒學互滲

唐代儒、文並重,這種儒、文並重主要體現在盛唐的古文創作和弘文諸館的設置上。儒、文並重,並不意味著二者處於平等的地位,儒學思想始終處在主導地位,文學則是為儒學服務的手段之一。但是,盛唐儒、文的基本格局是互相為用、互相滲透、互相促進,這與魏晉南北朝的文盛儒衰大為不同。李華對儒學發展過程有言簡意賅的論述,自孔子開始,言及七十子、孔伋、孟軻、漢代、魏晉以至於唐代,線索清晰。即如《正交論》中所說:「聖人生於魯,七十子遍遊諸侯。文武之道,噎口復明,孔伋孟軻之徒,無並不儒尊。漢代人心尚樸,辟署由州郡。公府往往有奇節駭俗之士,東京宗祖好學,海內翕然。是以王室多柱石之臣,交遊有死生之友。降及魏晉,亦未甚踰。近代無鄉里之選,多寄隸京師,隨時聚散,懷牒自命,積以為常,吷形一發,群響雷應,銓擇多誤,知之固難。」〔註 39〕又言:「師乏儒宗則道不尊,道不尊則門人不親;友非學者則義不固,義不固則交道不重;選不由鄉則情不繫府,情不繫府則舉薦寡恩。」〔註 40〕李華將師道、儒宗、門人的聯繫,友、義、情的關係,進行了深入而透徹地分析,這其中顯示出嚴謹的邏輯。李華將「儒」融入「文」中,用「文」將儒學之道傳達出來,此乃儒、文互滲之一例,有一定的代表性。

重儒與重文並行,從唐太宗時就已經開始,他於宮城之西開文學館,以

〔註 38〕韓愈撰,屈守元、常思春校注:《韓愈全集校注》,成都:四川大學出版社,1996 年,第 1527 頁。

〔註 39〕李昉等編:《文苑英華》,北京:中華書局,1982 年,第 3911 頁。

〔註 40〕李昉等編:《文苑英華》,北京:中華書局,1982 年,第 3911～3912 頁。

待四方之士。以杜如晦、房玄齡、于志寧、蘇世長、薛收、褚亮、姚思廉、陸德明、孔穎達、李玄道、李守素、虞世南、蔡允恭、顏相時、許敬宗、薛元敬、蓋文達、蘇勖等爲十八學士，命閻立本爲他們畫像，褚亮作讚語，題以名字爵里，藏之書府，以示禮賢之重。被選入文學館的人爲天下人所向慕，稱爲「登瀛洲」。這些人當中，于志寧、陸德明、孔穎達等是純粹的儒士，薛收、褚亮、褚遂良、姚思廉、虞世南等雖以文學爲主，但卻並非純粹的文人，而多有儒者情愫。如《貞觀政要》和《舊唐書・儒學傳》中，都稱他們爲文儒。《全唐文》卷四載唐太宗時《置文館學士教》說，這十八學士均能「引禮度而成典則，暢文詞而詠風雅」，這表明初唐文人是文儒兼具之士。其實從本質上分析，「儒」「文」二者是不可分離的，前者需要後者來表現，後者需要依附前者來顯示其意義。「儒」「文」一體，合乎時代要求，也是文人創作不自覺行爲的體現；或者說，古文中滲透儒學思想是文人潛在學識的展現，也是個人修養的一部分。

　　高宗時，重文與重儒的基本格局依然存在。弘文與崇文兩館並存，王應麟《玉海》中云：「崇文館學士二人，掌經籍圖書，教授諸生，課試舉送如弘文館。」〔註41〕永隆年間（680～681），楊炯、崔融等都當過崇文館學士。

　　中宗於神龍元年（705），改弘文館爲昭文館，次年又改爲修文館。李嶠、宗楚客當過大學士，崔湜、李适、李乂、劉知幾、沈佺期當過學士，馬懷素、杜審言當過直學士。可見中宗時，文學家也是文學與儒學集合於一身。

　　盛唐玄宗時，弘文館、崇文館雖存，但是此後人才、書籍逐漸集中於集賢院。集賢院設有學士、直學士、侍讀學士、修撰官，掌管經籍。《新唐書》卷四十七《百官志二》中說：「凡圖書遺逸、賢才隱滯，則承旨以求之。謀慮可施於時，著述可行於世者，考其學術以聞。凡承旨撰集文章、校理經籍，月終則進課於內，歲終則考最於外。」〔註42〕這時期的著名學士有張說、崔圓、徐堅、張九齡等，他們皆是文儒兼具者。以崔圓爲例，《舊唐書・崔圓傳》說：「〔崔〕圓少孤貧，志尙閎博，好讀兵書，有經濟宇宙之心……自負文藝。」〔註43〕而其父崔景晊與李華同時，也是文儒並重的文學家。李華在《太子少師崔公墓誌銘》中說：「〔崔景晊〕既除喪，外從禮訓，內積憂慕，

〔註41〕王應麟：《玉海》，南京：江蘇古籍出版社、上海：上海上海書店，1987年，第3038頁。

〔註42〕歐陽修、宋祁：《新唐書》，北京：中華書局，1986年，第1212頁。

〔註43〕劉昫等：《舊唐書》，北京：中華書局，1975年，第3279頁。

啜菽飲水，厲志讀書，誦無遺文，釋無遁義，皆一覽也。年十七，與親兄晊同舉明經，調補梁州南鄭尉，轉蜀州晉原尉。」〔註44〕十七歲崔景晊、景晊舉明經，或可推知二人少時即熟讀儒家經典。安史之亂後，弘文館、集賢院等漸次衰微，但依然有不少文人出於此地。古文家賈至等就曾待詔集賢院。《舊唐書·代宗本紀》曾記載，唐代宗永泰元年（765）三月，以裴冕、郭英乂、裴遵慶、王昂、王延昌、賈至等十三位文儒並集集賢院待詔，以示寵幸。可見有唐一代，文儒並重是一直存在的，上層統治階級一直保持著高調的姿態維護儒學的地位和文學的發展。

李華是盛唐古文的代表作家，他的古文創作也是儒文並重的。在《揚州功曹蕭穎士文集序》、《贈禮部尚書孝公崔沔集序》、《楊騎曹集序》以及《祭亡友揚州功曹蕭公文》中，儒文互滲的表現極其明顯。這幾篇古文具有很強的代表性，無論從文學價值角度看，還是從儒學角度看，李華古文都極具理論意義。如《贈禮部尚書孝公崔沔集序》中所言：「偃商歿而孔伋、孟軻作，蓋六經之遺也。屈平、宋玉哀而傷，靡而不遠，六經之道遜矣。」〔註45〕孔伋、孟軻乃孔子之後儒學大師，屈平、宋玉乃最早自覺進行文學創作的代表，李華以「六經」統攝，實將二者互融以示文儒的不可分離。

三、儒文衝突與調適

初盛唐儒文並重的做法削弱了魏晉六朝以來的儒、文之間的壁壘，使得儒、文二者的矛盾有所緩解。當然，這並不能說儒、文之間能夠相安無事，平行發展，實際上，唐代儒、文之間依然存在著矛盾和衝突。只是這種矛盾和衝突在不斷地進行調適，以求達到二者最佳融合狀態。儒、文的相互衝突還是要從唐代古文創作說起，因為唐代的古文創作有「以儒抑文」的傾向。《新唐書·文藝傳》云：

> 唐有天下三百年，文章無慮三變。高祖、太宗，大難始夷，沿江左餘風，締句繪章，揣合低卬，故王、楊為之伯。玄宗好經術，群臣稍厭雕琢，索理致，崇雅黜浮，氣益雄渾，則燕、許擅其宗。是時，唐興已百年，諸儒爭自名家。大曆、貞元間，美才輩出，擩嚌道真，涵泳聖涯，於是韓愈倡之，柳宗元、李翱、皇甫湜等和之，

〔註44〕李昉等編：《文苑英華》，北京：中華書局，1982年，第4945頁。
〔註45〕李昉等編：《文苑英華》，北京：中華書局，1982年，第3613頁。

排逐百家，法度森嚴，抵軼晉、魏，上軋漢、周，唐之文完然爲一王法，此其極也。若侍從酬奉則李嶠、宋之問、沈佺期、王維，制冊則常袞、楊炎、陸贄、權德輿、王仲舒、李德裕，言詩則杜甫、李白、元稹、白居易、劉禹錫，譎怪則李賀、杜牧、李商隱，皆卓然以所長爲一世冠，其可尚已。〔註46〕

《新唐書》是宋人編撰，這一論述是審視了有唐三百年的文學發展狀態，揭示唐代文學演變全景。「文章三變」這一概括是符合事實的，初唐高祖、太宗時期有六朝餘風，玄宗時期從「雕琢」走向「理致」，代宗時期則是突破魏晉、漢周之法，自創一法。這是文學發展路徑，儒學思想的動態也隱藏其中。「玄宗好經術」，引領一個時期文風轉變；代宗時期文人研求玩味「道眞」，深入探研聖人思想，風氣爲之大變。初、盛唐階段，文儒之士不斷用儒學對文學加以抑制，尋求質樸文風的出路。但是我們也應該看到《新唐書》的編撰者特別誇大了中唐崇儒的局面。

初唐文風受梁、陳餘風的薰染很深，崇尚華美、虛浮，唐太宗也頗受影響。文壇如此不振，文儒自當不斷進行勸諫。劉肅《大唐新語》卷三說：「太宗謂侍臣曰：『朕戲作豔詩。』虞世南便諫曰：『聖作雖工，體制非雅。上之所好，下必隨之。此文一行，恐致風靡。而今而後，請不奉詔。』」〔註47〕據記載唐太宗接受了虞世南的意見，說：「卿懇誠若此，朕用嘉之。群臣皆若世南，天下何憂不治。」由此可以窺見，初唐已有用儒學抑制文學的傾向。另有《新唐書‧選舉志》一事，可對此進行補充說明，其云：

大抵眾科之目，進士尤爲貴，其得人亦最爲盛焉。方其取以辭章，類若浮文而少實；及其臨事設施，奮其事業，隱然爲國名臣者，不可勝數，遂使時君篤意，以謂莫此之尚。及其後世，俗益媮薄，上下交疑，因以謂按其聲病，可以爲有司之責，捨是則汗漫而無所守，遂不復能易。嗚呼，乃知三代鄉里德行之舉，非至治之隆莫能行也。太宗時，冀州進士張昌齡、王公謹有名於當時，考功員外郎王師旦不署以第。太宗問其故，對曰：「二人者，皆文采浮華，擢之將誘後生而弊風俗。」其後，二人者卒不能有立。〔註48〕

〔註46〕歐陽修、宋祁：《新唐書》，北京：中華書局，1986年，第5725～5726頁。
〔註47〕劉肅：《大唐新語》，臺北：商務印書館，1937年，第28頁。
〔註48〕歐陽修、宋祁：《新唐書》，北京：中華書局，1986年，第1166頁。

可見，初唐已經認同文風奢靡的危害，對社會風氣的不良影響。唐太宗曾說：「臺榭取其避燥濕，金石尚其諧神人，皆節之於中和，不繫之於淫放。」（《帝京篇十首並序》）〔註49〕這種追求中和之美的藝術要求，是不好把握的，及其容易滑向奢靡文風的一方。所以，初唐社會對魏晉之後的文風，並沒有全面的批判和否定。《隋書‧文學傳序》的編撰者魏徵等的看法，說明了這一點。序云：

> 江左宮商發越，貴於清綺，河朔詞義貞剛，重乎氣質。氣質則理勝其詞，清綺則文過其意，理深者便於時用，文華者宜於詠歌，此其南北詞人得失之大較也。若能撮彼清音，簡茲累句，各去所短，合其兩長，則文質斌斌，盡善盡美矣。

> 梁自大同之後，雅道淪缺，漸乖典則，爭馳新巧。簡文、湘東，啟其淫放，徐陵、庾信，分路揚鑣。其意淺而繁，其文匿而彩，詞尚輕險，情多哀思。格以延陵之聽，蓋亦亡國之音乎！周氏吞併梁、荊，此風扇於關右，狂簡斐然成俗，流宕忘反，無所取裁。

> 高祖初統萬機，每念雕雕爲樸，發號施令，咸去浮華。然時俗詞藻，猶多淫麗，故憲臺執法，屢飛霜簡。煬帝初習藝文，有非輕側之論，暨乎即位，一變其風。其《與越公書》、《建東都詔》、《冬至受朝詩》及《擬飲馬長城窟》，並存雅體，歸於典制。雖意在驕淫，而詞無浮蕩，故當時綴文之士，遂得依而取正焉。所謂能言者未必能行，蓋亦君子不以人廢言也。〔註50〕

因而，龍朔初，文壇又開始向六朝回歸。這時的儒學家以王、楊、盧、駱爲代表，開始用儒學抑制這種文風，還試圖通過創作實踐來改變這一弊端。楊炯的《王勃集序》說王勃的文風是「壯而不虛，剛而能潤，雕而不碎，按而彌堅」〔註51〕。後之沈佺期、宋之問等追求藝術技巧的文人也在自覺探求文學之道。唐代文學發展到陳子昂，則是眞正引儒抑文。他的《修竹篇並序》中說：「漢魏風骨，晉宋莫傳，……采麗競繁，而興寄都絕。」〔註52〕是對「文章道弊五百年」的批判，他所倡導的「風骨」、「興寄」，是從儒家角度提出的。

〔註49〕彭定求等編：《全唐詩》，北京：中華書局，1979年，第1頁。
〔註50〕魏徵，令狐德棻：《隋書》，北京：中華書局，1982年，第1730頁。
〔註51〕盧照鄰、楊炯：《盧照鄰集‧楊炯集》，北京：中華書局，1980年，第36頁。
〔註52〕陳子昂：《陳子昂集》，北京：中華書局，1962年，第15頁。

　　文學創作發展到盛唐時，隨著儒學的進一步覺醒，文人普遍追求「風骨」，而反對纖弱、雕琢、華而不實的文風。我們認為，盛唐文風整體呈現出多彩的狀態，加之儒學覺醒並持續影響文人思想，這一時期便是儒學與文學的調適階段，尤以盛唐古文家為代表。

　　在儒家文化的渲染下，在儒學覺醒的推動下，文儒之士普遍存在著一種深厚的儒家情結。這便是強烈的參與意識、深厚的倫理關懷、遠大的精神志趣和高尚的道義情操的結合。古文家尊崇儒學但卻又不獨尊儒學，他們尊儒而不偏廢藝術技巧，不失性靈，求新求變的手段和思想不斷在發揮作用。這一時期的作品（尤其是古文）藝術水平很高，可以說是達到了儒與文的高度統一境界。這種調適經歷了一個漫長的過程，最終達到了「文質彬彬」的狀態。這裡需要辨明一點，那就是盛唐古文並不都是文與質平分秋色，而是有的文勝於質，有的質勝於文，有的文質彬彬，但總體而言，「儒」「文」關係達到了最平衡的狀態。

　　盛唐儒、文之間的調適，主要貢獻者是李華、蕭穎士、賈至、元結、獨孤及、梁蕭、柳冕諸人。他們這些人，形成了一股強勁的儒學覺醒思潮。李華在《贈禮部尚書孝公崔沔集序》中說：「文章本乎作者，而哀樂繫乎時。本乎作者，六經之志也；繫乎時者，樂文武而哀幽厲也。」〔註53〕蕭穎士在《贈韋司業書》中說：「孔聖斷唐虞以下，刪帝王之書，因《魯史記》而作《春秋》，託微詞以示褒貶。全身遠害之道博，懲惡勸善之功大。」〔註54〕而元結在《劉侍御月夜宴會》中也說：「文章道喪蓋久矣，時之作者，煩雜過多，歌兒舞女，且相喜愛，繫之風雅，誰道是邪？」〔註55〕李、蕭二人從正面述儒學之道，強調文學創作的導向；而元結則是從反面對當時文學現象進行了批判，強調文學創作的重道傳統。

　　總之，儒文衝突與調適經歷了長達百年的歷史，在盛唐達到了統一，或者說走向了融合。從古文的求新求變到古文與儒學的互滲，再到儒文之間的契合，其間的經歷和發展是曲折的。但無論怎樣，古文的發展最終建構了盛唐崇重儒學的基礎，對促進唐代儒學覺醒起到了無可限量的作用。

〔註53〕李昉等編：《文苑英華》，北京：中華書局，1982年，第3613頁。

〔註54〕李昉等編：《文苑英華》，北京：中華書局，1982年，第3494頁。

〔註55〕元結撰，孫望校：《新校元次山集》，臺北：世界書局，1964年，第37頁。

第三節　創作影響層面

　　李華古文創作的動因與盛唐儒學覺醒互爲條件和結果；而古文的新變則是盛唐儒學覺醒的重要體現。但是古文創作的影響對盛唐崇重儒學思想的建構也在發揮著作用，只是這種作用往往體現在古文家所創造的作品裏。以李華、蕭穎士爲代表的盛唐文學家，其古文創作的影響極爲深遠。從橫向方面說，李華對同代古文家的創作影響很大，他們之間往往相互借鑒，例如李華與蕭穎士、崔沔等人交遊是典型案例；從縱向方面講，後世古文家對李華的古文創作技巧以及古文創作理論都有繼承和發揚，但更多的則是變通與創新，例如韓愈和柳宗元等，有承繼李華古文思想的痕跡。綜合起來看，李華崇重儒學思想得到了較爲全面的認可，這對古文創作導向以及後世儒學的發展傾向不無影響。從唐代儒學到宋代理學是一大轉變，而這種轉變不是陡然間形成的，其間所需要的過渡橋樑之一便是古文創作所提倡的崇重儒學思想。

一、橫向比較——影響同代古文家

　　在盛唐古文界，李華是執牛耳的人物。獨孤及《檢校尚書吏部員外郎趙郡李公中集序》云：「天寶中，公與蘭陵蕭茂挺、長樂賈幼幾勃焉復後，振中古之風，以宏文德。公之作本乎王道，大抵以五經爲泉源，抒情性以託諷，然後有歌詠；美教化，獻箴諫，然後有賦頌；懸權衡以辯天下公是非，然後有論議；至若記序編錄、銘鼎刻石之作，必採其行事以正褒貶，非夫子之旨不書。故風雅之指歸，刑政之本根，忠孝之大倫皆見於詞。於時文士馳騖，颭扇波委，二十年間，學者稍厭《折楊》、《皇華》而窺《咸池》之音者什五六，識者謂之文章中興，公實啓之。」〔註56〕獨孤及此言，涉及到李華的交友，即與李華志同道合之人；關注李華古文創作的內容、技法、擅長的文體以及文章的思想內涵等。獨孤氏謂李華開啓了「文章中興」的先河，可謂的論。雖未能得窺李華全部文章，但從現存十五種文體百餘篇古文來看，與李華交遊之人可謂甚多，其中不乏在政界和文壇有影響的文人志士。

　　李華與蕭穎士年歲相仿，賈幼幾、獨孤及、梁肅、柳冕、元結等皆在其後。史論記載，似乎是蕭穎士的文法略高於李華，如唐李肇的《國史補》云：「李華《含元殿賦》初成，蕭穎士見之曰：『《景福》之上，《靈光》之下。』

〔註56〕董誥等：《全唐文》，北京：中華書局，1983年，第3946頁。

華著論言龜卜可廢，可謂深識之士矣。以失節賊庭，故其文殷勤於四皓、元魯山，極筆於權著作，心所愧也。」〔註57〕《國史補》所論主要在三個方面，其一爲《含元殿賦》的地位，其二爲李華論龜卜之文可廢，三爲李華失節心有所愧，積極向權貴獻媚。這三點需要詳細考辨，暫不陳述。然《新唐書》本傳所載，並未將《國史補》記載的任何一點納入，但蕭、李優劣的區分依然有相關印記，傳云：「華文辭綿麗，少宏傑氣，穎士健爽自肆，時謂不及穎士，而華自疑過之。因著《弔古戰場文》，極思研榷，已成，污爲故書，雜置焚書之庋。它日，與穎士讀之，稱工，華問：『今誰可及？』穎士曰：『君加精思，便能至矣。』華愕然而服。」〔註58〕然而，「時謂不及穎士」的記載，是不符合歷史事實的。李華的古文創作確實高過蕭穎士，從現存李華和蕭穎士的作品比較，李華是遠勝於蕭穎士。當然，蕭穎士的集子較李華散佚的多，已無法窺其全貌，此種比較似乎欠妥。但是，我們可以從歷代文人對李華的評論中，肯定李華首屈一指的古文家地位。

梁肅《補闕李君前集序》言：「唐有天下幾二百載，而文章三振。初則廣漢陳子昂以風雅革浮侈，次則燕國張公說以宏茂廣波瀾。天寶以還，則李員外、蕭功曹、賈常侍、獨孤常州比肩而出，故其道益熾。」〔註59〕李華與蕭穎士等「比肩而出」，但李華的影響是高於其他幾位的。所以，梁肅在《爲常州獨孤使君祭李員外文》中說李華是：「自五百年，風雅陵夷，假手於兄，鬱爲宗師。」〔註60〕而權德輿則在《兵部郎中楊君集序》中肯定了李華的文壇壇主地位，其云：「自天寶已還，操文柄而爵位不稱者，德輿先大夫之執曰趙郡李公遐叔、河南獨孤公至之，狎主時盟，爲詞林龜龍，止於尙書郎、二千石。」〔註61〕至少，從現有材料看，李華的古文地位是盛唐最高的。這裡費如此筆墨確立李華地位，方便我們理解李華對同時代古文家的影響。

其影響之一：無事不可爲文。

獨孤及《檢校尙書吏部員外郎趙郡李公中集序》對李華作品進行了分類，頗具創建，他說：

　　其中陳王業則《無疆頌》；主文而譎諫則《言醫》、《含元殿賦》；

〔註57〕李肇、趙璘：《唐國史補・因話錄》，上海：上海古籍出版社，第20頁。
〔註58〕歐陽修、宋祁：《新唐書》，北京：中華書局，1986年，第5776頁。
〔註59〕李昉等編：《文苑英華》，北京：中華書局，1982年，第3626頁。
〔註60〕李昉等編：《文苑英華》，北京：中華書局，1982年，第5166頁。
〔註61〕李昉等編：《文苑英華》，北京：中華書局，1982年，第3630頁。

敦禮教則《哀節婦賦》、《靈武二孝贊》；表賢達盛德則《崔賓客集序》、《元魯山碣》、《房太尉德政碑》、《平原張公頌》、《梁國李公傳》、《德先生誄》、《權著作墓誌》、《李太夫人傳》、《盧夫人頌》；一死一生之間抒其交情則《祭蕭功曹》、《劉評事》、《張評事文》；吟詠情性、達於事變則《詠古詩》；思舊則《三賢論》；辨卿大夫之族姓則《盧監察神道碑》；自敘則《別相里造》、《范倫序》，詮佛教心要而合其異同則《南泉眞禪師》、《左溪郎禪師碑》。其餘雖波瀾萬變，而未始不根於典謨。〔註62〕

蕭穎士存文三十一篇，篇篇敘事，文章極具存史性質。獨孤及的《毗陵集》〔註63〕世有傳本，所做古文雖然應制之作較多，但也可稱得上事事皆可爲文。元結的《元次山集》較獨孤及《毗陵集》的不同之處在於，元結古文不僅寫事、應制，更多的則加入了說理的成分。蕭氏、獨孤氏、元氏的古文中皆有李華「無事不可爲文」的影子。

其影響之二：文與質相得益彰。

李華強調文與質二者不可偏廢一方，其有《質文論》一篇專論足可說明問題。此文可以說是同時代古文家引以爲戒的典範論文。蕭穎士的《贈韋司業書》、《送劉太眞詩序》、《清明日南皮泛舟序》等，皆是文質相依的好文。蕭、李二人或許是志趣一致，相互影響。獨孤及的序文最能體現他文質並重的創作傾向，其五十一篇序體文，體制絕大多數都簡明短小，但其間朋友之義、同好之情皆能據以表達。如他的《送張處士申還舊居序》說：「海水揚波久矣，故昆蟲草木，得遂本性……天鍾靜於子，而博之以文……吾於是見全人之操矣，了知白雲上下，蓋無心自出；黃鶴飛去，當有時而來。他年孤舟，冀再會於五湖之口。」〔註64〕文情並茂是他文與質融合的表現之一。獨孤及師從蕭穎士，不可謂不受其影響；又李華與蕭穎士交遊，影響蕭穎士古文創作當無可置疑，對蕭穎士之徒獨孤及也不無影響，所謂「狎主時盟」亦可據此窺探。上述所引獨孤氏序文，有明顯借鑑李華的地方。

其影響之三：人品與文品並重。

〔註62〕董誥等：《全唐文》，北京：中華書局，1983年，第3947頁。

〔註63〕孤獨及撰，劉鵬、李桃校注，蔣寅審定：《毗陵集校注》，瀋陽：遼海出版社，2007年。

〔註64〕李昉等編：《文苑英華》，北京：中華書局，1982年，第3744頁。

《新唐書‧李華傳》有云：「華少曠達，外若坦蕩，內謹重，尚然許，每慕汲黯爲人。」〔註65〕其所交之人，不僅文章出色，人品在當時士大夫中也是多可嘉許的。如《舊唐書‧獨孤郁傳》說獨孤及：「天寶末與李華、蕭穎士等齊名。」〔註66〕《舊唐書‧范傳正傳》說：「范傳正字西老，南陽順陽人也。父倫，戶部員外郎，與郡人李華敦交友之契。」〔註67〕《舊唐書‧趙曄傳》更是將當時名聲較高者一一列舉，傳云：「曄性孝悌，敦重交友，雖經艱危，不改其操。少時與殷寅、顏眞卿、柳芳、陸據、蕭穎士、李華、邵軫，同志友善，故天寶中語曰：『殷、顏、柳、陸，蕭、李、邵、趙』，以其重行義，敦交道也。」〔註68〕諸如殷寅、顏眞卿、柳芳、陸據、蕭穎士、李華、邵軫等人，他們人品與文品相當，可謂文如其人。和李華齊名的蕭穎士更是「樂聞人善，以推引後進爲己任，如李陽、李幼卿、皇甫冉、陸渭等數十人，由獎目，皆爲名士。」〔註69〕其所交遊者還有孔至、賈至、源行恭、張有略、族弟季遐、劉穎、韓拯、陳晉、孫益、韋建、韋收等等。與蕭、李交遊的文人達數十人，這些文學家在當時皆有一定的地位，他們中的一部分形成「蕭李」文人集團，在盛唐時期主導並影響著文學創作的走向。

李華對同時代古文家的影響，更重要的是思想方面，他崇重儒學，以此號令，隨從者自當積極響應。唐代自安史之亂開始走下坡路，社會風氣衰敗，而以李華爲首的諸多古文家團體，也自覺擔任起與社會不良風氣抗爭的職責。他們的積極努力，爲「唐代中興」的到來是作出了貢獻的。

二、縱向比較──影響後世古文家

李華等人的古文創作主張，對後世的影響巨大的。他們從理論和實踐上爲古文運動高潮的到來做了準備。清代蔣湘南作《唐十二家文選序》說：「唐之文凡三變：初則王、楊、盧、駱沿六朝之格，而燕、許爲大宗；繼則元、梁、獨孤牽東漢之緒，而蕭、李爲最雄；至昌黎先生出，約六經之旨，然後炳焉與三代同風。」〔註70〕蔣氏肯定了李華、蕭穎士等人的貢獻，他們追求復古的思想

〔註65〕歐陽修、宋祁：《新唐書》，北京：中華書局，1986 年，第 5775 頁。
〔註66〕劉昫等：《舊唐書》，北京：中華書局，1975 年，第 4381 頁。
〔註67〕劉昫等：《舊唐書》，北京：中華書局，1975 年，第 4830 頁。
〔註68〕劉昫等：《舊唐書》，北京：中華書局，1975 年，第 4907 頁。
〔註69〕歐陽修、宋祁：《新唐書》，北京：中華書局，1986 年，第 5769 頁。
〔註70〕蔣湘南：《七經樓文鈔》，鄭州：中州古籍出版社，1991 年，第 271 頁。

和行動對韓愈的影響很大。這種借復古而求新變的古文思想在當時的積極意義極其深遠。李華等人為清除文壇六朝風氣作出了努力，正如蔣氏所言「元次山、梁敬之、獨孤至之、蕭穎士、李遐叔諸人，欲變筆以矯文」。〔註71〕

前已引用近代學者陳寅恪先生所言，古文運動的發起，是由於蕭穎士、李華、獨孤及之倡導與梁肅的發揚。陳氏所言雖是針對研究古文運動對韓柳評價過高這一現象提出的，但卻從另一方面說明了韓柳古文運動是建立在盛唐古文創作的基礎上的。所以李嘉言先生曾說：「『文起八代之衰』這個漂亮的名詞，實不能讓韓愈專美。唐之文章，在韓之前已有二變，陳子昂始脫惡習為第一變；元結以還，蕭、李、獨孤等又發揚光大為第二變；及韓愈固已成熟，可謂第三變。」〔註72〕李華等人的古文創作起到了一個橋樑作用，沒有他們的努力，縱然古文運動會發起，但由於根基不足，必然會像建立在沙灘上的城堡，搖搖欲墜。李華等人從實踐到理論的努力，為古文運動打下厚重的根基。

李華古文對後世的影響主要體現在三個方面：一是開創了建設新文體的道路；二是形式與內容並重，思想與實踐結合；三是理論主張的接受與嬗變。新文體的提法似乎不甚準確，李華只有廳壁記這種文體是其新創，但他為新文體開闢道路所做出的努力是不可忽視的。以舊文體書寫新內容，反對單純的形式主義之風。內容注重實體寫作，不發空論，求達文道一統的境界。思想和實踐的結合前已有較多論述，茲不贅言。這裡要著重談的是第三點，理論主張的接受與嬗變。

文學理論是實踐的總結，但理論本身又有它的發展演變規律，有其歷史繼承性。從李華、蕭穎士、柳冕等人的理論中，我們能夠發現古文家的創作是感應社會現實，然後與社會現實作鬥爭，文章中往往充滿進步的現實意義。因為李、蕭這批古文家，較多受到儒學的政治觀、道德觀、文藝觀的影響，所以其古文理論常常與儒學思想相聯繫。李華在《贈禮部尚書孝公崔沔集序》中提出「六經之志」，這一思想被韓愈和柳宗元接受。如韓愈說：「行之乎仁、義之途，遊之乎《詩》、《書》之源。」〔註73〕柳宗元則說：「其歸在不出孔子。」〔註74〕此其一。

〔註71〕蔣湘南：《七經樓文鈔》，鄭州：中州古籍出版社，1991年，第271頁。

〔註72〕李嘉言：《韓愈復古運動的新探索》，《文學》第二卷第六期，第32頁。

〔註73〕韓愈撰，屈守元、常思春校注：《韓愈全集校注》，成都：四川大學出版社，1996年，第1455頁。

〔註74〕柳宗元：《柳宗元集》，北京：中華書局，1979年，第880頁。

　　安史之亂爆發後，隨著社會矛盾的不斷加深，古文家已經不滿足於用傳統儒學思想來闡發文意，而強調表情達志。李華《雜詩六首》說「孔光尊董賢，胡廣慚李固。儒風冠天下，而乃敗王度」，「求名不考實，文弊反成蠹」〔註75〕。而蕭穎士在安史之亂中，曾奔走於戎幕之間，論兵獻策。兩人都有較強烈的現實態度。梁肅的《朝散大夫使持節常州諸軍事守常州刺史賜紫金魚袋獨孤公行狀》說獨孤及：「博究五經，舉其大略，而不爲章句學。」〔註76〕柳冕則分儒學爲「君子之儒」和「小人之儒」，他在《與權侍郎書》中說：「明六經之義，合先王之道，君子之儒，教之本也。明六經之注與六經之疏，小人之儒，教之末也。今者先章句之儒，後君子之儒，以求清識之士，不亦難乎？」〔註77〕此段論及教之本末，頗有意義。將領會儒家經典的深淺度作爲判斷儒者層次的高低的做法，是有學術史和思想史意義的。從李華到蕭穎士再到獨孤及，他們推崇儒學更多的是將儒學作爲己用。而到了韓愈，這種思想更加突出。韓愈的《原道》說：「如古之無聖人，人之類滅久矣。」〔註78〕他認爲「聖人」是爲民除害的，「教之以相生養之道，爲之君，爲之師」〔註79〕。韓愈發揮儒學中大一統、正名分、反譖亂、明紀綱的思想，反對分裂割據，維護安定統一，這在當時藩鎮割據的局面下是有積極意義的。他的《守戒》就揭露了擁兵自重的藩鎮割據的社會現實：「帶甲荷戈，不知其多少。其綿地則千里，而與我壤地相錯，無有丘陵、江河、洞庭、孟門之關。其間又自知其不得與天下齒，朝夕舉踵引頸，冀天下之有事，以乘吾之便。此其暴於猛獸穿窬也甚矣。」韓愈對當時的社會現實認識得很清楚，因而他主張「得人」以治。他的「得人」主張與柳宗元在《封建論》中的看法極爲相似。

　　韓愈與柳宗元對統治階級的腐敗鄙陋和當時社會腐朽風氣的揭露和批評，充分體現了他「以天下爲己任」的儒學思想。由於韓愈的思想極爲複雜，但就儒學思想一方面論之，不免有管中窺豹之嫌，但唐代儒學的復興在韓、柳時期卻是毋庸置疑。

〔註75〕彭定求等編：《全唐詩》，北京：中華書局，1979年，第1586頁。

〔註76〕董誥等：《全唐文》，北京：中華書局，1983年，第5302頁。

〔註77〕董誥等：《全唐文》，北京：中華書局，1983年，第5353頁。

〔註78〕韓愈撰，屈守元、常思春校注：《韓愈全集校注》，成都：四川大學出版社，1996年，第2663頁。

〔註79〕韓愈撰，屈守元、常思春校注：《韓愈全集校注》，成都：四川大學出版社，1996年，第2663頁。

三、綜合比較——凸顯崇重儒學思想

余英時在論及宋元以後儒學存在、影響的規模和深度時說，通過政治、社會、經濟、教育種種制度的建立，儒學已一步步走近百姓日常生活的每一角落。上自朝廷的禮儀、典章、國家的組織與法律、社會禮俗，下至族規家法、個人行為的規範，凡此自上而下的一切建制之中都貫注了儒家的原則，正是由於建制化的發展，儒家才成為中國文化中的主流。這恰恰說明，儒學在唐代已經開始建構起來，否則，宋元以後的儒學不會如此深入人心。〔註80〕然而，唐代儒學思想不甚發達，但與生活密切相關的政治、社會、經濟、教育等方面，都存在儒學的教化和規範。應該說宋元以後儒學的深入人心是承接唐代儒學而發展起來的。

盛唐古文家通過努力，漸漸在士階層樹立起儒學思想，其手段便是與儒學密切相關的古文創作。唐代那一批古文家，均以「文儒」著稱。《新唐書‧元德秀傳》有這樣記載元德秀、蕭穎士、劉迅、李華等人的儒者行為。儒學思想無處不在，儒學地位也深入人心。

綜合比較唐代社會狀態，當初唐沿襲六朝奢靡文風時，文人就會自覺抵制這種與儒學思想格格不入或者說與儒家倡導的社會風氣相悖的行為。初唐革除豔靡文風，經過了漫長的時間，可以說是從上到下的一種社會風氣的扭轉。然而，在大的社會背景下，唐代則是儒、釋、道三家並行。我們可以發現，任何時候，只要當佛、道開始盛行，文人就會自覺感知儒學的危機，因而常常是以「復古」手段在文學界撐出一面旗幟。而要想復古，就要尋求一種載體，傳統的詩體侷限很大，因而文人們把目光投向了與儒學有著深厚淵源的古文文體。到了中唐，這種好古之風興起。《舊唐書‧儒學傳》言：「大曆、貞元之間，文字多尚古學，效揚雄、董仲舒之述作，而獨孤及、梁肅最稱淵奧，儒林推重。（韓）愈從其徒遊，銳意鑽仰，欲自振於一代。洎舉進士，投文於公卿間，故相鄭餘慶頗為之延譽，由是知名於時。」〔註81〕可見，獨孤及、梁肅、韓愈等都崇尚古學，這種風氣與崇尚古文結合在一起，共同凸顯了唐代崇重儒學的思想。

〔註80〕余英時：《現代儒學論》，上海：上海人民出版社，1998 年，第 230、237 頁。
〔註81〕劉昫等：《舊唐書》，北京：中華書局，1975 年，第 4195 頁。

第四章 古文創作的發展與唐代儒學的繁榮

　　唐代古文自李華、蕭穎士等古文家開始，一直延續到韓愈；韓愈之後，又有杜牧、皮日休、羅隱、陸龜蒙等古文家承接而起，直至五代時，古文運動衰弱，其間經歷的時期長達兩個世紀。古文創作的發展以盛唐的繁榮和韓愈、柳宗元古文創作的高峰為代表，這兩者的繼承關係十分緊密。而且，唐代儒學的覺醒乃至復興也是在這一階段。所以，研究李華古文創作與盛唐儒學覺醒，不可能不關注其後續的發展。

第一節　古文創作的發展

　　古文創作從盛唐開始，延續到韓愈、柳宗元達到了頂峰。轟轟烈烈的古文運動，在中唐時期開始上演。隨著韓愈、柳宗元的離世，古文運動消沉下去。發展到晚唐，古文以一種新的姿態——雜文，開始繁榮起來，我們姑且把它稱為古文運動的「餘絮」。

一、韓柳古文創作的高峰

　　說韓愈和柳宗元是古文創作的高峰，不僅僅因為他們倡導並發起了古文運動。更是因為他們的古文創作有兩大特色：一是復古筆法中卻能體現現實意義；二是古文形式的大為轉變。

　　韓、柳古文的現實性為後世的現實主義文學創作奠定了基礎，無論是詩、詞、文、賦，或是小說、戲曲，都受其現實性的影響。韓、柳二人的古

文在題材的發掘、主題的深化方面都進行了有益的探索。他們的古文針對性強，筆法鮮明而極富生動性。例如韓愈在《答李翊書》中曾主張「惟陳言之務去」；在《答劉正夫書》中則說古文寫作要「自樹立，不因循」這正是他寫作古文所倡導的創新思想。韓愈雖然倡導復古，但卻極力反對因襲古人。柳宗元的古文，有真切之感，有如清泉映天，清澈潔淨。柳宗元在現實方面，比韓愈做得更加到位。他的文章多有對現實的認識和批判，尤其是對苦難人民的同情和憐愛。

以柳宗元為例，能夠較完整地呈現古文創作的現實性。中唐時期，強藩割據嚴重，由此而主張實行分封制，分裂國家意圖甚明。柳宗元由此而作《封建論》，結合周、秦、漢、唐的史實，論述了郡縣制的優越性，駁斥了鼓吹建制的各種謬論，抨擊了藩鎮割據，具有鮮明的現實意義。柳宗元常常對小的事物進行深入挖掘，以小見大，生發出現實意義。如他的《鶻說》，一反鶻的兇猛形象，顛覆傳統說理方式。諷刺了那些表面溫順，實則陰險狠毒之人。他是借鶻抒憤，又情兼諷刺，犀利深沉，委婉含蓄。此篇《鶻說》與李華的《鵶執狐記》有異曲同工之妙。還有《對賀者》一文，是寫自己的不幸遭遇，抒發心中的憤懣之情，這是一篇極好的雜文，對晚唐雜文體有一定影響。

韓、柳二人通過對古代著作的深入研究，汲取前人留下的精華，將其融合到自身的社會環境中，不斷加強和豐富現實主義創作方法。他們二人都特別欣賞屈原、孟子、司馬相如、揚雄、荀卿、墨翟等人，這些都是先秦著名的文學家，他們的筆法各具特色，而都以現實為基礎。韓、柳繼承了先秦兩漢以來的寫實傳統，使得他們在古文界乃至整個文壇成為聲名卓著的人物。

韓、柳二人的古文創作形式，較盛唐古文家更加富於變化。他們二人的文章讀來如行雲流水一般，政論文也是如此。文章逐層推進，次第深入，歷數史實，對比論證，說理透徹，又給人以縝密、水到渠成之感。例如他提出「豐而不餘一言，約而不失一辭，其事信，其理切」〔註1〕，就是要求寫文章要以注重事理為目的。在韓愈看來，古文的「簡約」要根據不同的事理進行創作。他在《答胡生書》中說：「志深而喻切，因事以陳辭。」〔註2〕目的在

〔註1〕韓愈撰，屈守元、常思春校注：《韓愈全集校注》，成都：四川大學出版社，1996年，第1676頁。

〔註2〕韓愈撰，屈守元，常思春校注：《韓愈全集校注》，成都：四川大學出版社，1996年，第1540頁。

於糾正前人提出的文體「尚簡」的傾向。因為，從劉知幾到權德輿，很多古文家都主張古文創作要「崇尚簡古」，他們認為文章繁複是走向浮豔奢靡的一種表現。為了能夠杜絕初唐的浮豔之風，一定要文簡意賅。而韓愈則不同，他提出文無難易，唯其是爾，內容的豐約應該由事理來決定，語言的形式要適應內容的要求。韓愈如此為文，開拓了藝術表現的天地。所以錢大昕說：「文有繁有簡，繁者不可減之使少，猶之簡者不可增之使多。《左氏》之繁勝於《公》、《穀》之簡，《史記》、《漢書》互有繁簡，謂文未有繁而能工者，非通論也。」〔註3〕這也是繼承了韓愈的觀點。

　　韓愈要求古文創作從字句到文章全面創新。駢體文的浮豔之詞是「陳言」，從抄襲的角度看，原搬套用儒家經典也是「陳言」。他的《答李翊書》就說「惟陳言之務去」〔註4〕，要求「不襲蹈前人一言一句」（《南陽樊紹述墓誌銘》）〔註5〕。這說明，韓愈已經意識到語言、文章要隨時代的變化而變化，所以為文要富有獨創性。藝術形式的獨創，雖非創作的生命力所在，但卻是藝術最重要的表現形式之一。另外，值得一提的是，韓愈認為古文創作要「正聲諧韶濩，勁氣貫金石」，即要注重文章的氣勢。後來桐城派古文家劉大櫆從字句音節方面尋求文章氣勢，是韓愈觀點單純向形式方面的發揮，是韓愈重視文章氣勢的一種嬗變。

二、晚唐古文運動的延續

　　晚唐社會動盪，文壇也發生了巨大的分化。就古文方面說共存在兩種傾向，一方面是駢文的重新興起，聲勢漸漲，形成一種能夠與古文相抗衡的衝擊力；另一方面是古文進一步向縱深層次發展，導致了雜文體的繁榮，這是與駢文抗爭的一種主要文體形式。關於駢體文的復興，這裡列舉幾點原因以供參考。

　　第一，在一片危機和腐敗的情境中，晚唐統治者追求安逸享樂的生活。他們不相信，也不願去接受堂堂大唐王國會滅亡的事實，所以統治者常常用粉飾太平的辦法使自己沉溺聲色之中。

〔註3〕錢大昕：《潛研堂集》，上海：上海古籍出版社，2009年，第607頁。
〔註4〕韓愈撰，屈守元、常思春校注：《韓愈全集校注》，成都：四川大學出版社，1996年，第1455頁。
〔註5〕韓愈撰，屈守元、常思春校注：《韓愈全集校注》，成都：四川大學出版社，1996年，第2640頁。

　　第二，文學要適應這種粉飾太平的傾向，形式主義之風泛濫起來，特別是華豔的「香奩體」和來自民間的曲子詞的盛行。《花間集序》記載「綺筵公子，繡幌佳人，遞葉葉之花箋，文抽麗錦，舉纖纖之玉指，拍按香檀」〔註6〕，詩詞成了粉飾太平、追求安逸的工具。

　　第三，這一時期的文人，諸如徐夤、吳融、杜光庭等人，依附強藩政權，創作上多是取悅於藩主。《四六詩話序》說這些文人在創作上「但山川草木，雪風花月，或以古之故實爲景題賦，於人物情態爲無餘地；若夫禮樂刑政、典章文物之體，略未備也」〔註7〕。他們的創作傾向是完全與韓、柳古文運動背道而馳的。

　　但是，形式主義的再興，並沒有造成齊、梁文風的駢體文。魯迅曾指出：「唐末詩風衰落，而小品文放了光輝。但羅隱的《讒書》，幾乎全部是抗爭和激憤之談；皮日休和陸龜蒙自以爲隱士，別人也稱之爲隱士，而看他們在《皮子文藪》和《笠澤叢書》中的小品文，並沒有忘記天下，正是一塌糊塗的泥塘裏的光彩和鋒芒。」〔註8〕除了魯迅先生提到的三人，晚唐的杜牧和李商隱是唐代卓有成就的詩人和古文家，我們將以「小李杜」爲例，分析晚唐古文創作的特點，看看古文運動的「餘絮」所放出的光彩。

　　杜牧在進行古文創作時，繼承韓、柳的傳統。在思想上獨尊儒術，自覺地承襲韓愈。他在《書處州韓吏部孔子廟碑陰》中稱讚韓愈說：「自古稱夫子者多矣，稱夫子之德莫如孟子，稱夫子之尊莫如韓吏部。」〔註9〕這種評價，是相當高的。所以他的古文主張也與韓愈相似，認爲創作要有充實的現實內容和積極的社會作用，他極力批判形式主義之風。他的《答莊充書》這樣言到：

　　　　凡爲文以意爲主，以氣爲輔，以辭采章句爲之兵衛……，苟意不先立，止以文采辭句繞前捧後，是言愈多而理愈亂，如入闤闠，紛紛然莫知其誰，暮散而已。是以意全勝者，辭愈樸而文愈高；意

〔註6〕董誥等：《全唐文》，北京：中華書局，1983年，第9306頁。

〔註7〕陳鴻墀：《全唐文紀事》，卷一二一引《四六詩話序》，北京：中華書局，1962年，第1481頁。

〔註8〕魯迅先生紀念委員會編纂：《魯迅全集》，上海：上海復社出版社，1938年，第171頁。

〔註9〕杜牧撰，吳在慶校注：《杜牧集繫年校注》，北京：中華書局，2008年，第682頁。

不勝者，辭愈華而文愈鄙。是意能遣辭，辭不能成意。大抵爲文之
旨如此。〔註10〕

　　在思想內容方面，杜牧與韓愈、柳宗元，與陳子昂、李華、蕭穎士、獨
孤及、元結等人又有不同。原因就是他們所處的社會時代不一樣。從陳子昂
到李華他們是處在社會向上發展期，因而能他們的文章重在治國、平天下。
從李華到元結，這些文人處在大的社會動亂時期，儒學復古思潮盛行，因而
他們的文章將儒學與文學融合起來。而到了杜牧時期，唐代社會已經是強弩
之末了，大勢已去，江河日下，所以杜牧的古文更加注重的是與現實鬥爭中
的問題。《上李中丞書》中說：

　　　性頗固，不能通經，於治亂興亡之跡，財賦甲兵之事，地形之
險易遠近，古人之長短得失……必期不辱恩獎。〔註11〕

　　杜牧還有諸如《罪言》、《戰論》、《守論》等「論兵」之文。他用批判的
眼光深入透析社會矛盾，表現出他傑出的觀察力和判斷力。這幾篇「論兵」
之文，同樣也顯示出了杜牧的軍事才能。《罪言》一文尤具特色，他橫覽天
下，縱觀古今，條分縷析，見解十分精闢深刻。如文中論曰：「自元和初至今
二十九年間，得蜀、得吳、得蔡、得齊，凡收郡縣二百餘城，所未能得唯
山東百城耳。土地、人戶、財物、甲兵，校之往年，豈不綽綽乎？」〔註12〕
他的這篇文章，後人稱之爲「經濟大文」。而且宋祁修《新唐書》時，曾在
《藩鎭傳論》中予以探錄。杜牧的《阿房宮賦》堪稱古文界的一篇奇文，
另外如《長城賦》、《華山賦》也都是極具特色的歷史題材古文，有盛唐古文
氣勢。

　　李商隱的古文篇數不多，且他所作的「四六」文頗具特色，後世評價李
商隱的創作對文壇風氣的影響，多從這點入手。但是李商隱的古文成績不僅
僅在於他的「四六」，更多的則是序文、傳文所表現出的特色。例如他的傳記
文《李賀小傳》在寫李賀生平時，雜以怪異傳說，虛虛實實，浮想聯翩，通
過想像對傳主進行刻畫，在文末云：

〔註10〕杜牧撰，吳在慶校注：《杜牧集繫年校注》，北京：中華書局，2008 年，第 884
　　　～885 頁。
〔註11〕杜牧撰，吳在慶校注：《杜牧集繫年校注》，北京：中華書局，2008 年，第 860
　　　～861 頁。
〔註12〕杜牧撰，吳在慶校注：《杜牧集繫年校注》，北京：中華書局，2008 年，第 635
　　　頁。

　　嗚呼！天蒼蒼而高也，上果有帝耶？帝果有苑囿、宮室、觀閣之玩耶？苟信然，則天之高邈、帝之尊嚴，亦宜有人物文彩愈此世者，何獨番番（按，有作「眷眷」者，誤）於長吉而使其不壽耶？噫！又豈世所謂才而奇者不獨地上少，即天上亦不多耶？〔註13〕

　　這種以新奇的設想頌揚李賀，表達對其受到排斥的不滿。他的《齊魯二生》繼承了韓、柳的傳記文筆法，雜以小說家言語，展現知識分子的遭遇。他的議論之言意新語工，論辯色彩濃厚。

　　李商隱為文常常帶有新奇筆法，提出破天荒的獨特見解。例如他的《斷非聖人事》說：

　　害去其身，未仁也；害去其家，未仁也；害去其國，亦未仁也；害去其天下，亦未仁也；害去其後世，然後仁也。宜而行之，謂之義。子不肖去子，弟不順去弟，家國天下後世皆蒙利去害矣。不去則反宜。然而為之，堯、舜、周公未嘗疑，又安用斷？故曰：斷非聖人事。〔註14〕

　　文中認為聖人不存在斷與不斷的問題，其意圖就是對現實進行諷刺。他的《虱賦》、《蝎賦》借詠物進行諷刺。《虱賦》只有短短三十二字，通過寫蝨子咬人，來諷刺陰險貪婪之人。賦曰：「亦氣而孕，亦卵而成。晨鳧露鶴，不知其生。汝職惟齧，而不善齧。回臭而多，跖香而絕。」意思是說蝨子（阿諛貪婪之人）專咬敝服垢衣的顏回，而不咬華美衣服的盜跖，極具諷刺意義。

　　杜牧和李商隱是晚唐傑出的古文家，是古文運動的後勁。他們對晚唐古文的發展，做出了不可估量的貢獻。從某種意義上說，正是因為他們的努力（當然，還包括晚唐其他古文家），才使得古文能夠在宋代大放異彩，他們是古文發展必不可少的轉捩點。

第二節　從儒學覺醒到儒學繁榮

　　初唐是儒學覺醒的先聲期，到盛唐，儒學開始覺醒，直至中唐儒學復興。這之間的變化發展脈絡較為清晰。然而，從儒學覺醒到儒學復興，這期間經

〔註13〕 李商隱撰，劉學鍇、余恕誠校注：《李商隱文編年校注》，北京：中華書局，2002年，第2266頁。

〔註14〕 李商隱撰，劉學鍇、余恕誠校注：《李商隱文編年校注》，北京：中華書局，2002年，第2287頁。

歷的時間相對短暫。這與當時唐代的社會境況有關，也與文人積極的倡導和自覺意識到自身所承擔的儒學使命有關。儒學覺醒的迅速，更多是社會因素，而儒學的復興乃至繁榮，則更多的是人爲因素。

一、儒學覺醒的體現

陳寅恪認爲：「唐太宗崇尚儒學，以統治華夏，亦不過承繼南北朝以來正義義疏繁瑣之章句學耳。又高宗、武則天以後，偏進士詞學之選，明經一目僅爲中材以下進取之途徑，蓋其所謂明經者，止限於記誦章句，絕無意義之發明，故明經之科在退之時代，已全失去政治社會上之地位矣。然退之發起光大唐代古文運動，卒開後來趙宋新儒學新古文之文化運動，史證明確，則不容置疑者也。」〔註 15〕陳氏從社會的制度方面進行考究唐代儒學的覺醒，頗有見地，然其所論僅侷限於科舉考試一隅，不足以說明問題。下面我們將從唐代科舉制度、選官制度以及相關詔令來分析論證。

（一）科舉制度的儒文並重思想

唐代科舉，科目眾多。《新唐書‧選舉志》說：「其科之目，有秀才，有明經，有俊士，有進士，有明法，有明字，有明算，有一史，有三史，有開元禮，有道舉，有童子。而明經之別，有五經，有三經，有二經，有學究一經，有三禮，有三傳，有史料。此歲舉之常選也。」〔註 16〕通過《新唐書》所載，我們知道，唐代對四書五經，三傳三禮這些儒家經典十分重視，將其納入「國考」的範圍。當然，唐代的開明制度，給有其他特長的舉子們，也開啓了多扇大門。然而，唐代的科舉主要還是以明經和進士兩科爲主。清王鳴盛通過一系列的考證研究後，說：「大約終唐世爲常選之最盛者，不過明經、進士兩科而已。」〔註 17〕（卷八十一《取士大要有三》）毫無疑問，明經自然是發揚與重視儒學的表現。而在進士一科中，考的卻是詩文。而且在整個唐代的科舉考試中，進士是最搶眼的，以至於有「三十老明經，五十少進士」之說。終唐一代，詩文是與明經並重。傅璇琮先生的《唐代科舉與文學》中曾通過大量的史實，包括唐代的試策題，告訴我們是由於唐代詩歌的繁榮，

〔註 15〕陳寅恪：《金明館叢稿初編》，上海：上海古籍出版社，1980 年，第 287～289 頁。

〔註 16〕歐陽修、宋祁：《新唐書》，北京：中華書局，1986 年，第 1159 頁。

〔註 17〕王鳴盛：《十七史商榷》，北京：商務印書館，1959 年，第 865 頁。

促進了唐代科舉的發展。進士考試雖然在初唐與詩賦無關，但隨著唐代文學，尤其是詩歌、文賦的繁榮，促使了唐代進士科以詩賦取士。

傅璇琮先生認爲到了武則天時期，武則天爲了加強統治，在進士考試中增設了考試的門類，加強了文藝辭藻方面的選拔，網羅既有文采又有經學修養的人才來充實政權機構。〔註18〕所以，自武后開始，唐代的科舉考試就詩賦與經學並駕齊驅，共同影響並作用於唐代社會。然而，進士考試首場便考詩賦。晚唐詩人黃滔有詩云：「昨夜孤燈下，闌干泣數行。辭家從早歲，落第在初場。」〔註19〕大約從盛、中唐開始，唐代進士考試就定位三場，第一場考詩賦，第二場考帖經，第三場考策文。首場考詩賦，並不意味著經學地位的下降。有唐一代，對經學的重視程度常常以「國家法令」的形式頒布。

據《唐大詔令集》卷一百〇六所載，永隆二年八月有《條流明經進士詔》；貞元年間又有《條流洗禮經人敕》。詔書和敕令中明確規定明經考試的試題範圍和錄取原則。如《條流洗禮經人敕》中說：

> 王者設教，勸學攸先，生徒肄業，執禮爲本。故孔子曰：「不學《禮》，無以立。」又曰：「安上理人，莫善於《禮》。」然則《禮》者，蓋務學之本，立身之端，居安之大猷，致理之要道，屬辭比事，而不裁之以禮則亂；疏通知遠，而不節之以禮則誣。實百行之本源，爲五經之户牖，雖聖人設教，罔不會通。而學者遵行，宜有先後，自頃有司定議，計功記習，不量教化淺深，義理難易。遂使博學者例從冬集，習禮經者獨授散官。敦本勸人，頗乖指要。始務弘獎，以廣儒風。自今以後，明經習《禮記》及第者，亦宜冬集。如中經兼習《周易》若《儀禮》者，量減一選。應諸色人中習《三禮》者，前資及出身人，依科目例；白身人，依貢舉例。每經問大義三十條，試策三道，仍主司於朝官學官中，簡擇精通經術三五人聞奏。主司與同試問，質定通否。義策全通爲上等；轉加超獎，大義每經通十五條已上，策通兩道已上爲次等。依資與官，如先是員外試官者，聽依正員例，其習開元禮人，問大義一百條，試策三道，全通者爲上等；大義通八十條已上，策通兩道以上爲次等，餘一切並准習三禮例處分，其諸館學士，願習三禮及開元禮者並聽，

〔註18〕傅璇琮：《唐代科舉與文學》，西安：陝西人民出版社，2007年，第171頁。
〔註19〕彭定求等編：《全唐詩》，北京：中華書局，1979年，第8177頁。

仍永爲恒式。〔註20〕

　　設教之書主要是儒家經典，將儒家經典納入學習是唐代官學的根本，其目的主要是勸學和執禮。至於將所學內容納入考試範圍，則是從國家層面進行的制度建設。通過對敕令中對考試內容的規定，考試人員的選拔，錄取的原則等方面可以看出，唐代統治者推行的是儒文並重思想，並通過明經、科舉等考試形式，向社會宣揚這一思想。

（二）選官的制度與官吏的「儒養」

　　唐代的科舉制規定了一系列選官的制度，而且隨著科舉制度的不斷完善，選出來的官吏也更加符合統治階級的要求。選官制度這方面主要體現在唐王朝所頒布的各種法令上。國家要想運行，必定要有一套行之有效的管理辦法，而這些管理辦法集中體現在對官員的選拔上。官員選拔出來了，根據最高統治者（皇帝）的意願統治國家。他們也根據皇帝的需要，或者說是國家統治的需要協助皇帝制定一系列的規範、法令，頒布全國實施。所以，國家選拔出來的官吏應當而且必須具有一定的「水準」，否則國家統治無法進行，甚至還可能導致政權的淪喪。怎樣的官吏才是符合要求的，怎樣的官吏才是合乎統治者需要的？這是一個十分複雜而又極其簡單的問題。它的複雜性毋庸置言，而它的簡單性則在於前面的封建王朝已經給出了很多可供參考的答案，其中放之四海而皆準的一條原則，就是儒家統治思想。這種追溯到漢朝「罷黜百家，獨尊儒術」的思想，的確給了統治者一把萬能的鑰匙。

　　唐代的各種文書、詔令中有眾多關於選官制度的記載，後世對唐代官制的研究也有其深入。如《登科記考》、《唐尚書省郎官石柱題名考》、《唐御史臺精舍題名考》、《僕尚丞郎表》等，不但涉及唐代的官制，而且對官員的考證尤其深入。

　　在唐代的選官制度中，統治者很重視官員的「儒養」，也就是他們的儒學修爲。有才的人不一定會當上大官，相反，秉承中庸之道，凡事不瘟不火之人，反倒會爬的很高。有才之人，對束縛思想的儒家倫理有所怨言，因而他們不能潛心靜氣地服從統治，而統治者也不會重用他們。對儒家思想深信不疑，並遵從儒家思想、發揚儒家傳統文化的文人，逐漸有了「儒學修爲」，他們在行事中會不斷地貫徹這一點。所以說，唐代的文人雖然身處封建社會的

〔註20〕宋敏求編：《唐大詔令集》，北京：中華書局，2008 年，第 550 頁。

最繁榮時代，但依舊是在封建思想，帝王將相統治之下。他們只有培養自己的儒雅，提高自己的儒學修養才可能被統治者任用，成爲統治他人之人。儒學思想的根深蒂固就是如此形成的。李華、蕭穎士、獨孤及、元結都是文人，都是儒學思想的宣傳者，因而也多多少少充當統治者統治天下的工具。李、蕭、獨孤、元四人，都當過縣令以上的官職。

（三）崇尚儒學的最高指令——詔令

在唐代社會中，儒學、佛教、道教並行。然而精明的統治者早已認識到，只有儒學才可能成爲社會的主導思想。佛教是外來思想，且運用到實際統治中錯漏百出，它只能作爲一種精神麻醉的工具，而且要是精神麻醉過度，又會起到反作用，諸如那些躲進寺廟不勞而獲的人，就是鑽了佛教思想麻醉的空子。道教雖說土生土長，但畢竟有點「玄」。唐代統治者只是做了個順水推舟的事，將道教地位提高，其本質也只是爲了提高自己的地位，方便統治而已。於是儒家思想依舊是不可動搖的統治思想。《唐大詔令集》中卷一百○五的「崇儒」條，有八則詔令，其中《求儒學詔》、《崇太學詔》更是直接表明統治者推崇儒學的態度。《求儒學詔》前已徵引，這裡抄錄《崇太學詔》用與前者相互補充，更爲深入地說明問題。

> 理道同歸，師氏爲上，化人成俗，必務於學。俊造之士，皆從此途，國之貴遊，罔不受業。修文行忠信之教，崇祗庸孝友之德，盡其師道，乃謂成人。然後揚於王庭，考以政事，微之以理，仕之以官。實於周行，莫匪邦彥，樂得賢也，其在茲乎。朕志於求理，尤重儒術，先王設教，敢不底行。頃以戎狄多虞，急於經略，太學空設，諸生蓋寡。弦誦之地，寂寥無聲，函丈之間，殆將不掃。上庠及此，甚用憫焉〔焉〕。今寰縣乂寧，文武兼備，方投戈而講藝，俾釋菜以行禮。四科咸進，六藝復興，神人以和，化風浸美，日用此道，將無間然。其諸道節度觀察都防禦使等，朕之腹心。久鎮方面，眷其弟子，爲奉義方，修德立身。是資藝業，又恐干戈之後。學校尚微，僻居遠方，無所諮稟。山東寡聞，質疑必就於馬融；關西盛名，尊儒乃稱於楊震；負經來學，當集京師。並宰相朝官、及神策六軍將軍子弟，欲得習學者，自今以後，並令補國子學生。欲其業重籯金，器成琢玉，日新厥德，代不乏賢。其中身雖有官，欲附學讀書者亦聽。其學官、委中書門下即簡擇行業堪爲師範者充。

學生員數多少，所習經業考試等。並所供糧料，及緣學館破壞，要
量事修理。各委本司作條件聞奏，務須詳悉，稱朕意焉。——《崇
太學詔》〔註21〕

唐代的國子學、太學、四門學、廣文館相當於現在的大學。《崇太學詔》
的頒布，就是爲了更好地選拔政治人才。統治者「重儒術」，效法先王設教，
並以所教授的儒家經典傳授生徒。再通過選拔的方式，培養一批帶有儒家思
想意志的人員。通過科舉選拔的人員進入仕途，並從根柢上與皇帝思想保持
一致，成爲治理國家的股肱之臣。詔令中的「化人成俗，必務於學」從國家
層面上肯定了「學」的重要性，而「俊造之士，皆從此途」則是從途徑方面
肯定了「學」的意義性。儒學修養在於學經習禮，這種規定從統治上層確立，
以至於隨時影響人的言行舉止和思想觀念。

二、儒學復興的綿延

儒學復興並能夠綿延下去，主要在於人爲因素。從這一點來看，唐代古
文家所作出的努力是不可忽視的。

安史之亂是唐代政治的轉折點，同時也是唐代儒學發展的轉折點。爲應對
安史之亂後的社會危機，重建唐帝國的中央權威，文儒之士積極思考救世方略。
儒學的核心問題自禮樂開始向道德內轉，心性儒學成爲唐代後期儒學思考的核
心問題。以道統自任成爲中唐文儒的主體人格。學術轉型已露端倪，子學與史
學開始興盛，士人在回眸經典、興復古道之時，力圖究天人之際、成一家之言，
展現出追求理性化與個性化的學術特點。學術轉型進而刺激了中唐文學，在中
唐文儒的文學認定中，儒學與文學的平衡關係被打破，文學成爲明道與載道之
具，但文學的美學風格卻受到張揚，求新求變、尚奇尚怪與化理入詩、情理合
一成爲重要的美學特點，詩歌意境內斂，情調低沉。中唐的心性之學與主體人
格及學術志趣、美學追求，對於後來的宋學均有開啓之功。

據清萬斯同的《儒林宗派》卷七所考，繼獨孤及、梁肅之後，尚有歸崇
敬、于休烈、陸贄、陳京、啖助、趙匡、陸質、韋彤、暢當、林蘊、徐岱、
韓愈、李翱、權德輿等儒學家。〔註22〕唐代儒學在復興中，不斷綿延發展，
至宋代終而大興。

〔註21〕宋敏求編：《唐大詔令集》，北京：中華書局，2008 年，第 539 頁。
〔註22〕萬斯同：《儒林宗派》卷七，臺北：廣文書局，1971 年，第 4～7 頁。

結　語

　　李華作爲盛唐古文運動的先驅，同時也是盛唐儒學的傳播者、發揚者。李華一生都在不斷努力，爲儒學的復興和發展不斷地做著努力。李華存世文章不多，但足以管窺其儒學思想。較蕭穎士、元結等人，李華的思想可能更爲複雜。本篇論文的觀點只是個人的一些想法，距離李華眞正的思想也許很遠。本應持以「知人論世」觀念，探究李華古文創作與盛唐儒學之間的關係。但恐對史料把握不當，難以眞正探索事實眞相。至於思想的更高層面，只能據其存世作品歸納總結，又有管中窺豹之嫌。此文撰寫的定位是在盛唐的大曆史背景下，依據史書、史料、筆記等文獻，努力給李華儒學思想一個定位，但卻不可能完全眞實地接近。

　　李華集散佚嚴重，現存古文一百零八篇。通觀這一百零八篇古文，我們發現，李華表現出對儒學的極度崇敬。他大力推行復古思想，與陳子昂遙相呼應，但側重不同，頗能顯示出古文創新與改革思想。李華通過復古手段，對古文創作的手法、內容、題材等進行革新。他上承先秦兩漢傳統，創作了大量與當時流行的駢文相對立的新型散文──古文。需要指出的是，李華集有《前集》、《中集》和《後集》，可見其詩文數量不在少數，因諸多散佚，已不得窺其原貌，是爲遺憾。李華作爲唐代古文運動的先驅，爲古文發展奠定了一定的基礎。在李華古文創作的進程中，唐代儒學思想漸次覺醒。也就是說，盛唐之時，古文這種文體一經再現，倡導儒學思想者便以其作爲載體，通過創作、摹擬古文不斷表現唐代儒學思想。以李華的作品爲例，其創作中體現的儒學思想因子超越同時代的各位文學家；他把古文創作主張與儒學思想緊密結合起來。隨著復古思潮的大力復興，盛唐越來越重視對儒學的繼承和發展。李華這位重要的古文家，對盛唐儒學的覺醒起到了巨大的推動作

用。李華絕大部分時間身處社會上、下層的中間狀態，而早期與上層社會交往甚密，晚年則又屬於社會下層的代表。所以李華身上有社會各個階層的影子，從他的身上，我們能夠看到更多關於儒學覺醒的起伏跌宕。李華的古文創作不是抽象地進行哲學思辨或枯燥地討論政治、人生問題，而是在文章中表現出鮮明的個性，帶著濃鬱的情感，具有很高的文學價值。不僅如此，他尊崇儒家思想，行文中處處維護儒家思想體系。這不僅與個人有關，而且與盛唐崇重儒學也有密切的關係。儒學發展到盛唐階段，漸漸建立起一種機制（體系），以儒學思想的復興爲己任，上至高層統治階級，下至文人百姓，都對儒學有所推崇。盛唐的尊儒崇經成爲一種社會風氣，這就開啓了宋代理學的先聲。

附 錄

一、李華傳記

《舊唐書》卷一百九十下：李華字遐叔，趙郡人。開元二十三年進士擢第。天寶中，登朝爲監察御史，累轉侍御史，禮部、吏部二員外郎。華善屬文，與蘭陵蕭穎士友善。華進士時，著含元殿賦萬餘言，穎士見而賞之，曰：「景福之上，靈光之下。」華文體溫麗，少宏傑之氣，穎士詞鋒俊發，華自以所業過之，疑其諛詞。乃爲《祭古戰場文》，熏污之如故物，置於佛書之閣。華與穎士因閱佛書得之，華謂之曰：「此文何如？」穎士曰：「可矣。」華曰：「當代秉筆者，誰及於此？」穎士曰：「君稍精思，便可及此。」華愕然。華著論言龜卜可廢，通人當其言。

祿山陷京師，玄宗出幸，華扈從不及，陷賊，僞署爲鳳閣舍人。收城後，三司類例減等，從輕貶官，遂廢於家，卒。華嘗爲《魯山令元德秀墓碑》，顏眞卿書，李陽冰篆額，後人爭模寫之，號爲「四絕碑」。有文集十卷，行於時。

《新唐書》卷二百三：李華字遐叔，趙州贊皇人。曾祖太沖，名冠宗族間，鄉人語曰：「太沖無兄。」太宗時，擢祠部郎中。

華少曠達，外若坦蕩，內謹重，尙然許，每慕汲黯爲人。累中進士、宏辭科。天寶十一載，遷監察御史。宰相楊國忠支婭所在橫猾，華出使，劾按不橈，州縣肅然。爲權幸見疾，徙右補闕。安祿山反，上誅守之策，皆留不報。

玄宗入蜀，百官解竄，華母在鄴，欲間行輦母以逃，爲盜所得，僞署鳳閣舍人。賊平，貶杭州司戶參軍。華自傷踐危亂，不能完節，又不能安親，

欲終養而母亡，遂屏居江南。

上元中，以左補闕、司封員外郎召之。華喟然曰：「烏有隳節危親，欲荷天子寵乎？」稱疾不拜。李峴領選江南，表置幕府，擢檢校吏部員外郎。苦風痺，去官，客隱山陽。勒子弟力農，安於窮槁。晚事浮圖法，不甚著書，惟天下士大夫家傳、墓版及州縣碑頌，時時齎金帛往請，乃彊為應。大曆初，卒。

初華作《含元殿賦》成，以示蕭穎士，穎士曰：「景福之上，靈光之下。」華文辭綿麗，少宏傑氣，穎士健爽自肆，時謂不及穎士，而華自疑過之。因作《弔古戰場文》，極思研摧，已成，污為故書，雜置梵書之庋。它日，與穎士讀之，稱工，華問：「今誰可及？」穎士曰：「君加精思，便能至矣。」華愕然而服。

華愛獎士類，名隨以重，若獨孤及、韓雲卿、韓會、李紓、柳識、崔祐甫、皇甫冉、謝良弼、朱巨川，後至執政顯官。華觸禍銜悔，及為《元德秀權皋銘》、《四皓贊》，稱道深婉，讀者憐其志。

宗子翰，從子觀，皆有名。

二、李華逸事

《因話錄》卷三：或傳功曹為李林甫所召，時在禮制中，謁見，林甫薄之，不復用。蕭遂作《伐櫻桃樹賦》以刺。此蓋不與者所誣也。功曹孝愛著於士林，李吏部華稱其冒難葬親，豈有越禮之事？此事且下蕭公數等者不為。

《唐摭言》卷四：李華以文學名重於天寶末。至德中，自前司封員外，起為相國。李梁公峴從事、檢校吏部員外，時陳少游鎮淮陽，尤仰公之名。一旦，城門吏報華入府，少游大喜，簪笏待之；少頃，復曰：「云已訪蕭公功曹矣。」即穎士也。

《太平廣記》卷三七二引《廣異記》：唐吏部員外李華，幼時與流輩五六人，在濟源山莊讀書。半年後，有一老人，鬚眉雪色，恒持一裹石，大如拳，每日至晚，即騎院牆坐，以石擲華等當窗前後。數月，居者苦之。鄰有秦別將，善射知名，華自往詣之，具說其事。秦欣然持弓，至山所伺之。及晚復來，投石不已，秦乃於隙中縱矢，一發便中。視之，乃木盟器。

《舊唐書·權德輿傳》：權德輿字載之，天水略陽人。父皋，字士繇，後秦尚書翼之後……浙西節度使顏真卿表皋為行軍司馬，詔徵為起居舍人，又

以疾辭。嘗曰：「本自全吾志，豈受此之名耶！」李季卿爲江淮黜陟使，奏皋
節行，改著作郎，復不起。兩京蹂於胡騎，士君子多以家渡江東，知名之士
如李華、柳識兄弟者，皆仰皋之德而友善之。

又《郗士美傳》：郗士美字和夫，高平金鄉人也。父純，字高卿，爲李邕、
張九齡等知遇，尤以詞學見推，與顏眞卿、蕭穎士、李華皆相友善。

又《獨孤及傳》：獨孤郁，河南人。父及，天寶末與李華、蕭穎士等齊名。

又《范傳正傳》：范傳正字西老，南陽順陽人也。父倫，戶部員外郎，與
郡人李華敦交友之契。

又《趙曄傳》：曄性孝悌，敦重交友，雖經艱危，不改其操。少時與殷寅、
顏眞卿、柳芳、陸據、蕭穎士、李華、邵軫，同志友善，故天寶中語曰：「殷、
顏、柳、陸，蕭、李、邵、趙，以其重行義，敦交道也。」

又《孫逖傳》：逖選貢士二年，多得俊才。初年則杜鴻漸至宰輔，顏眞卿
爲尚書。後年拔李華、蕭穎士、趙驊登上第，逖謂人曰：「此三人便堪掌綸誥。」

《新唐書・蕭穎士傳》：穎士樂聞人善，以推引後進爲己任，如李陽、李
幼卿、皇甫冉、陸渭等數十人，由獎目，皆爲名士。天下推知人，稱蕭功曹。
嘗兄事元德秀，而友殷寅、顏眞卿、柳芳、陸據、李華、邵軫、趙驊，時人
語曰：「殷、顏、柳、陸，李、蕭、邵、趙，以能全其交也。」所與遊者，孔
至、賈至、源行恭、張有略、族弟季遏、劉穎、韓拯、陳晉、孫益、韋建、
韋收。獨華與齊名，世號「蕭、李」。

又《李棲筠傳》：李棲筠字貞一，世爲趙人。幼孤。有遠度，莊重寡言，
體貌軒特。喜書，多所通曉，爲文章勁迅有體要。不妄交遊。族子華每稱有
王佐才，士多慕向。始，居汲共城山下，華固請舉進士，俄擢高第。調冠氏
主簿，太守李峴視若布衣交。

《唐詩紀事・李華》：華，字遐叔。舉開元二十三年進士。天寶二年博學
宏詞，皆爲科首。天寶十一年，拜監察御史，除右補闕。祿山亂，輦母而逃，
爲盜所得。二京復，坐謫杭州司功參軍。召加司封員外郎，將以司言處之。
華曰：「焉有隳節奪志者，可以荷君之寵乎？」移病請告。李峴領選江南，表
爲從事，以風痺廢居楚。

《藝苑卮言》卷八：吾於丙寅歲，以瘡瘍在床褥者逾半歲，幾殆。殷都
秀才過而戲曰：「當加十命矣。」蓋謂惡疾也。因援筆志其人：伯牛病癩；長
卿消渴；趙岐臥蓐七年；朱超道歲晚沉痾；玄晏善病至老；照鄰惡疾不愈，

至投水死；李華以風痹終楚；杜臺卿聾廢；祖珽胡旦瞽廢；少陵三年瘧疾，一鬼不消。

《詩藪外編‧唐上》：嘗與友人戲論，唐詩人上自天子，下逮庶人，百司庶府，三教九流，靡所不備……盧從願以富，郊島以窮，盧照鄰以癩，李華以風痹。

《唐音癸籤‧談叢》：王摩詰與儲光羲並有受偽署一事。儲不聞昭雪；王昭雪後，宦路稍亨，或以棟莩故。人生一死自難，何敢輕議！雖然，未若李華也。華自傷隳節，力農，甘貧槁終身，徵召不起，較摩詰知所處矣。

《石園詩話》卷一：李遐叔（華）進士及博學宏詞皆為科首，官右補闕。祿山亂，輦母逃，為盜所得，坐謫。召加司封員外郎，將以司言處之。華曰：「爲有隳節辱志者，可以荷君之寵乎？」移病請告。與蕭茂挺穎士齊名。蕭兄事元德秀，而友殷寅、顏眞卿、柳芳、陸據、李華、邵軫、趙驊，時人語曰：「殷、顏、柳、陸、李、蕭、邵、趙，以能全其交也。」遐叔《寄趙七侍御》云「昔日蕭邵遊，四人才成童。屬詞慕孔門，入仕希上公。緯卿陷非罪，折我昆吾鋒。茂挺獨先覺，拔身渡京虹。斯人謝明代，百代墜鵷鴻。世故墜橫流，與君哀路窮。相顧無死節，蒙恩逐殊封。天波洗其瑕，朱衣備朝容」云云。緯卿即邵軫。茂挺名播天下，以誕傲褊忿，困躓而卒。而以推獎後進為任，如李陽、李幼、皇甫冉、陸渭數十人，皆為名士。門人私諡文元先生。趙七，即驊也。遐叔抱憾辱志，形之於辭官，詠之於寄友，不自諱其愆，亦詩人中之佼佼者矣。

《唐尚書省郎官石柱題名考‧吏部員外郎》：李華（又封外補、金中、禮外補。又御史臺左側題名。）《新表》趙郡李氏東祖房：典設郎恕己子華，字遐叔，吏部員外郎。

《唐摭言》卷一：按《實錄》：西監，隋制；東監，龍朔元年所置。開元已前，進士不由兩監者，深以為恥。李華員外寄趙七侍御詩，略曰：「昔日蕭邵遊，四人纔成童。」（華與趙七侍御驊、蕭十功曹穎士、故邵十六司倉軫，未冠遊太學，皆苦貧共弊。五人登科，相次典校。）邵後二年擢第，以冤橫貶，卒南中。又郭代公、崔湜、范履冰輩，皆由太學登第。

《唐語林‧補遺》卷五：元宗嘗幸東都，天大旱，且暑。時聖善寺有竺乾僧無畏，號曰三藏，善召龍致雨之術……吏部員外郎李華撰無畏碑，亦云前後奉詔，禳旱致雨，滅火回風，昭昭然徧諸耳目也。

　　《新唐書・元德秀傳》：李華兄事德秀，而友蕭穎士、劉迅。及卒，華諡曰文行先生。天下高其行，不名，謂之元魯山。華於是作《三賢論》。或問所長，華曰：「德秀志當以道紀天下，迅當以《六經》諧人心，穎士當以中古易今世。德秀欲齊愚智，迅感一物不得其正，穎士呼吸折節而獲重祿，不易一刻之安易，於孔子之門，皆達者與！使德秀據師保之位，瞻形容，乃見其仁。迅被卿佐服，居賓友，謀治亂根原，參乎元精，乃見其妙。穎士若百鍊之剛，不可屈，使當廢興去就、一生一死間，而後見其節。德秀以爲王者作樂崇德，天人之極致，而辭章不稱，是無樂也，於是作《破陣樂辭》以訂商、周。迅世史官，述《禮》、《易》、《書》、《春秋》、《詩》爲《古五說》，條貫源流，備古今之變。穎士尤罪子長不編年而爲列傳，後世因之，非典訓也。自《春秋》三家後，非訓齊生人不錄。然各有病，元病酒，劉病賞物，蕭病貶惡太亟、獎能太重。若取其節，皆可爲人師也。」世謂篤論。

　　又《侯知道傳》：侯知道、程俱羅者，靈州靈武人。居親喪，穿壙作冢，皆身執其勞，鄉人助者，即哭而卻之。廬墳次，哭泣無節，知道七年、俱羅三年不止。知道垢塵積首，率夜半傳墳，踴而哭，鳥獸爲悲號。李華作《二孝贊》表其行曰：「厥初生人，有君有親。孝親爲子，忠君爲臣。兆自天命，降及人倫。背死不義，忘生不仁。過及智就，爲之禮文。至哉侯氏，創巨病殷。手足胼胝，以成高墳。夜黑飂動，如臨鬼神。哭無常聲，迴徹蒼旻。苴斬三年，爾獨終身。嗟嗟程生，其哀也均。顧後絕配，瞻前無鄰。」

　　又《列女傳》：鄒待徵妻薄者，從待徵官江陰。袁晁亂，薄爲賊所掠，將污之，不從。語家嫗使報待徵曰：「我義不辱。」即死於水。賊去，得其屍。義聲動江南，聞人李華作《哀節婦賦》。

　　《韻語陽秋》卷八：東漢李固，忠直鯁亮，志在許國，不爲身謀。爭立清河，遂忤梁冀，以致身首異處。當時有提鈇上章，乞收固屍，如汝南郭亮者；有星行至洛，守衛尸，如陳留楊羌者；亦可見固以忠獲罪矣。唐李華嘗觀《黨錮傳》，撫卷而悲之，且作詩曰：「古墳襄城野，斜徑橫秋陂。況不禁樵採，茅莎無孑遺。」嗚呼，生不能保其身，死又不能保其藏骨之地，天之不相善人，何至是邪！梅聖俞詩云：「漢家誅黨人，誰與李杜死。死者有范滂，其母爲之喜。喜死名愈彰，生榮同犬豕。」故史臣以胡廣趙戒爲糞土，而馬融眞犬豕哉！

三、集序及祭文

獨孤及《檢校尚書吏部員外郎趙郡李公中集序》：志非言不形，言非文不彰，是三者相為用。亦猶涉川者，假舟楫而後濟。自典謨缺，雅頌寢，世道陵夷，文亦下衰。故作者往往先文字，後比興，其風流蕩而不返。乃至有飾其辭而遺其意者，則潤色愈工，其實愈喪，及其大壞也。儷偶章句，使枝對葉，比以八病四聲為梏拲，拳拳守之如奉法令，聞皋繇史克之作，則呷然笑之，天下雷同，風驅雲趨，文不足言，言不足志，亦猶木蘭為舟，翠羽為檝。翫之於陸而無涉川之用，痛乎！流俗之惑人也舊矣！帝唐以文德彌祐於下，民被王風，俗稍丕變。至則天太后時，陳子昂以《雅》易《鄭》，學者浸而向方。天寶中，公與蘭陵蕭茂挺、長樂賈幼幾勃焉復後，振中古之風，以宏文德。公之作本乎王道，大抵以五經為泉源，抒情性以託諷，然後有歌詠；美教化，獻箴諫，然後有賦頌；懸權衡以辯天下公是非，然後有論議；至若記序編錄、銘鼎刻石之作，必採其行事以正褒貶，非夫子之旨不書。故風雅之指歸，刑政之本根，忠孝之大倫皆見於詞。於時文士馳騖，飈扇波委，二十年間，學者稍厭《折楊》、《皇華》而窺《咸池》之音者什五六，識者謂之文章中興，公實啓之。公名華，字遐叔，趙郡人。安邑令府君第三子。質直而和，純固而明。曠達而有節，中行而能斷。孝敬忠廉，根於天機。執親之喪，哀達神明。其任職聲績，外若坦蕩，內持正性。諫不犯顏，見義乃勇。舉善惟懼不及，務去惡如復仇。與朋友交，然諾著於天下。其偉詞麗藻，則和氣之餘也。學博而識有餘，才多而體愈迅。每述作，筆鋒風生，聽者耳駭。開元二十三年舉進士，天寶二年舉博學宏詞，皆為科首。由南和尉擢秘書省校書郎，八年歷伊闕尉。當斯時，唐興百三十餘年，天下一家，朝廷尚文。夫羿工乎中微，拙於使人無己譽，公才與時並，故不近名而名彰，時輩歸望，如麟羽之於虯龍也。十一年拜監察御史，會權臣竊柄，貪猾當路，公入司方書，出按二千石，持斧所向，郡邑為肅。為奸黨所嫉，不容於御史府，除右補闕。祿山之難，方命圮族者蔽天聰明，勇者不得奮，明者不得謀。公危行正詞，獻納以誠，累陳誅凶渠、完封疆之策，閽犬迎吠，故書留不下。時繼太夫人在鄴，初潼關敗書聞，或勸公走蜀詣行在所，公曰：「奈方寸何！不若間行問安否，然後輦母安輿而逃。」謀未果，為盜所獲。二京既復，坐謫杭州司功參軍。太夫人棄敬養，公自傷悼以事君故，踐危亂而不能安親；既受污，非其疾而貽親之憂；及隨牒願終養，而遭天不弔！由是銜罔極之痛者三。

故雖除喪，抱終身之戚焉。謂志已虧，息陳力之願焉。因屏居江南，省躬遺名，誓心自絕。無何，詔復授左補闕，又加尙書司封員外郎。璽書連徵，公卿已下，傾首延佇。至之日將以司言處公。公曰：「焉有隳節奪志者可以荷君之寵乎？」遂移疾請告。故相國梁公峴之領選江南也，表爲從事，加檢校吏部郎中。明年遇風痺，徙家於楚州，疾痼貧甚，課子弟，力農圃，贍衣食，雅好修無生法，以冥寂思慮，視爵祿形骸，與遺土同。惟吳楚之士君子，譔家傳，修墓版，及都邑頌賢守宰功德者，靡不齎貨幣、越江湖，求文於公，得請者以爲子孫榮。公遇暇日，時復綴錄以應其求，過是而往，不復著書。少時所著者，多散落人間，自志學至校書郎已前八卷，並《常山公主誌文》、《竇將軍神道碑》、《崔河南生祠碑》、《禮部李侍郎碑》、《安定三孝論》、《哀舊遊詩》、《韓幼深避亂詩序》、《祭王員外端》、《沈起居興宗》、《裴員外騰文》、《別元旦詩》並《楊騎曹集序》、《王常山碑》，並因亂失之，名存而篇亡。自監察御史已後所作頌、賦、詩、歌、碑、表、敘、論、誌、記、贊、祭，凡一百四十三篇，公長子羔，字宗緒，編爲二十卷，號《中集》。其中陳王業，則《無疆頌》；主文而譎諫，則《言盤》、《含元殿賦》；敦禮教，則《哀節婦賦》、《靈武二孝贊》；表賢達盛德，則《崔賓客集序》、《元魯山碣》、《房太尉德政碑》、《平原張公頌》、《梁國李公傳》、《德先生誄》、《權著作墓誌》、《李太夫人傳》、《盧夫人頌》；一死一生之間抒其交情，則《祭蕭功曹》、《劉評事》、《張評事文》；吟詠情性、達於事變，則《詠古詩》；思舊則《三賢論》；辨卿大夫之族姓，則《盧監察神道碑》；自敘，則《別相里造》、《范倫序》，詮佛教心要而合其異同，則《南泉眞禪師》、《左溪朗禪師碑》。其餘雖波瀾萬變，而未始不根於典謨。故覽公之文，知公之質，不俟覩容貌，聽詞氣。假令束帶立於史臣之位，足以潤色王度。天而病之，時不幸歟！公之病也，嘗以斯文見託，詒某書曰：「桓譚論揚雄當有身後名，華亦謂足下一桓譚也。」及於公才，宜播其述作之美，明於後人，故拜命之辱而不讓，今乃著其文德，爲之冠於篇首焉。

　　梁肅《爲常州獨孤使君祭李員外文》：維大曆元年五月日，朝散大夫守常州刺史賜紫金魚袋獨孤某，謹以清酌之奠，祭於故尙書吏部郎趙郡李遐叔三兄之靈，嗚呼！疇昔之年，接兄討論。倚伏之數，或尋其源。嘗謂仁人，百祿滋蕃。如何於兄，斯道莫存，嗚呼哀哉！惟兄孝友仁恕，高明寬裕。何德之茂，何才之富。粹氣積中，暢於四肢。發爲斯文，鬱鬱耀輝。自五百年，

風雅陵夷。假手於兄，鬱爲宗師。乃登憲闈，直以舉之。乃列諫臣，闕則補之。元宗季年，戎狄內侮。兄方就養，拘在豺虎。氛霧濛濛，薄汙我躬。雷雨作解，遠身於東。帝曰孝哉，可移於忠。名彰右掖，跡踐南宮。邱明有恥，元晏方病。清漳閒臥，樂道推命。哀於大賢，不嚮大年。人之不幸，天亦何言。在昔賈生，見惡絳灌。王佐之用，不展於漢。我之方行，遭世紛亂。時塞道塞，古今一貫，嗚呼哀哉！某以蒙蔽，夙承眷惠。義均伯仲，合若符契。博約乎文章之間，優游乎性命之際。謂得攜手，相期卒歲。天其喪予，兄則先逝，嗚呼哀哉！曩自朝列，出持使節。十年離別，一旦存沒。吳楚迢遞，江山阻越。不及歸眡，仍乖執紼。寢門一哀，魂斷心絕。恭承嘉命，來牧於常。縗帳所在，哀何可忘。鞠然二孤，訴彼穹蒼。孰謂遐叔，與天茫茫。魂兮歸來，臨此一觴。嗚呼哀哉，尚饗！

又《補闕李君前集序》：唐有天下幾二百載，而文章三變。初則廣漢陳子昂以風雅革浮侈，次則燕國張公說以宏茂廣波瀾。天寶以還，則李員外、蕭功曹、賈常侍、獨孤常州比肩而出，故其道益熾。

顧況《祭李員外文》：古之哲人，銅鞮介山，柳下臧文，先生企之。密邇四鄰，逢時不昌，與世遭迤，先生淵然。金碧無塵，通識殊倫。精義造神，退居江潭。節貫松筠，皎皎先生，蘭言玉聲，詞林搖落。天地空春，宜與太一。上爲帝賓，若商傅說。例列星辰，天將以公。經濟生人，生人不幸。天喪斯文，斯文既喪。嗚呼郢匠，先生逝矣，何人知況。知況何人，升堂誘進。造次無爲，樞機必愼。跡暢高節，心融密印。詞不能豁其胸襟，故舂容於絕韻。而京口歸魂，毘陵旅櫬，可勝悲哉！心喪何自，身役炎洲。先生大歸，赴哭無由。古之達者，以生爲浮。先生徂征，與化同遊。四節不留，物無長在。寂寂賓階，人遷事改。陶潛自祭，管輅知終。本師瞿曇，了達虛空。初命少子，昏冠先禮，兆發深衷。聖朝悼歎，儻遂追崇。忝友季茂，休戚略同。北望丹徒，山險萬重。文非尺牘，鬱塞盈胸。想公形容，昭況蕭恭。尚饗！

四、李華簡譜

715　唐開元三年　乙卯　一歲？

【時事】正月，立郢王嗣謙爲皇太子。

二月，禁斷天下採捕鯉魚。

突厥跌都督思泰等帥眾來降，並前十姓降者萬餘帳，皆以河南地處之。

六月，山東諸州大蝗。

七月，西南夷擾邊，發巴梁等六州兵擊之。

遣薛訥等擊突厥。

十月，巂州「蠻」擾邊，李玄道擊之。

十一月，相州人崔子崿反，旋平。

禁白衣長髮會。

是冬，無雪。

【李華事】李華生年未詳。最早考證李華生年的是黃天明的《李華生卒考（一）、（二）》（載《中央日報》文史副刊 1937 年 6 月 13 日、20 日），將李華生年定在開元三年，這也是後世文學史、辭書等採用的一個說法。之後謝力《李華生平考略》（《唐代文學研究——中國唐代文學學會第四屆學術討論會論文集》1989 年）一文，對黃氏所考李華生年爲「開元三年」說進行了修正，從「未冠遊太學」一語得出，若華開元三年生，則進士及第時已及冠，不得稱未冠，因而將李華生年定於開元五年，此與蕭穎士生年相同。一年後，姜光斗發表《李華、蕭穎士生卒年新考》（《文學遺產》1990 年第 3 期）一文，對李華生年的考訂遵從了黃氏的觀點，即華生於開元三年。陳鐵民在《李華事蹟考》一文中稱，「李華之生年，諸書均失載，現已無從確考。李華《三賢論》云：「余兄事元魯山而友劉、蕭二功曹。」元魯山謂魯山令元德秀，他生於公元 695 年；蕭功曹即揚州功曹參軍蕭穎士，他生於 707 年（說詳拙作《蕭穎士繫年考證》，即將發表於《文史》）。疑李華年齡與蕭接近，故兄事德秀而以蕭爲友」（《文獻》1990 年第 4 期，第 4～5 頁）。之後，唐華全發表《李華生卒年考》，提出李華生年新說，文曰「李華進士及第亦即『出身入仕』之年既已明知爲開元二十三年（735）年，由此上推四十年，則其出生當在武則天萬歲通天元年（696）年」（《歷史教學》2005 年第 4 期，第 73 頁），這種說法是根據「出身入仕」四字，倒推得到的數字，根據李華現存作品分析，這種推理有明顯的錯誤。根據李華現存作品判斷，特別是《寄趙七侍御》詩，《三賢論》文等推論，李華生年定於此年似較爲合理。

李華，字遐叔，行三，祖籍趙州贊皇，見《新唐書·李華傳》。

關於李華先世的考證主要有謝力《李華生平考略》、陳鐵民《李華事蹟考》兩文。謝文考證較爲詳實，頗有價值，詳錄如下：

按趙郡李氏，據《新唐書·宰相世系表》（以下簡稱《新表》）

二上記載，出自秦司徒曇次子璣。璣三子，次子牧爲趙相，封武安君，始居趙郡，故後世名曰趙郡李氏。

《舊唐書・地理志》：趙郡領平棘、高邑、贊皇、元氏等十縣。贊皇（今河北省贊皇縣），隋置，縣南有贊皇山，因以爲名。據《新表》，李華的九世祖係後魏平棘令，追封平棘縣男；八世祖順，四部尚書、高平宣王；七世祖弈，後魏都官尚書、安平侯；六世祖慶業，館陶令；五世祖希禮，北齊信州刺史、文公；高祖孝威，隋大理少卿；曾祖太沖，雍王友；祖嗣業，同州司功參軍；父恕己，典設郎。

按李華《送覿往吳中序》云：「在昔蘭陵府君平棘公柏人懿公兄弟三人，有重名於天下。鉅鹿，蘭陵之穆也，故揚州孝公後之，覿之世父也。高平，平糧之嫡也，吾後之。宣成文昭公，柏人之嗣也，故中丞蘇州後之。」按《新表》，東祖睿生勖，勖生頤。頤四子：緦、系、奉、曾。故知華爲東祖房，系的後裔。「柏人」，當作「柏仁」。稽考《新表》、《北史》卷三三《李順傳》，均作「柏仁」。

又按《新表》列華的世系有誤。據《魏書》卷三六、《北史》卷三三《李順傳》，知式弟弈，無後。式生憲，憲生希運、希禮等。《千唐誌齋藏石》（以下簡稱《千唐誌》）拓片《大唐故朝議郎行益州大都督府士曹參軍李君（延祐）墓誌銘並序》云：「君諱延祐，字同心，趙國贊皇人也。……七代祖……高平宣王順，順生……式，式生……希禮，希禮生……孝衡，……祖素王。」參以《新表》，所列殆缺一代，但名言希禮爲式後人。考《京畿冢墓遺文》卷上《魏故使持節侍中都督定、冀、相、殷四州諸軍事驃騎大將軍定州刺史尚書令儀同三司文靜李公墓誌銘》云：「□諱憲，字仲軌，趙國柏仁人。」又云：長子希遠，第二子希宗，第三子希仁，第四子騫，第五子希禮。《新表》云：七世祖弈，生慶業；慶業生希禮等，大誤。

《新表》：恕己，典設郎，生華，亦誤。考《毗陵集》卷三《檢校尚書吏部員外郎趙郡李公中集序》（以下簡稱《李公中集序》）云：「公名華，字退叔，趙郡人，安邑令府君第三子。」《新表》虛己，安邑令，三子：萬、韶、莒。華有《與弟莒書》，知莒爲華之親弟。又按《新表》，華乃獨出。《與外孫崔氏二孩書》云：「裴氏姑恩慈，見吾一善，未嘗不流涕，祝吾成立。見吾伯仲書題，悔責疏明。」

稱「伯仲」，則非止兄弟一人。此亦可證華非恕己子。

　　子二：驚、肇，大理評事。（《新表》）

　　《新表》唯列驚、肇。《李公中集序》云：「公長男羔，字宗緒，編而集之。」知華長男名羔。《新表》缺載，應補入。華又有女嫁崔氏，見《與外孫崔氏二孩書》。

　　今據《北史》、《魏書》等，糾《新表》，作李華世系如下：〔註1〕

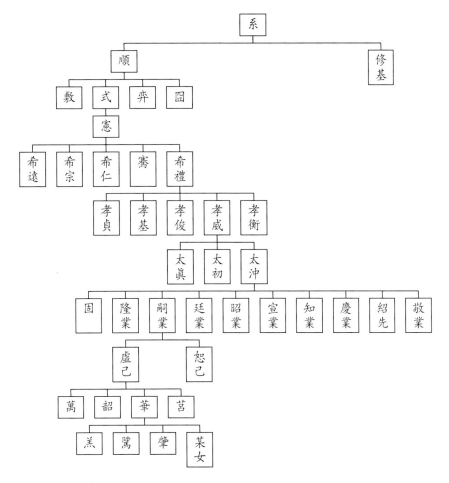

　　而陳鐵民《李華事蹟考》對李華世系也有簡略考證，從李華《李夫人傳》一文判斷《新唐書·宰相世系表》記載有誤，這一點與謝力所考一致，進一步提供了文獻佐證。其文曰：

〔註1〕謝力：《李華生平考略》，《唐代文學研究——中國唐代文學學會第四屆學術討論會論文集》，1989 年 9 月，第 106～108 頁。

　　李華《送觀往吳中序》云：「在昔蘭陵府君、平棘公、柏人懿公兄弟三人，有重名於天下。鉅鹿，蘭陵之穆也，故揚州孝公後之，觀之世父也；高平，平棘之嫡也，吾後之。」按，據《表》所載，蘭陵府君即蘭陵太守勰，平棘公即後魏平棘令系，柏人懿公即後魏趙郡太守、柏人懿子曾，三人皆東祖睿之曾孫。又，鉅鹿，謂勰子後魏洛州刺史、鉅鹿簡公靈；高平，謂系子四部尚書、高平宣公順。而華，即順八世孫。又據《表》載，華曾祖太沖，雍王友；祖嗣業，同州司功參軍；伯父盧己，安邑令；父恕己，典設郎。按，《新唐書》本傳云：「李華……曾祖太沖，名冠宗族間……太宗時，擢祠部郎中。」蓋傳載曾任官，而表或敘終官，故有異。又獨孤及《序》云：「公名華……安邑令府君第三子。」李華《李夫人傳》（傳主為華之外祖母）云：「夫人趙郡李氏……年十三，歸於貴鄉丞范陽盧公善觀。……開元元年終，春秋五十。無子，有女一人……歸於安邑令趙郡李公，遺孤檢校吏部員外華，不及逮事，感慕罔極，聞於外家，十不存一，哀書大略，敢告史官。」則華之父，乃官安邑令者，《表》的記載有誤。〔註2〕

　　由於史料缺失，李華早年事蹟多不可考。下依存世相關史料及李華詩文集略為整理李華年譜。

716　唐開元四年　丙辰　二月

【時事】二月，吐蕃陷松州，旋為州兵所擊退。

六月，睿宗李旦卒。

突厥默啜為九姓拔曳固所殺，斬其首送於京師。默啜兄子小殺繼立為可汗。

七月，吐蕃請和。

八月，契丹李失活、悉大李酺率部來降。

十月，以同州蒲城縣為奉先縣，隸京兆府。

十二月，罷十道按察使。

以宋璟為西京留守。時姚崇請辭宰相位，薦宋璟自代。

閏十二月，姚崇罷相。宋璟為黃門監同中書門下三品。

是年，日本遣多治比縣守等入唐，是為第九次遣唐使。

〔註2〕陳鐵民：《李華事蹟考》，《文獻》，1990年第4期，第4頁。

721　唐開元九年　辛酉　七歲

【時事】正月，改蒲州爲河中府，置中都。

二月，突厥毗伽可汗請和，許之。

遣使括逃戶，凡得戶八十餘萬。

四月，蘭池州胡康待賓誘諸降戶反唐，陷六胡州，遣兵部尙書王晙等率兵討之。

六月，罷中都，河中府復爲蒲州。

七月，王晙大破蘭池州胡康待賓，擒斬之，殺三萬五千騎。

八月，蘭池胡康願子擾邊。

九月，在丹鳳樓宴突厥首領。

姚崇卒於東都，年七十一。

十二月，置朔方節度使，領單于都護府、夏、鹽等六州，定遠、豐安二軍，三受降城。

是年冬，無雪。

722　唐開元十年　壬戌　八歲

【時事】正月，命收公廨錢，以稅充百官俸；又收職田，畝給粟二斗。

三月，詔自今內外官有犯贓至解免以上，縱逢赦免，並終身勿齒。

四月，封契丹首領松漠都督李鬱于爲松漠郡王，奚首領饒樂都督李魯蘇爲饒兵郡王。

五月，以餘姚縣主女慕容氏爲燕郡公主，妻契丹王鬱于。

突厥請和。

東都大雨，伊、汝水泛濫，漂沒河南府及許、仙、汝、陳等州廬舍數千家，溺死者甚眾。

六月，黃河決博、棣二州，漂損田稼。

七月，安南人梅叔鸞等起事，遣驃騎將軍兼內侍楊思勗擊敗之。

九月，下制約百官不得與卜祝之人交遊來往。

左領軍兵曹權楚璧等謀亂，立其兄子權梁山爲光帝，擁數百人入宮，敗死。

十月，乾元殿依舊題爲明堂。

波斯國遣使獻獅子。

十二月，停按察使。

以十姓可汗阿史那懷道女爲交河公主，嫁突騎施可汗蘇祿，杜希望爲和親判官。

723　唐開元十一年　癸亥　九歲

【時事】正月，改并州爲太原府，置北都。

二月，罷天兵、大武等軍，以大同軍爲太原以北節度使，領太原、遼、石、嵐、汾、代、□、朔、蔚、雲十州。

九月，吐谷渾去吐蕃，詣沙州降。

十一月，選京兆、蒲、同、華、岐州府兵及白丁十二萬，謂之長從宿衛，一年兩番，州縣不得役使。

是歲，改政事堂日中書門下，列五房於後，分掌庶政。

新羅遣使如唐獻美女，唐帝遣歸。

【李華事】是年，李華與蕭穎士等人記誦碑文。《揚州功曹蕭穎士文集序》云：「君七歲能誦數經，背碑覆局面。」蕭穎士生於開元五年，七歲則爲開元十一年，此時李華九歲。《新唐書・蕭穎士傳》也有記載，稱：「嘗與華、據遊洛龍門，讀路旁碑。穎士即誦，華再閱，據三乃能盡記。」

724　唐開元十二年　甲子　十歲

【時事】三月，命太史監於河南北平地測日晷及極星。

五月，停諸道按察使。

六月，遣官爲勸農使巡行州縣，議賦役。

七月，突厥毗伽可汗請婚，拒之。

十一月，溪州「蠻」覃行璋起事，遣兵擊敗之，殺三萬人。

是歲，契丹王李鬱于死，弟吐干嗣。尋吐干與可突干不相能，攜公主來奔，可突干立李盡忠弟邵固爲主。

725　唐開元十三年　己丑　十一歲

【時事】二月，初置□騎，分隸十二司。

改閬州爲邠州，□州爲□州，梁州爲襄州，沅州爲巫州，舞州爲鶴州，泉州爲福州，以避文相類及聲相近者。

三月，禁錮酷吏來俊臣、周興、索元禮等二十三人，子孫不許仕宦。

四月，遣使於突厥，告以將行封禪；突厥遣使入貢，藉陪祠。

五月，劉定高以迷信聚眾，夜攻通洛門。

六月，廢都西市。

九月，罷奏祥瑞。

十月，作水運渾天儀及地平令儀成。

十一月，封於泰山。禪於社首。

十二月，累歲豐（禾念），東都米斗十錢，青、齊米斗五錢。

以契丹王邵固爲爲靜折軍經略大使。

是多，分吏部爲十銓，敕禮部尙書蘇頲、刑部尙書韋抗、工部尙書盧從願等分掌選事。

726　唐開元十四年　丙寅　十二歲

【時事】正月，改封契丹松漠郡王李邵固爲廣化王，奚饒樂郡王李魯蘇爲奉誠王，封宗室外甥女二人爲公主，各以妻之。

二月，邕州僚首領梁大海、周光等據賓、橫等州反，遣驃騎大將軍兼內侍楊思勗擊之。

四月，於定、恒、莫、易、滄五州置軍，以備突厥。

五月，戶部進計帳，今年管戶七百六萬九千五百六十五，管口四千一百四十一萬九千七百一十二。

是秋，十五州言旱及霜，五十州言水，河南、河北尤甚，蘇、同、常、福四州漂壞廬舍。

十一月，突厥遣使來朝。

黑水靺鞨遣其子義信來朝，並獻方物，以其國爲黑水州。

十二月，楊思勗擒梁大海等三千餘人，殺萬人。

是歲，吐蕃擾大斗谷，掠甘州。

727　唐開元十五年　丁卯　十三歲

【時事】正月，涼州都督王君□破吐蕃於青海之西，獲馬羊萬計。

太史監復爲太史局，仍隸秘書省。

二月，今括逃戶，後復有來逃者，輸當年租庸，有征役先差。

八月，澗水，穀水溢，毀澠池縣。

九月，吐蕃陷瓜州，執刺史田元獻及王君□之父，殺掠人吏，盡取軍資倉糧而去。

突厥毗伽可汗使其大臣梅錄啜來朝。

閏九月，突騎施蘇祿、吐蕃贊普圍安西，副大都護趙頤貞擊走之。

回紇襲甘州，殺王君□於鞏筆驛。

秋，六十三州水，十七州霜旱。

河北饑，轉江淮之南租米百萬石以賑給之。

十一月，瓜州刺史張守珪敗吐蕃於城下，升州為都督府，即以守珪為都督。

十二月，集隴右、河西等道兵十五萬，以防吐蕃。

728　唐開元十六年　戊辰　十四歲

【時事】正月，安西副大都護趙頤貞敗吐蕃於曲子城。

黑水靺鞨遣使來朝獻。

春、瀧等州僚首領瀧州刺史陳行範、廣州首領馮仁智、何遊魯起事，陷四十餘城，遣內侍楊思勗擊之。

二月，改虨騎為左右羽林軍飛騎。

七月，吐蕃擾瓜州，刺史張守珪擊破之。

八月，吐蕃來擾，杜賓客率軍於祁連城大破之，獲其大將一人，斬首五千級。

十二月，令長征兵分五番，歲遣一番還家，五年酬勳五轉。

是年，令戶籍分九等，三歲一定。

楊思勗擒斬陳行範。馮仁智，何遊魯。

新羅遣王弟嗣宗入唐宿衛，並請遣子弟入國子學。

729　唐開元十七年　己巳　十五歲

【時事】二月，□州都督張審素破西南夷，拔昆明城及鹽城，殺獲萬人。

三月，張守珪等擊吐蕃，大破之。

五月，復置十道及京都兩畿按察使。

八月，以盜鑄錢者多，禁私賣銅、鉛、錫及以銅為器皿；採銅、鉛、錫者售於官。

帝以生日，宴百僚於花萼樓下。

十一月，免百姓今年地稅之半。

十二月，帝校獵渭濱。

是冬，無雪。

【李華事】是年，李華入太學讀書。李華《寄趙七侍御》：「昔日蕭邵遊

（《唐摭言》卷一「兩監」條引此詩作「友」），四人才成童。屬詞慕孔門，入仕希上公。」「四人」句下作者自注云：「華與趙七侍御驊、故蕭十功曹穎士、故邵十六軫，未冠進太學，皆苦貧共弊。同年三人登科，相次典校。邵後三人及第也。」古以十五歲以上爲成童（見《禮記・內則》「成童，舞象」鄭注）。李華十五歲與蕭穎士等一起入太學讀書。

730　唐開元十八年　庚午　十六歲

【時事】三月，改定州縣上、中、下戶口之數，仍舊給京官職田。

四月，築京城外郭城，凡十月而畢。

兼吏部尙書裴光庭改選法，一循資格。

是春，命侍臣及百僚每旬暇日尋勝地宴樂，仍賜錢，令所司供帳造食。

五月，契丹衙官可突汗殺其王李邵固，並率奚部落降附突厥；奚王李魯蘇來奔，邵固妻東華公主陳氏及魯蘇妻東華公主韋氏並奔投平盧軍。

吐蕃遣使致書境上請和。

六月，東都瀍、洛二水泛漲，壞天津、永濟二橋，損居民廬舍千餘家。

命忠王李濬等率十八總管兵討契丹。

閏六月，分幽州置薊州。

禮部奏請千秋節休假三日，及村閭社會，並就千秋節先賽白帝，報田祖，然後坐飲，從之。

十月，吐蕃遣大臣名悉獵入貢請降，許之。

是歲，斷死罪二十四人。

新羅遣王族志滿入唐宿衛。

731　唐開元十九年　辛未　十七歲

【時事】正月，宦官高力士譖死帝侍臣霍國公王毛仲，黨與貶黜者十數人，自是宦官勢益盛。

禁捕鯉魚。

四月，於京城置禮院。

令兩京及諸州各置太公尙父廟，以張良配饗，春秋二時仲月上戊日祭之，致祭如孔子禮。

五月，五嶽各置老君廟。

八月，以千秋節降死罪從流，徒以下悉原之。

九月，吐蕃遣國相論尙他碑來朝，求於赤嶺互市，許之。

是歲，新羅遣使來唐。

732　唐開元二十年　壬申　十八歲

【時事】正月，信安郡王禕爲河東、河北道行軍副元帥，以伐奚、契丹。

三月，信安郡王禕與幽州長史趙含章大破奚、契丹於幽州之北山。

四月，宴百僚於上陽東州，醉者賜以床褥，肩輿而歸，相屬於路。

五月，寒日上墓，宜編入五禮，永爲恒式。

信安王獻奚、契丹之俘，玄宗親至應天門受之。

九月，渤海靺鞨擾登州，殺刺史韋俊，命發兵討之。

是歲，有戶七百八十六萬一千二百三十六，人口四千五百四十三萬一千二百六十五。

日本遣多治比廣成等入唐，共九百九十餘人；僧榮睿等四人同行，其一船漂泊於崑崙，一船沉沒。

是爲第十次遣唐使。

733　唐開元二十一年　癸酉　十九歲

【時事】正月，命工部尚書李嵩使於吐蕃。

二月，允金城公主請，立唐蕃界碑於赤嶺。

閏三月，幽州道副總管郭英傑與契丹戰於都山，戰敗身死，所部六千人無一降者。

六月，令有才業操行者，吏部吏部臨時擢用，惟有司仍據裴光庭循資格法。時有官一萬七千六百八十員，吏五萬七千四百十六員。

是歲，關中久雨害稼，京師及饑。分全國爲十五道，各置採訪使，以六條察事；兩畿以御史中丞領之，餘擇刺史領之。

734　唐開元二十二年　甲戌　二十歲

【時事】二月，泰州地震，廨宇及居人盧舍崩壞殆盡，壓死官吏以下四十餘人，殷殷有聲，仍連震不止。

四月，關內道採訪處置使，除朔方節度轄地外，增領涇、原等十二州。

眉州鼎皇山下江水中得寶鼎。

北庭都護劉渙謀反，被殺。

六月，幽州節度使張守珪大破契丹。

遣左金吾將軍李佺於赤嶺與吐蕃分界立碑。

十二月，張守珪斬契丹王屈烈及其大臣可突干於陣，傳首東都，餘叛奚皆散走山谷。立其酋長李過折爲契丹王。

是歲，突厥毗伽可汗被毒死，子伊然可汗立，尋死，弟登利可汗立，告喪於唐。

禁京城丐，置病坊於諸寺以養之。

新羅遣使來唐。

735　唐開元二十三年　乙亥　二十一歲

【時事】正月，封契丹降將李過折爲北平王、松漠都督。

七月，諸公主實封皆加至千戶。

八月，免鰥惸寡獨今歲稅米。

十月，突厥施擾北庭及安西。

十二月，新羅遣使朝貢。唐賜以浿江以南地。

冬，東都人劉普會反，被殺。

是歲，契丹王李過折爲其臣涅禮所殺；以涅禮爲松漠都督。

突厥侵奚、契丹，涅禮及奚王李歸國敗之。

【李華事】是年，李華與蕭穎士、邵軫、趙驊等同遊太學，此年登進士第。按，關於李華與蕭穎士同在二十三年擢第一事，記述尚多，均無異辭。獨孤及《序》云：「開元二十三年舉進士，天寶二年舉博學宏詞，皆爲科首。」《舊唐書》本傳載：「李華，……開元二十三年進士擢第。」《舊唐書》本傳云：「華進士時，著《含元殿賦》萬餘言，穎士見而賞之曰：『《景福》之上，《靈光》之下。』」《新唐書》本傳，《唐國史補》卷上，《唐摭言》卷七，《唐語林》卷二也有類似記載，但均未言賦作於「進士時」。按，獨孤及《序》云：「自監察御史已後所作頌賦詩歌碑表……凡一百四十三篇，……編爲二十卷，號中集其中陳王業，則《無疆頌》；主文而譎諫，則《言醫》、《含元殿賦》……」知《含元殿賦》乃天寶十一載華官監察御史之後所作，《舊唐書》的記載未確。

李華進士及第後，是否及時釋褐尚不清楚，兩《唐書》本傳均未記載。陳鐵民說：「獨孤及《序》：『……天寶二年舉博學宏詞，皆爲科首，由南和尉擢秘書省校書郎。』知天寶二年（743）舉宏詞前，華官南和（唐屬刑州，今河北南河縣）尉。《通典》卷一五：『凡居官，以年爲考，六品以下，四考爲滿。』縣尉爲六品以下官，以四考爲滿（即四年秩滿）；又元德秀也曾

任南和尉,時間在開元二十三年(說見拙作《蕭穎士繫年考證》),所以,自開元二十三年至天寶二年的八年中,李華不大可能一直任南和尉。疑他擢第之後,官南和尉以前,還曾任過一年縣尉(唐時及第進士,初除大抵不過縣尉)。」

736　唐開元二十四年　丙子　二十二歲
【時事】正月,北庭都護蓋嘉運率兵擊突騎施,破之。

吐蕃遣使朝貢。

命逃戶今年內自首,逾期者搜配諸軍。

三月,舊制以考功員外郎掌試貢舉人,議者以其位卑,不能服眾,始以禮部侍郎掌之。

張守珪派平盧討擊使安祿山擊奚、契丹,敗還,守珪執安祿山送京師。

五月,京兆醴泉劉志誠以迷信聚眾起事,將趨京城,咸陽官吏燒便橋以斷其路,盡擒斬之。

六月,初分日給百官俸錢。

七月,李林甫為兵部尚書,依舊知政事。

八月,突騎施遣使請降,許之。

十月,京師地震。

十一月,李林甫兼中書令,張九齡罷政事,自是李林甫用事。

牛仙客同中書門下三品。

十二月,牛仙客知門下省事。

是年,新羅遣使來唐,謝賜地。唐僧傳華嚴宗至日本。

玄宗以日本使船返國途中遇厄,致書日本國王慰問。

737　唐開元二十五年　丁丑　二十三歲
【時事】正月,置玄學博士歲舉人以明經法。

二月,令明經試大義、時務策,進士試大經十帖。

張守珪頗契丹於捺祿山。

河西兵大破吐蕃於青海西,自是吐蕃復絕朝貢。

四月,監察御史周子諒上書忤旨,杖殺於朝堂。

五月,令於諸色征人及客戶中募丁壯長充邊軍,給田宅,予優恤。

七月,大理少卿徐岵奏:今歲斷死刑五十八。

敕諸陵廟並隸宗正寺。

九月，頒新定《令》、《式》、《格》及《事類》一百三十卷於天下。

行和糴法於東西畿，加時價什二三，自是關中蓄積足。

十月，制自今年起，每年立春日迎春於東郊。

十一月，名相宋璟卒。

十二月，吐蕃使其大臣屬盧論莽藏來朝貢。

是年，初令租庸調租資課皆以土物輸京師。

738　唐開元二十六年　戊寅　二十四歲

【時事】正月，牛仙客爲侍中。

潮州刺史陳思挺謀反，被殺。

二月，以李林甫遙兼隴右節度副大使。以牛仙客遙兼河東節度副大使。

令六月胡散隸諸州者聽還故土，於鹽、夏間置宥州以處之。

三月，減秘書省校書、正字官員。

吐蕃擾河西，崔希逸擊破之。

四月，始令太常卿韋縚讀時令於宣政殿，百僚於殿上列坐而聽之。

五月，以李林甫遙領河西節度使，兼判梁州事。

六月，立忠王李璵（後改名亨）爲皇太子。

七月，王忠嗣大敗吐蕃，置鎮西軍於鹽泉城。

九月，益州長史王昱率兵攻吐蕃安戎城，大敗，昱棄甲而遁，兵士死者數千人。

是年，分左右羽林置龍武軍，以萬騎營隸之。

兩京建行宮，造殿宇各千餘間。

739　唐開元二十七年　己卯　二十五歲

【時事】正月，大雨雪。

命送募關內、河東壯士三、五萬人至隴右防守。秋末無警聽還。

二月，加尊號「開元聖文神武皇帝」，大赦，開元以來諸色痕瘢人咸從洗滌，左降官量移近處。百姓免今年租稅。

四月，禁陰陽術數之書無干婚喪、卜擇者。

廢洮州隸蘭州，改臨州爲洮州。

牛仙客爲兵部尚書兼侍中；李林甫爲禮部尚書，依舊兼中書令。

以東宮內侍隸內侍省爲署。

六月，張守珪以賄貶爲括州刺史。

八月，蓋嘉運襲破突騎施於碎葉城，殺蘇祿，威震西陲。

吐蕃擾白草、安人等，敗走。

九月，皇太子改名紹。

十月，將改作明堂，訛言官取小兒埋於明堂之下，以為厭勝。

村野兒童藏於山谷，都城騷然，咸言兵至。玄宗惡之，遣主客郎中王佶往東都及諸州宣慰百姓，久之始定。

毀東都明堂上層，改拆下層為乾元殿。

是年，日本遣唐使判官等遭風漂至崑崙，回到日本。

李華有《乾元殿賦》，當作於此年。

740 唐開元二十八年 庚辰 二十六歲

【時事】正月，兩京路及城中苑內種果樹。

以正月望日御勤政樓宴群臣，連夜燒燈，會大雪而罷，因命自今而後常以二月望日夜為之。

三月，益州長史章仇兼瓊拔吐蕃安戎城。

五月，吐蕃擾安戎城，兼瓊又敗之。

八月，幽州兵破奚、契丹。

十月，吐蕃擾安戎城及維州，遣關中（弓廣）騎擊之；吐蕃退，改安戎曰平戎。

十一月，牛仙客罷遙兼朔方、河東節度副大使。

十二月，突騎施酋長莫賀達干率眾內屬。

是歲，州三百二十一，縣千五百七十三，戶八百四十一萬二千八百七十一，人口四千八百一十四萬三千六百九。

頻年豐收，京師米價每斛不滿二百錢。

741 唐開元二十九年 辛巳 二十七歲

【時事】正月，禁士庶厚葬。

三月，吐蕃、突厥各遣使來朝。

六月，吐蕃四十萬入邊，至安人軍渾崖峰，騎將臧希液以五千人破之。

七月，突厥內哄，登利可汗被殺。骨咄葉護自為可汗。

八月，以平盧兵馬使安祿山為營州都督，充平盧軍節度副使，兩番、渤海、黑水四府經略使。

九月，大雨雪，稻禾偃折。

十月，分北庭、安西為二節度使。

分遣大理卿崔翹等八人往諸道黜陟官吏。

十二月，吐蕃入侵、陷廓州達化縣及振武軍右堡城。

是年，頒行《大唐開元禮》。

中天竺王子孫承恩來唐。

742　唐玄宗天寶元年　壬午　二十八歲

【時事】正月，改元天寶，大赦。

分平盧別為節度，以安祿山為節度使。是時有十節度以備邊，凡鎮兵四十九萬，馬八萬。

二月，改侍中為左相，中書令為右相，左右丞相依舊為僕射，黃門侍郎為門下侍郎。改東都為東京，北都北京，州改為郡，刺史改為太守。

平盧節度使安祿山進階驃騎大將軍。

六月，十姓可汗阿史那昕被殺，突騎施都摩度來降，命為三姓葉護。

七月，左相牛仙客卒。

八月，李适之代牛仙客為左相，又兼兵部尚書；右相李林甫加尚書左僕射。

拔奚密、回紇、葛邏祿三部。攻殺突厥骨咄葉護，突厥餘眾立烏蘇米施可汗，以其子為西殺。拔奚密等攻之，烏蘇米施可汗遠遁，西殺等率殘部千餘帳來降，突厥遂微。

九月，改天下縣名不穩及重名一百一十處。兩京玄元廟改為太上玄元皇帝宮。

十月，改驪山為會昌山，仍於秦坑儒之所立祠宇，以祀遭難諸儒。

新成長生殿名曰集靈臺，以祭祀天神。

十二月，隴右節度使與吐蕃戰於青海，敗之；河西節度使克吐蕃漁海。

冬，無冰。

是年，縣一千五百二十八，鄉一萬六千八百二十九，戶八百五十二萬五千七百六十三，人口四千八百九十萬九千八百。

日本沙門榮睿、普照至揚州大明寺，聽鑒真律師講法，並請東渡，鑒真許之。

743　唐天寶二年　癸未　二十九歲

【時事】五月，作昇仙宮。

追尊老君爲大聖祖玄元皇帝。改兩京崇玄學爲崇玄館，博士爲學士，助教曰直學士，置大學士一人，以宰相爲之，領兩京玄元宮及道觀。

三月，改西京玄元宮曰太清宮，東京玄元宮曰太微宮。

四月，韋堅引滻水爲潭以聚江淮運船成，賜名廣運潭。

隴右皇甫惟明破吐蕃洪濟城。

冬，無雪。

是歲，徙安東都護府於遼西故城。

新羅遣使來唐。

【李華事】是年，舉博學鴻詞科，爲科首，由南和尉擢秘書省校書郎。李華自天寶二年擢秘書省校書郎後，至七載仍任此職。

《含元殿賦》寫作時間的上限。《舊唐書》本傳：「華進士時，著《含元殿賦》萬餘言，穎士見而賞之曰：『《景福》之上，《靈光》之下。』」《舊唐書》本傳：「李華……開元二十三年進士擢第。」按《舊唐書》所言，此文當作於開元二十三年（735）之後。但此說僅見於《舊唐書》，《新唐書》卷一百九十下、《唐國史補》卷上、《唐摭言》卷七、《唐語林》卷二均未言賦作於「進士時」。《舊唐書》記載不確。又獨孤及《檢校尙書吏部員外郎趙郡李公中集序》云：「自監察御史已後所作頌、賦、詩、歌、碑、表、敍、論、誌、記、贊、祭，凡一百四十三篇，公長子羔，字宗緒，編爲二十卷，號《中集》。其中陳王業則《無疆頌》；主文而譎諫則《言醫》、《含元殿賦》。」《序》又云：「（天寶）十一年（752），拜監察御史。」《新唐書》本傳：「天寶十一載，遷監察御史。」據此又知《含元殿賦》乃天寶十一載華官監察御史之後所作。《通典》卷二四：「大唐監察御史……掌內外糾察，並監祭祀及監諸軍、出使等。」《新唐書·百官志》：「監察御史……掌分察百僚，巡按州縣，獄訟、軍戎、祭祀、營作、太府出納皆蒞焉。」監察御史有監諸軍和出使的職事，在官監察御史期間，李華出使朔方，此時距京遙遠，俗務煩雜，不可能做此鴻篇巨製。因而獨孤及《序》記載亦不甚明。此賦當作於李華任秘書省校書郎之時。賦末云：「崇四瀆之前式，勑懷鉛之小臣。俾讎書於禁中，正百代之遺文。由是循環天造，耳目日新，敢頌成功，告於神宗。無媿斯干之什，式昭聖德之容。」「懷鉛小臣」謂從事著述的卑微小吏，「讎書禁中」當是自指其任秘書省校書郎之職。獨孤及《序》：「……天寶二年舉博學宏詞，皆爲科首，由南和尉擢秘書省校書郎。」《著作郎廳壁記》云：「今大著作清河崔公

名傑，天寶三載，自秘書郎拜。……先是命官之記，不列於齋，以華職忝末班，與聞前志，拜命之辱，敢敘官之守云。時天寶七載二月辛亥記。」據以上兩條，知李華天寶二年（743）擢秘書省校書郎，至七載（748）仍任此職。唐秘書省有著作局，置著作郎二人（從五品上），掌判局事；又置校書郎二人（正九品上），華自云「職忝末班」，則是時（天寶七載二月）他當在秘書省著作局爲校書郎。

《中書政事堂記》寫作時間的上限。唐中宗即位以後，移政事堂於中書省。唐玄宗開元十一年（723），改政事堂名爲中書門下，但其後仍有稱爲中書政事堂或中書都堂。李華並未在中書省任職，然此篇作於京師，當是李華在京師任職所作。華天寶二年（743）擢秘書省校書郎，至七載（748）仍任此職。此文當作於此期間。

《京兆府員外參軍廳壁記》寫作時間的上限。此篇當是李華在京師任職所作，華天寶二年（743）擢秘書省校書郎，此文當作於此時。

744　唐天寶三載　甲申　三十歲

【時事】正月，改年爲載。

二月，皇太子紹改名亨。

閏二月，吳令光自海上掠台州、明州，南海太守劉巨麟擊破之，吳令光被殺。

三月，以平盧節度使安祿山兼范陽節度使。

四月，天下州郡取官物鑄金銅天尊及佛各一軀，送開元觀、開元寺。

八月，制內外文武官員，六品以下，自今起，赴任之後，計年終滿二百日以上者，許其成考。

九姓拔奚密葉護攻殺突厥烏蘇米施可汗，傳首京師。

十一月，每年依舊取正月十四、十五、十六日開坊市門燃燈，永以爲常式。

十二月，分新豐縣置會昌縣。

初令百姓十八以上爲中男，二十三以上成丁。每歲庸調，八月起徵，可延至九月。

745　唐天寶四載　乙酉　三十一歲

【時事】正月，回紇懷仁可汗殺突厥白眉可汗，自是回紇盡有突厥故地，北邊稍安。懷仁可汗旋死，子葛勒可汗立。

三月，以外孫獨孤氏女爲靜樂公主，嫁契丹松漠都督李懷節；以外孫楊氏女爲宜芳公主，嫁分饒樂都督李延寵。

八月，玄宗冊宮中女道士楊太眞爲貴妃。

河南睢陽、淮陽、譙等八郡大水。

九月，奚、契丹以安祿山數來侵掠，各殺公主以反抗。

隴右節度使與吐蕃戰於石堡城，官軍敗，副將褚誗死之。

十月，遣安爲戶口色役使。

於單于都護府置金河縣，安北都護府置陰山縣，以全昌縣爲同京縣。

746　唐天寶五載　丙戌　三十二歲

【時事】正月，停六品以下員外官。

封中嶽爲中天王，南嶽爲司天王，北嶽爲安天王。天下山水，名稱或同，義且不經，多因於里諺，宜令所司各據圖籍改定。

王忠嗣爲河西、隴右節、度使，兼知朔方、河東節度使，與吐蕃戰於青海、積石，皆大捷，又擊吐谷渾於墨離軍，虜其全部而歸。

四月，封奚王婆固爲昭信王，契丹王楷洛爲恭仁王。

五月，敕今後每至旬節休假，中書門下文武百僚不須入朝，外官不須衙集。

六月，敕三伏內令宰相辰時還宅。

九月，與太清宮刻石，爲李林甫、陳希烈像侍於聖容之側。

十月，改臨淄郡爲濟南郡。

十二月，宰相李林甫傾陷勝己者，數興大獄，皆令酷吏吉溫鞫之，前後死流者甚眾。

747　唐天寶六載　丁亥　三十三歲

【時事】正月，令通一藝者皆送詣京師，以廣求賢才，李林甫故艱其試，無一人及第，於是林甫上表賀野無遺賢。

李林甫遣人杖殺北海郡太守李邕，迫李适之自殺。房琯因累貶宜春太守。

於京城置三皇、五帝廟，以時享祭。

五嶽既已封王，四瀆亦升公位，封河瀆爲靈源公，濟瀆爲清源公，江瀆爲廣源公，淮瀆爲長源公。

四月，王忠嗣因前屢奏安祿山必反，觸怒李林甫，被誣貶爲漢陽太守。

十一月，戶部侍郎愼矜及其弟少府少監愼餘、洛陽令愼名，並爲李林甫及御史中丞王鉷所誣，下獄死。

十二月，高仙芝爲安西四鎮節度使，封常清爲節度判官。

是年，安祿山加御史大夫銜。

748　唐天寶七載　戊子　三十四歲

【時事】四月，以高力士爲驃騎大將軍。

五月，三皇以前帝王，京城置廟，以時致祭。其歷代帝王肇跡之處未有祠宇者，所在各置一廟。

六月，賜安祿山鐵券。

八月，改千秋節爲天長節。改萬年縣爲咸寧縣。

十月，封楊貴妃姊二人爲韓國、虢國夫人，恃寵納賄，門庭若市。

十二月，隴右節度使哥舒翰築神威軍城於青海上，又築應龍城於青海中龍駒島，自是吐蕃不敢近青海。

【李華事】作《贈禮部尙書清河孝公崔沔集序》。獨孤及《序》：「……天寶二年舉博學宏詞，皆爲科首，由南和尉擢秘書省校書郎。」又《著作郎廳壁記》云：「今大著作清河崔公名傑，天寶三載，自秘書郎拜。……先是命官之記，不列於齋，以華職忝末班，與聞前志，拜命之辱，敢敘官之守云。時天寶七載二月辛亥記。」知李華天寶二年擢秘書省校書郎後，至七載（748）仍任此職。再獨孤及《序》云：「（天寶）八年（749），歷伊闕尉。」因而「祐甫代華爲校書郎」時，應在天寶七載，此文當作於此時。

作《著作郎廳壁記》。記云：「今大著作清河崔公名傑，天寶三載，自秘書郎拜。……先是命官之記，不列於齋，以華職忝末班，與聞前志，拜命之辱，敢敘官之守云。時天寶七載二月辛亥記。」唐秘書省有著作局，置著作郎二人，掌判局事；又置校書郎二人，華自云「職忝末班」，則是時（天寶七載二月）他當在秘書省著作局爲校書郎。

749　唐天寶八載　己丑　三十五歲

【時事】三月，朔方節度使張齊丘於中受降城北五百餘里木刺山築橫塞城。

五月，府兵制大壞，停折衝府上下魚書。時彍騎亦寖敗，應募者多無賴子弟，未嘗習兵；其精兵皆聚於西北二邊。

六月，隴右節度使哥舒翰攻拔吐蕃石堡城，唐士卒死者數萬。哥舒翰加

攝御史大夫。

閏六月，改時報成爲神武軍。置保寧都護府於劍南西山索磨川。

八月，護密王羅眞檀來朝。

十月，何履光率十道兵伐雲南。

【李華事】是年，河南府伊闕縣尉任上。獨孤及《序》：「（天寶）八年（749），歷伊闕尉。」再據《河南府參軍廳壁記》《安陽縣令廳壁記》文末所署「天寶九載九月十三日記」，「天寶十載記」知李華天寶八載至十載任伊闕縣縣尉。再據《唐故東光縣主神道碑銘》序中所云，「少子德位兼盛曰迴，今河南尹兼東都留守、上柱國……不逮劬勞之報，故也銜涕投簡而命下吏，敬銘三章，式表幽宅」，知裴迴天寶十載至十三載任河南尹（郁賢皓《唐刺史考》卷四九），李華爲「下吏」，則其依然任伊闕縣尉。

750　唐天寶九載　庚寅　三十六歲

【時事】正月，群臣請封西嶽，從之。

二月，安西兵破（去曷）師。

三月，西嶽廟災。關內久旱，制停封西嶽。

五月，安祿山進封東平郡王。將帥封王自此始。

七月，國子監置廣文館，領生徒爲進士業者。

八月，以安祿山兼河北道採訪處置使。

十月，安祿山入朝，獻奚俘八千；前許安祿山於上谷置五爐鑄錢，因獻錢樣千緡。

十一月，立周武王、漢高祖廟於京城。

十二月，關西遊弈軍攻吐蕃樹敦城。

是年，楊釗請更名，玄宗賜名國忠。

日本遣藤原清河等入唐，共二百二十餘人，是爲第十一次遣唐使。藤原清河後留仕於唐。

【李華事】《唐故東光縣主神道碑銘並序》寫作時間的上限。碑云：「少子德位兼盛曰迴，今河南尹兼東都留守、上柱國……不逮劬勞之報，故也銜涕投簡而命下吏，敬銘三章，式表幽宅。」迴即裴迴，據郁賢皓《唐刺史考》卷四九所考，天寶十載至十三載迴任河南尹。文中華自稱「下吏」，則是時他當仍在河南府伊闕縣爲縣尉。又天寶九載至十載，李華官伊闕尉，撰有《河南府參軍廳壁記》（此文末署「時天寶九載九月十三日記」）、《安陽縣令廳壁

記》（此文末署「天寶十載記」）、《故河南府伊闕縣博陵崔府君墓誌銘並序》（作於天寶九載，見《唐代墓誌彙編續集》第 639 頁），因而此文當作於天寶九載或十載。

作《河南府參軍廳壁記》。文末云：「時天寶九載九月十三日記。」

751　唐天寶十載　辛卯　三十七歲

【時事】正月，李林甫兼安北副大都護、朔方節度使。

安西西鎮節度使高仙芝執突騎施可汗及石國王。

二月，安祿山兼雲中太守、河東節度使。

三月，高仙芝除武威太守河西節度使，代安思順。

四月，劍南節度使鮮于仲通將兵六萬，與南詔閣羅鳳戰於瀘川，官軍大敗，死於瀘水者不可勝數。閣羅鳳敗唐軍後，臣於吐蕃。

六月，高仙芝與大食戰於怛邏斯城，大敗，死者二萬餘人。

八月，安祿山與契丹戰於吐護眞河，大敗，死者數萬人。

廣陵郡海溢、大風，覆船數千艘。

京城武庫火災，燒毀兵器四十七萬件。

十一月，兵部侍郎、兼御史中丞楊國忠，兼領劍南節度使。

是年，安祿山與楊貴妃關係曖昧，出入宮掖不禁，醜聲聞于外。

【李華事】作《故河南府伊闕縣丞博陵崔府君墓誌銘並序》。墓誌云：「唐天寶九載之季月，伊闕丞博陵崔君遘疾於官，就醫於河南興敬里，不幸逝於家，□年五十五」，又言「以明年十一月五日，窆於洛陽陽縣清風原，前夫人祔焉，禮也」，知此文作於天寶十載（751）。

作《揚州隆興寺經律院和尚碑》。文曰：「和尚法號懷仁，其人也，惟天寶十載十月十四日，晨起盥漱，繩床跏趺，心奉西方。既曛，就滅於龍興寺，春秋八十三，僧夏六十。」此文作於天寶十載。

作《安陽縣令廳壁記》。文末云：「天寶十載記」。

752　唐天寶十一載　壬辰　三十八歲

【時事】二月，禁惡錢，官出好錢以易之；旋以商旅不便，止之。

三月，突厥降將阿布思，為安祿山所逼，率其部下叛歸漠北。

改吏部為文部，兵部為武部，刑部為憲部，其部內諸司有部字者並改，將作大匠、少匠為大、小二監。

四月，御史大夫王珙坐弟王銲謀反被殺。

李林甫罷安北副大都護。

楊國忠兼京兆尹。

五月，京兆尹楊國忠加御史大夫、京畿關內採訪等使，領二十餘使。

六月，吐蕃兵援南詔，劍南兵破之於雲南，克故洪城。

九月，阿布思擾邊。

十一月，李林甫死，以楊國忠為右相兼文部尚書，兼修國史。

十二月，以平盧兵馬使史思明兼北平太守，充盧龍軍使。

冬，安祿山、哥舒翰入朝，玄宗令高力士設宴於崔惠童駙馬山池以款待之，安祿山、哥舒翰在席間口角相爭，結怨愈深。

是年，封常清為安西副大都護，攝御史中丞，持節充安西四鎮節度、經略、支度、營田副大使，知節度事。

【李華事】是年，李華拜監察御史。獨孤及《序》：「（天寶）十一年（752），拜監察御史。」《新唐書》本傳：「天寶十一載，遷監察御史。」陳鐵民考「李華當於天寶十一載或十二載秋冬間出使朔方，此行曾到過安北單于二都護府、三受降城及靈州等地……監察御史有監諸軍和出使的職事，李華出使朔方，即在官監察御史期間」（《李華事蹟考》，第 8 頁）。

《二孝贊並序》寫作時間的上限。文曰「華奉使朔陲，欲親往弔焉，屬河凌絕渡，願言不果」，華於天寶十一載（752）或十二載（753）秋冬間出使朔方，此文當作於此後。

《卜論》、《賢之用捨》、《君之牧人》、《國之興亡解》、《材之小大》、《言醫》寫作時間的上限。獨孤及《序》云：「自監察御史已後所作頌賦詩歌碑表……凡一百四十三篇，……編為二十卷，號中集。其中陳王業，則《無疆頌》；主文而譎諫，則《言醫》、《含元殿賦》……。」知《言醫》乃天寶十一載華官監察御史之後所作。《通典》卷二四：「大唐監察御史……掌內外糾察，並監祭祀及監諸軍、出使等。」《新唐書·百官志》：「監察御史……掌分察百僚，巡按州縣，獄訟、軍戎、祭祀、營作、太府出納皆蒞焉。」監察御史有內外糾察之職，選賢用能之責，掌管祭祀等職責，此六篇當均作於華任監察御史時。獨孤及《序》云：「（天寶）十一年，拜監察御史」；又《新唐書》本傳云：「天寶十一載，遷監察御史。宰相楊國忠支姬所在橫猾，華出使，劾按不橈，州縣肅然。為權興見疾，徙右補闕。」據華《御史大夫廳壁記》、《御史中丞廳壁記》考華徙右補闕在天寶十四載六月十五日。因而華任監察御史

在天寶十一載（752）至天寶十四載（753）之間。據此知，《卜論》、《賢之用
捨》、《君之牧人》、《國之興亡解》、《材之小大》、《言鑒》六篇當作於同時，
前後相差不遠，概在天寶十一載（752）至天寶十四載（753）之間。

作《韓國公張仁願廟碑銘並序》。文曰「天寶季歲，華奉使朔方，展敬祠
下，式瞻風采」，李華當於天寶十一載或十二載秋冬間出使朔方，此行曾到過
安北單于二都護府、三受降城及靈州等地。此文當作於此時。作於天寶十一
載（752）或天寶十二載（753）。

《弔古戰場文》寫作時間的上限。李華當於天寶十一載或十二載秋冬間
出使朔方，此行曾到過安北單于二都護府、三受降城及靈州等地。文云：「浩
浩乎平沙無垠，敻不見人；河水縈帶，群山糾紛；黯兮慘悴，風悲日曛；蓬
斷草枯，凜若霜晨；鳥飛不下，獸鋌亡群……。」李華出使時所到的安北都
護府等地北臨大漠，那裡的景象同此文所展現的圖畫大抵相合。所以，此文
當作於李華這次朔方之行以後。《唐代文學論叢》總第五輯（中國唐代文學學
會、西北大學中文系主辦，陝西人民出版社 1984 年）載俞紀東《李華和他的
〈弔古戰場文〉》有較爲詳細的考證，將此文繫於天寶十一載至十三載春這段
時間內。陳鐵民也說「此文當作於李華這次朔方之行以後」（《李華事蹟考》，
第 9 頁）。

753　唐天寶十二載　癸巳　三十九歲

【時事】正月，楊國忠於尚書省注官，注訖，於都堂對左相與諸司長官
唱名。

二月，追削故右相李林甫在身官爵。

五月，阿布思爲回紇所破，安祿山誘降其部眾。

發嶺南五府兵擊南詔。

七月，天下齊人不得鄉貢，須補國子學生然後貢舉。

八月，隴右節度使哥舒翰擊吐蕃，拔洪濟、大漠門等城，奚收九曲部落。

楊國忠爲厚結哥舒翰以對抗安祿山，奏以哥舒翰兼河西節度使，進封西
平郡王。

九月，哥舒翰以涼國公進封西平郡王；哥舒翰奏侍御史裴冕爲河西行軍
司馬。

以黑姓可汗登里伊羅密施爲突騎施可汗。

阿布思遁至葛邏祿，被執，送於北庭都護。

是歲，安西節度使封常清破大勃律。

【李華事】獨孤及《序》云：「（天寶）十一年，拜監察御史。會權臣竊柄，貪猾當路，公入司方書，出按二千石，持斧所向，郡邑爲肅，爲奸黨所嫉，不容於御史府。除右補闕。」《新唐書》本傳云：「天寶十一載，遷監察御史。宰相楊國忠支婭所在橫猾，華出使，劾按不橈，州縣肅然。爲權興見疾，徙右補闕。」按，天寶十一載十一月，右相李林甫卒，楊國忠繼任右相。上述記載皆謂華爲御史，不避權貴，遂爲奸黨所嫉，徙右補闕。

754　唐天寶十三載　四十歲

【時事】正月，安祿山入朝，太子及楊國忠皆言祿山必反，不聽。加安祿山尚書左僕射，又加閒廐、五坊、宮苑、隴右群牧等使，兼知總監事。祿山選健馬數千匹，別飼之。

二月，上聖祖老君尊號曰「大聖祖高山大道金闕玄元天皇大帝」。

右相兼文部尚書楊國忠爲司空。

安祿山奏前後討契丹立功將士請超三資，於是超授將軍者五百餘人，中郎將者二千餘人。

三月，隴右、河西節度使哥舒翰敗吐蕃，復河源九曲。

北庭都護程千里生擒阿布思，獻於勤政樓下，斬之於朱雀街。

封常清權北庭都護、伊西節度瀚海軍使。

四月，安祿山擊虜奚王李日越。

六月，侍御史、劍南留後李宓率軍擊南詔，全軍皆沒，宓被擒。

七月，於九曲地置洮陽、洮河二郡及神策軍。

秋，霖雨積六十餘日，京城垣屋頹壞殆盡，物價暴貴，人多乏食。東都瀍、洛暴漲，漂沒一十九坊。

是年，郡三百二十一，縣一千五百三十八，鄉一萬六千八百二十九，戶九百六十一萬九千二百五十四，人口五千二百八十八萬四百八十八。

【李華事】作《元魯山墓碣銘並序》。文曰：「維唐天寶十二載九月二十九日，魯山令河南元公終於陸渾草堂，春秋五十九」，又言「以明月十二日，窆於所居南岡，禮也」。知此文當作於天寶十三載（754）。

作《故左溪大師碑銘並序》。文曰：「天寶十三載九月十六日就滅，春秋八十二，僧夏六十一」。因而此文作於天寶十三載（754）。

755　唐天寶十四載　乙未　四十一歲

【時事】二月，安祿山請以蕃將三十二人代漢將，宰相韋見素諫止之，不聽，竟許之。

三月，安祿山與契丹戰於潢水，敗之。

六月，召安祿山進京，辭疾不至。

八月，免今年租庸之半。

十一月，安祿山以討楊國忠爲名，發兵十五萬反於范陽，河北郡縣多望風迎降。「安史之亂」自此始。

以伊西節度使封常清爲范陽、平盧節度使，郭子儀爲朔方節度使，右羽林軍大將軍王承業爲太原尹，衛尉卿張介然爲河南節度採訪使，金吾將軍程千里爲潞州長史，榮王琬爲元帥，高仙芝爲副元帥，共討安祿山。

十二月，安祿山渡河，攻陷陳留，又陷滎陽，封常清五戰五敗，遂陷東京。

安祿山遣將東略，東平太守嗣吳王祇、濟南太守李隨、平原太守顏眞卿等起兵拒之。

封常清與高仙芝退潼關，旋皆被殺。以哥舒翰爲兵馬副元帥，守潼關，討安祿山。

郭子儀敗安祿山大同軍，乘勝拔靜邊軍、馬邑城。

常山太守顏杲卿起兵殺安祿山將吏，河北十七郡皆應之，只六郡附祿山。

平原太守顏眞卿起兵討安祿山。

【李華事】是年六月十五日之前，華已徙右補闕。獨孤及《序》云：「（天寶）十一年，拜監察御史。會權臣竊柄，貪猾當路，公入司方書，出按二千石，持斧所向，郡邑爲肅，爲奸黨所嫉，不容於御史府。除右補闕。」《新唐書》本傳云：「天寶十一載，遷監察御史。宰相楊國忠支姬所在橫猾，華出使，劾按不橈，州縣肅然。爲權興見疾，徙右補闕。」天寶十一載十一月，右相李林甫卒，楊國忠繼任右相。上述記載皆謂華爲御史，不避權貴，遂爲奸黨所嫉，徙右補闕。

作《御史大夫廳壁記》。文末云：「天寶十四載六月十五日記」。

作《御史中丞廳壁記》。文末云：「天寶十四載九月十日記」。

作《祭劉左丞文》。文云：「維年月日，左補闕趙郡李華……祭於故國子

祭酒劉十六兄之靈。……疇昔之年，逆虜悖天（指安祿山反），帝命西平（西平郡王哥舒翰），董戎於關（指鎮守潼關）。上宰（指宰相楊國忠）奸回，蔽明怙權，沮以監撫，海內翻然，督哥舒將，盍補速轅（指玄宗聽信楊國忠之言，累遣中使催促哥舒翰引兵出關，恢復陝、洛）？兄在西陲，飛章上言，喻古引今，易亡爲存……華忝諫官，亦嘗披肝，千里同氣，寤寐永歎。請受監牧，請鎮豐安，乞固上黨，乞備太原，心竭犬馬，事屈群頑。哥舒表華，掌記轅門，明明仁兄，紹介三軍，舉族在此，懼爲禍原，竟迫方寸，孤天負恩。」劉十六即劉秩（見岑仲勉《唐人行第錄》）。秩爲劉子玄（知幾）子，《舊唐書·劉子玄傳》云：「秩，給事中、尚書右丞、國子祭酒。」《新唐書》卷七一上《宰相世系表》亦云：「秩，尚書右丞。」華此文作「左丞」，蓋因形近致誤。關於秩「飛章上言」事，《新唐書·劉子玄傳》云：「秩字祚卿……坐小累，下除隴西司馬。安祿山反，哥舒翰守潼關，楊國忠欲奪其兵，秩上言：『翰兵天下成敗所繫，不可忽。』房琯見其書，以比劉更生。」又，「華忝諫官」以下十句，蓋謂當時自己任諫官，也曾獻守禦之策，但結果是「事屈群頑」。另「哥舒表華」二句，是說天寶十四載十二月翰受命守潼關後，曾辟華爲幕府掌書記。此文蓋作於此時。

756　唐天寶十五載　唐肅宗李亨至德元載　丙申　四十二歲

【時事】正月，安祿山在東京稱皇帝，國號燕，建元聖武。

顏杲卿兵敗被執，死。

哥舒翰進位尚書左僕射，同中書門下平章事。

二月，李光弼、郭子儀大破安祿山將史思明，攻克郡縣十餘。

眞源令張巡起兵，屢敗安祿山將令狐潮於雍丘。

北海太守賀蘭進明起兵拔信都。

三月，以河東節度使李光弼爲御史大夫、范陽節度使。

殺戶部尚書安思順、太僕卿安元貞。

四月，以贊善大夫來瑱爲潁川太守、招討使，數敗安祿山兵。

五月，安祿山遣將攻南陽。

六月八日，哥舒翰將兵八萬，與安祿山將崔乾祐戰於靈寶西原，官軍大敗，死者十六七；

九日，哥舒翰至潼關，爲部下執之降敵。潼關陷。

十三日晨，玄宗倉皇西走奔蜀。

　　十五日，至馬嵬驛，軍士殺楊國忠等，玄宗被迫縊殺楊貴妃；百姓請留太子，許之；遂至成都，太子北趨靈武。

　　安祿山聞帝出走，遣將入長安。

　　七月，太子李亨即帝位於靈武，尊帝爲上皇元帝，改元至德，是爲肅宗。

　　玄宗次普安郡，從房琯議，以太子李亨充天下兵馬元帥，遣永王李璘領四道節度都帥，以圖收復兩京。次巴西郡，又以崔渙爲門下侍郎、同中書門下平章事，以韋見素爲左相。抵蜀郡，扈從官吏軍士到者一千三百人，宮女二十四人。

　　八月，玄宗在蜀都府衙，靈武使至，始知皇太子已即帝位，乃命韋見素、房琯、崔渙等奉寶冊至靈武禪位。

　　同羅、突厥之從安祿山反屯長安者多來降。回紇可汗、吐蕃贊普皆遣使請助討安祿山。

　　九月，以廣平王俶爲天下兵馬元帥。

　　十月，房琯軍大敗於陳濤斜；又以南軍戰，仍敗北。

　　十一月，史思明攻陷河間、景城、平原等郡，顏眞卿敗走，河北諸郡多陷。

　　十二月，永王李璘領四道節度使鎮江陵，謀反。丹徒郡太守閻敬之與璘戰，死之。

　　置淮南節度使，領廣陵等十二郡，又置淮南西道節度使，領汝南等五郡，使與江東節度共防李璘。

　　張巡、許遠會師，大破安祿山兵，斬首萬餘級。

　　是年，玄宗以道士楊通幽「覓楊妃魂魄」事，賜物千段，金銀各千兩，良田五千畝。

　　新羅遣使朝唐帝於蜀。

　　【李華事】是年，安祿山軍陷潼關，尋入長安，李華爲賊所獲，僞署爲鳳閣舍人。李華《寄趙七侍御》云：「世故墜橫流，與君哀路窮。」自注：「逆胡陷兩京，華與趙受辱賊中。」《舊唐書》本傳：「祿山陷京師，玄宗出幸，華扈從不及，陷賊，僞署爲鳳閣舍人。」《新唐書》本傳：「玄宗入蜀，百官解竄，華母在鄴（在今河南安陽北），欲間行輦母以逃，爲盜所得，僞署鳳閣舍人。」又獨孤及《序》云：「祿山之難……時繼太夫人在鄴。初，潼關敗書聞，或勸公走蜀詣行在所，公曰：『奈方寸何！不若間行問安否，然後輦母安

興而逃。』謀未果，爲盜所獲。」

作《正交論》。安史之亂自唐玄宗天寶十四年（755）至唐代宗寶應元年（762），前後長達八年。李華在安史之亂中被授僞職，安史之亂平後，華未受太大牽連。原因有二：一是李華侍母之孝，方被所虜，接受僞職實是無可奈何之舉；二是他始終心繫國家，站在朝廷一邊。文曰：「近代無鄉里之選，多寄隸京師，隨時聚散，懷牒自命，積以爲常，吠形一發，群響雷應，銓擇多誤，知之固難。使名實兩虧，朋友道薄，蓋由此也。況眾邪爲雄，孤正失守，誘中人之性，易於不善。求便身之路，庸知直道，不從流俗，脩身俟死者益寡焉。」其中所言，語多憤懣，實是說朝廷銓擇不當，任親爲賢。又云「受施忘惠者，仁義之蠹，跡均心異者，蠻貊之俗。面附背攜者，人道所棄」，批判之言，似針對安史之亂發動者。至德元載（756）六月，李華僞署鳳閣舍人，此文當作於此時。

757　唐至德二載　丁酉　四十三歲

【時事】正月，安祿山爲其子安慶緒遣閹宦李豬兒所殺；慶緒即位。

永王璘攻陷鄱陽郡。

二月，郭子儀大破崔乾祐於潼關，收河東郡。

安慶緒以史思明爲范陽節度使，史思明漸不聽命。

永王璘兵敗奔於嶺外，至大庾嶺，爲洪州刺史皇甫侁所殺。

三月，吐蕃遣使和親。

四月，以郭子儀爲天下兵馬副元帥，赴鳳翔，爲安慶緒兵所截，敗於長安西。

五月，房琯因敗陳濤斜，又因客董廷蘭，罷相。張鎬爲中書侍郎、同中書門下平章事。

六月，南充郡民何滔執本郡太守楊齊曾以反，劍南節度使盧元裕擊平之。

七月，安慶緒兵圍睢陽，張巡求救於賀蘭進明，不應。

蜀郡兵亂，旋平。

八月，焚長春宮。

改雍縣爲鳳翔縣，陳倉爲寶雞縣。

閏八月，廣平郡王俶與郭子儀率朔方、安西、回紇、南蠻、大食等軍二十萬與安慶緒軍戰於香積寺西北，安軍大敗，遂復長安。

十月，睢陽失陷，張巡、許遠、南霽雲被執，先後死。

吐蕃陷西平郡。

郭子儀等大敗安慶緒兵於陝川，安慶緒殺所獲唐將三十餘人，倉皇走鄴，改爲安成府，改元天成。

廣平郡王收復東京，河南諸郡紛紛殺安慶緒將吏降。

肅宗自鳳翔還京，遣太子太師韋見素入蜀迎玄宗。

陷賊官僞署文武脅從官，免冠徒跣，朝堂待罪，禁之府獄，命中丞崔器劾之。

十一月，河南、河東諸郡縣皆平。宮省門帶「安」字者改之。

十二月，玄宗還長安，肅宗至望賢宮奉迎。

改郡爲州，以蜀郡爲南京，鳳翔爲西京，西京爲中京。蜀郡改爲成都府。

廣平郡王俶爲太尉，進封楚王。

郭子儀加司徒，進封代國公。

史思明以其兵眾八萬之籍，遣人送表請降，封歸義王，范陽節度使。

派人詳理降安祿山諸臣獄，自棄市至流貶，分六等定罪。

是歲，詔迎鳳翔法門寺佛骨入禁中，立內道場。

【李華事】是年，李華貶爲杭州司功參軍。《舊唐書》本傳：「收城後，三司類例減等，從輕貶官，遂廢於家，卒。」獨孤及《序》：「二京既復，坐謫杭州司功參軍。」《新唐書》本傳：「賊平，貶杭州司戶參軍。」李華《雲母泉詩》序云：「乾元初，……華貶杭州司功。」

758　唐至德三載　乾元元年　戊戌　四十四歲

【時事】二月，改元乾元。大赦。普免一年租庸。

贈死於王事及拒僞命者官。

免陷賊州稅三年。

今後醫卜入仕者，同明法例處分。

仍以載爲年。

三月，以歲饑，禁酤酒，麥熟之後，仍依常式。

四月，史思明殺范陽節度副使烏承恩以反。

五月，停採訪使，改黜陟使爲觀察使。

張鎬罷相。房琯被貶。

六月，改行韓穎所造新曆。

吐火羅、康國遣使朝貢。

七月，鑄「乾元重寶」錢，一以當十。

冊回紇可汗曰英武威遠毗伽闕可汗，以皇女寧國公主妻之。

党項羌擾邊。

八月，回紇遣兵助討安慶緒。

九月，遣郭子儀等七節度使討安慶緒，以宦官魚朝恩爲觀察軍容宣慰處置使以監護之；子儀等旋大破安慶緒，圍之。

十月，冊立皇太子俶，更名豫。

郭子儀大破安慶緒軍於衛州，獲其弟安慶和。

衛州婦人侯四娘、滑州婦人唐四娘、某州婦人王二娘，相與歃血，請赴行營討賊。

十一月，郭子儀收魏州。

十二月，王師圍相州，安慶緒食盡，史思明大發兵援安慶緒。

史思明陷魏州。

平盧節度使王玄志死，裨將殺玄志子，推侯希逸爲平盧軍使，因命希逸爲節度副使。節度使由軍士廢立自此始。

是歲，吐蕃陷河源軍。

【李華事】作《東都聖善寺無畏三藏碑》。文曰：「乾元之歲，再造天維。」

作《杭州餘姚縣龍泉寺故大律師碑》。獨孤及《序》：「二京既復，坐謫杭州司功參軍。」《新唐書》本傳：「賊平，貶杭州司戶參軍。」又李華《雲母泉詩》序云：「乾元初，……華貶杭州司功。」此文當作於此時。

759 唐乾元二年 己亥 四十五歲

【時事】正月，史思明自稱大聖燕王於魏州，僭立年號。

郭子儀與安慶緒戰於愁思岡，敗之。

三月，郭子儀等九節度之師六十萬與史思明戰於相州，九節度兵潰，子儀斷河陽橋，以餘眾保東京。

史思明殺安慶緒。留其子史朝義守相州，自還范陽。

郭子儀爲東畿，山南東、河南等道節度防禦兵馬元帥。

四月，史思明自稱皇帝，國號燕，建元順天，改范陽爲燕京。

六月，分朔方置邠、寧等九節度使。以邠州刺史房琯爲太子賓客。

七月，襄州防禦將康楚元逐刺史王政，據城作亂，自稱南楚霸王；遣人諭解之，不聽。

李光弼兼幽州大都督府長史、河北節度等使。

九月，康楚元派張嘉延襲破荊州，澧、朗、復、郢、峽、歸等州官吏皆棄城奔竄。

新鑄大錢，文如「乾元重寶」，而重其輪，用一當五十，以二十二斤成貫。

史思明攻陷東京洛陽及齊、汝、鄭、滑四州，李光弼退守河陽。

十月，李光弼破史思明於河陽城下。

十一月，商州刺史韋倫破康楚元，楚元敗北，荊襄平。

御史大夫賀蘭進明貶溱州司馬。

十二月，史思明軍攻陝州，敗。

【李華事】作《台州乾元國清寺碑》。碑云：「（縣令李）平請於前刺史趙郡李公丹，丹請於河南等五道度支使、御史中丞京兆第五公琦，琦聞於天子，墨制曰可。僧義璿等伏以乾元之初，元惡掃除，國步既清，廟易名牓，因改曰乾元國清寺。……第五公以上智利國，人登宰輔。」台州治所在今浙江臨海。據兩《唐書·蕭宗紀》及《通鑑》載，第五琦為宰輔在乾元二年三月之後、十一月之前，此文當即作於這一期間。

作《祭劉評事兄文》。祭文開端即云：「維乾元二年，歲次己亥六月乙未朔三日丁酉，趙郡李華祭於劉三兄之靈。」

760　唐乾元三年　上元元年　庚子　四十六歲

【時事】正月，李光弼進位太尉、兼中書令。

以朔方節度使郭子儀兼邠寧、鄜坊兩道節度使。

二月，李光弼敗史思明於沁水上。

三月，改蒲州方河中府，其州縣官吏所置，同京兆、河南二府。

四月，李光弼破史思明於懷州、河陽。

襄州山南東道將張維瑾等軍作亂，殺其節度使史（歲羽）。來瑱為山南東道節度使，以討張維瑾。

東京留守韋陟為吏部尚書，太子賓客房琯為禮部尚書，平章事張鎬為左散騎常侍，太子賓客崔渙為大理卿。

大饑，米斗至一千五百文。

閏四月，改元上元。大赦。

禮部尙書房琯爲晉州刺史。

張維瑾降。

大饑,人相食,餓死者委骸於路。

史思明入東京。

五月,以河南尹劉晏爲戶部侍郎,充度支、鑄錢、鹽鐵等使。

六月,以私鑄錢者多,物價貴,令京畿開元錢與乾元小錢皆一當十,重輪錢一當三十,諸州另行規定。

史思明鑄順天得一錢,一當開元錢百,物價尤貴。

七月,高力士配流巫州;陳玄禮致仕。

九月,改荊州爲江陵府,置南都。其蜀郡先爲南京,復爲蜀郡。

十月,兵部侍郎尙衡爲青州刺史,青、登等州節度使。

十一月,李光弼拔懷州。

淮西監軍宦官刑延恩謀去節度副使劉展,劉展起兵,攻陷揚、潤、昇、蘇、常等州。

十二月,党項大掠美原、同官,田神功擊劉展,大掠廣陵、楚州,殺商胡千數。

是歲,吐蕃陷廓州。

【李華事】作《祭蕭穎士文》。祭文云:「維乾元三年二月十日,孤子趙郡李華,以清酌之奠,致祭於亡友故揚州功曹蘭陵蕭公之靈。」

761　唐上元二年　辛丑　四十七歲

【時事】正月,史思明改元應天。

平盧軍兵馬使田神功等生擒劉展,平盧兵大掠十餘日。

二月,奴刺、上黨羌擾寶雞,焚大散關,殺鳳州刺史,鳳翔尹李鼎擊敗之。

魚朝恩迫李光弼攻洛陽,李光弼等與史思明戰於北邙山,大敗,河陽、懷州皆陷,京師戒嚴。

三月,史思明爲其子史朝義所殺,史朝義即位,改元顯聖。

李光弼罷副元帥。

四月,長塞鎮將朱融等謀立嗣岐王珍,事泄,珍廢爲庶人,朱融等死貶有差。

梓州刺史劍南東川節度兵馬使段子璋反,自稱梁王,建元黃龍,以綿州

爲龍安府，進陷劍州。

五月，史朝義將令狐彰以滑州歸降，授彰、滑、魏、德、貝、相等六州節度使。

東西川兵破斬段子彰於綿州，綿州平。

李光弼進位太尉、兼侍中，充河南道副元帥，都統河南、淮南、山南東道五道行營節度，鎮臨淮。

九月，去「上元」年號，但稱元年，以十一月爲歲首，月以斗所建辰爲名。

停京兆、河南、太原、鳳翔四京及江陵南都之號。

李光弼破史朝義軍於許州城下，收復許州。

江淮大饑，人相食。

建子月（十一月），神策軍攻史朝義，拔永寧等縣。

建丑月（十二月），平盧節度使侯希逸破范陽，李懷仙引兵南至兗州，會田神功等。

【李華事】作《四皓後贊》《隱者贊七首》。文曰「時濁代危，賢人去之」，當作於李華絕意仕進之時。華除喪的時間應在上元二年（761）。華除喪後，不久即詔除爲左補闕。獨孤及《序》云：「因屏居江南……無何，詔復授左補闕，又加尚書司封員外郎。璽書連徵，公卿已下，傾首延佇，至之日，將以司言處公，公曰：『焉有隳節奪志者可以荷君之寵乎？』移疾請告。」《新唐書》本傳云：「上元中，以左補闕、司封員外郎召之。華喟然曰：『烏有隳節危親，欲荷天子寵乎？』稱疾不拜。」安史之亂李華被授僞職，加之疾病益重，因而不願仕進，正謂「返駕南山，白雲千里」是也。《隱者贊七首》寫作時間蓋與《四皓後贊》同，作於上元二年（761）後。

寫作《靈濤贊》。李華《雲母泉詩》序云：「潁川陳公，天寶中，與華同爲諫官。……乾元初，公貶清江丞，移武陵丞，華貶杭州司功，恩復左補闕，上元中，俱奉詔徵。公自清江至武陵，道路多虞，制書不至；華溯江而西，次於岳陽，江山延望，日夕相顧屬。……秋風露寒，洞庭微波，一聞猿聲，不覺涕下……。」此詩係華詔復左補闕後應召入京途次岳陽樓（在今湖南岳陽）之作，其時間爲上元二年（761）秋。此時李華途經岳陽，此文所寫爲洞庭湖景，詩文所述正值舊曆九月，時間恰好吻合，因而定此贊作於作於上元二年仲秋。

《四皓銘》寫作時間的下限。《四皓後贊》作於李華絕意仕進之時，上元二年詔復左補闕，稱疾不拜。《四皓贊》文字沉靜，語意舒緩，重在讚頌四皓，而無己意融入其中，是作於上元二年（761）以前。

762　唐代宗寶應元年　壬寅　四十八歲

【時事】建寅月（正月），李光弼拔許州。

吐蕃遣使請和。

租庸使元載徵江淮各道八年逋負租調，民多聚山澤反抗。

建卯月（二月），復以京兆府爲上都，河南府爲東都，鳳翔府爲西都，江陵府爲南都，太原府爲北都。

河東軍亂，殺節度使鄧景山，都知兵馬使辛雲京自稱節度使，許之。

郭子儀知朔方、河中、北庭、潞儀澤，沁節度行營，興平、定國軍兵馬副元帥，封汾陽王。

建辰月（三月），奴刺擾梁州。党項擾奉天奉天。

戶部侍郎元載同中書門下平章事。

建巳月（四月），玄宗卒。改元應應，復以建寅月爲正月，月數皆如舊。

蕭宗卒，宦官李輔國殺皇后張氏等，引太子即位，是爲代宗；尊李輔國爲尚父。

奉節郡王李适爲天下兵馬元帥，子儀罷副元帥。

五月，奉節郡王李适進封魯王，李光弼進封臨淮王。

改乾元大小錢皆一當一，幣制漸定。

六月，解李輔國兵柄，以宦官程元振代之。

七月，召還嚴武，以爲而二帝山陵橋道使，旋爲黃門侍郎。

劍南西川兵馬使徐知道反，發兵拒節度使嚴武。

八月，徐知道被殺。

台州人袁晁領導農民起義，陷三折東諸州縣，建元寶勝，民苦賦斂者爭歸之。

九月，袁晁陷信州。

山南東道節度使來瑱爲兵部尚書、同中書門下平章事。

回紇出兵助討史朝義。

十月，袁晁陷溫州、明州。

雍王李适爲天下兵馬元帥，會諸道及回紇兵於陝州，討史朝義，大破之。

回紇軍入東京，大殺掠，死者萬數；朔方、神策軍亦所至擄掠。

盜殺李輔國於其第，竊首而去。

十一月，史朝義將張忠志以趙、定、深、恒、易五州降，以忠志充成德軍節度使，賜姓名曰李寶臣。

史朝義將薛嵩以相、衛、洺、邢四州降。

以僕固懷恩爲河北副元帥，代郭子儀。

十二月，李光弼與袁晁戰於衢州。敗之。

史朝義奔莫州，諸道兵圍之。

是年，江東大疫，死者過半。

舒州人楊昭反，殺刺史劉秋子。

吐蕃侵擾秦、成、渭三州。

【李華事】作《望瀑泉賦》。文曰：「彼廬山浮重湖之上兮」，廬山，在江西九江市南；重湖，此稱謂複雜，不當具體指一處，此處應指鄱陽湖而言。因鄱陽湖通常以都昌和吳城間的松門山爲界，分爲南北（或東西）兩湖，松門山西北爲北湖，或稱西鄱湖，松門山東南爲南湖，或稱東鄱湖。因而李華有此稱。李華此時在江西九江。《衢州刺史廳壁記》末署：「……元年建寅月二十一日左補闕趙郡李華於江州附述。」按元年即肅宗寶應元年（762），建寅月即夏曆正月；江州，治所在今江西九江。此篇當作於同時。

又作《木蘭賦》。查《元和郡縣圖志》，「華容石門山」屬湖南省。華容位於湖南北陲岳陽市西境，北倚長江，南濱洞庭。李華《雲母泉詩》序云：「潁川陳公，天寶中，與華同爲諫官。……乾元初，公貶清江丞，移武陵丞，華貶杭州司功，恩復左補闕，上元中，俱奉詔徵。公自清江至武陵，道路多虞，制書不至；華溯江而西，次於岳陽，江山延望，日夕相顧屬。……秋風露寒，洞庭微波，一聞猿聲，不覺涕下……。」此詩係華詔復左補闕後應召入京途次岳陽樓（在今湖南岳陽）之作，其時間爲上元二年（761）秋。此時李華途經岳陽，查閱《中國歷史地圖集》（隋唐五代十國卷）知華必先經岳陽，然後方能西行抵華容，此段路程需一定時間。據賦中「縣令李韶行春見之」一語，知此文當作於次年春天，即寶應元年（762）春。

《質文論》寫作時間的上限。文曰「天下愚極則無恩，文則奢，奢則不遜，不遜則詐，其行也痼瘠，天下詐極則賊亂」，「無恩之病，緩於賊亂之極也，故曰莫尚乎奢也。奢而後化之，求固而不獲也。利害遲速，不其昭昭歟」，

皆言「文」與「賊亂」之關係。此文表面論「質文」，實論時政得失。當作於寶應元年（762）安史亂後。

作《衢州刺史廳壁記》。記云：「……元年建寅月二十一日左補闕趙郡李華於江州附述。」按元年即肅宗寶應元年（762），建寅月即夏曆正月。作於寶應元年正月二十一日。

763　唐寶應二年　廣德元年　癸卯　四十九歲

【時事】正月，史朝義自莫州突圍走，逃奔范陽，自縊死。李懷仙斬獻史朝義首降，其部將田承嗣亦降。「安史之亂」結束。

閏正月，以史朝義下降將李寶臣爲成德軍節度使，薛嵩爲相衛等州節度使；李懷仙爲幽州節度使；田承嗣爲魏博等州都防禦使。

二月，回紇軍歸國，所過抄掠，無所忌憚。

三月，襄州右兵馬使梁崇義殺大將李昭，據城自固，即命爲襄州刺史、山南東道節度使。

袁傪破袁晁之眾於浙東。

四月，李光弼奏生擒袁晁，農民起義被鎮壓，浙東州縣平。

五月，尚書省試制舉人，命左右丞，侍郎對試。

六月，以魏博等州都防禦使田承嗣爲節度使。

七月，改元廣德。大赦。功臣皆賜鐵券，藏名太廟，畫像凌煙閣。

今後刺史以三年爲限，縣令四年爲限。

吐蕃入大震關，陷蘭、郭、河、鄯、洮、岷等九州，盡取河西、隴右之地。

九月，吐蕃入侵涇州，刺史高暉以城降。

十月，吐蕃犯京畿，攻奉天、武功，京師戒嚴。命雍王李适爲關內兵馬元帥，郭子儀爲副元帥以禦之。王師失利，代宗東走陝州。吐蕃入長安，立廣武郡王承宏爲帝。越十二日，郭子儀收復京師，吐蕃遁去。

十一月，削程元振官爵，放歸田里。

廣州市舶使宦官呂太一作亂，旋平。

吐蕃攻鳳翔，旋被擊退。

十二月，代宗李豫還長安。

以魚朝恩爲天下觀軍容宣慰處置使，總禁兵。

吐蕃陷松、維、保三州，於是劍南西山諸州皆入於吐蕃。

西原「蠻」陷道州。

是歲，日使高元度及遣唐留學生高內弓、學問僧戒融等歸國。

房琯卒（697～763），年六十七。

【李華事】是年春，李華奉詔入京。

作《哀節婦賦》。《賦》中鄒待徵妻，《舊唐書》卷一百九十三，《新唐書》卷二百○五有傳。據《舊唐書》所載，「待徵，大曆中為常州江陰縣尉，其妻為海賊所掠」，知此事當發生在大曆間。而此賦所記與《舊唐書》相互牴牾。賦云：「及江左之亂，待徵解印竄匿，其妻為盜所驅」，「江左之亂」指袁晁叛亂，時間在寶應元年（762）至寶應二年年（763，是年七月改為廣德元年）夏。而寶應二年（763）春，李華再次奉詔入京，已經離開江浙一帶，所以武康尉薄自牧向李華講述其女兒之事，必在此之前。因而此文當作於寶應二年四月，與袁晁之亂時間吻合。

又作《登頭陀寺東樓詩序》。《序》云「夏首地當郵置」，夏首，當指唐鄂州治所江夏（今武漢市武昌）。《楚辭·九章·哀郢》王逸云：「夏首，夏水口也。」故又稱漢水下游為夏水，故夏首也用以指漢水入長江之處，即夏口。《元和郡縣圖志》卷二七：「鄂州……州城本夏口城，吳黃武二年，城江夏以安屯戍地也。」頭陀寺，在江夏。《元和志》二七鄂州江夏縣：「頭陀寺，在縣東南二里。」寶應二年春，華再次奉詔入京，自江州溯江而西，此文蓋即他此行途次江夏之作。另，「舅氏員外象」即指盧象。《李夫人傳》謂華之外祖父名盧善觀，則其舅應為盧氏無疑。又見劉禹錫《唐故尚書主客員外郎盧公集寄紀》。《登頭陀寺東樓詩序》云：「侍御韋公延安威清江漢，舅氏員外象名高天下，賓主相待，賢乎哉！王師雷行，北舉幽朔，太尉公分麾下之遊，付帷幄之賓，與前相張洪州夾攻海寇，方收東越，夏首地當郵置，吉語日聞。喜氣填塞於江湖，生人鼓舞於王澤。……江下茂樹方黑，春雲一色……。」韋延安寶應二年（763）為鄂州刺史，《全唐文》卷三八元結《別王佐卿序》：「癸卯歲（寶應二年）……次山頃日浪遊吳中，佐卿頃日去西蜀，對酒欲別……主任鄂州刺史韋延安，令四座作詩，命余為序，以送遠云。」所謂「威清江漢」，即指為鄂州刺史而言。太尉公，即李光弼（說見前）。前相張洪州，謂張鎬。《全唐文》卷三九○獨孤及《唐故洪州刺史張公遺愛碑》序云：「平原張公，諱鎬，字從周……起布衣二年，綰相印……於時至德二載也。……於是有洪州之拜，粵寶應元年冬十月，公朝服受命，至自臨川。」海寇，指袁

晃。《通鑑》寶應元年八月：「台州賊帥袁晃攻陷浙東諸州……李光弼遣兵擊晃於衢州，破之。」同年九月：「袁晃陷信州。」同年十月：「袁晃陷溫州、明州。」又寶應二年：「夏四月，庚辰，李光弼奏擒袁晃，浙東皆平。時晃聚眾近二十萬，轉攻州縣，光弼使部將張伯儀將兵討平之。」《新唐書·張鎬傳》：「代宗初，起爲撫州刺史，遷洪州觀察使，更封平原郡公，袁晃寇東境，江介震騷。鎬遣兵屯上饒，斬首二千級。又襲舒城賊楊昭，梟之。」參照以上記載，華此文當作於寶應二年春三月。

又作《臥疾舟中相里范二侍御先行贈別序》。序云：「華與二賢早相得……先時爲伊闕尉，忝相公尚書約子孫之契，不幸孤負所知，虧頓受污，流落江湖，於今六年。……天下衣冠，謂華爲相府故人，詔書屢下，促華赴職，稽首震惶，恨無毛羽。……侍御史相里公……監察御史范公……望高職雄，持斧登車，江湖霜清，道路風起。華也潦倒龍鍾，百疾叢體……並轂無由，呻吟舟中。……江亭憑檻，平視漢皋，武昌柳暗，溢城花發，一枯一榮，有歡有戚，離別之念，又焉得不悲乎？」「相公尚書」，謂劉晏。《新唐書·宰相表》記載，晏自寶應二年（763）正月至廣德二年（764）正月爲吏部尚書、同中書門下平章事，故云。《新唐書·劉晏傳》：「天寶中，累調夏令，未嘗督賦。而輸無逋期。舉賢良方正，補溫令。」傅璇琮《唐代詩人叢考·李頎考》，考天寶七載春，晏正爲夏縣令，則他補溫縣（今河南溫縣）令，當在八載以後，華爲伊闕尉也在八載以後，又溫縣與伊闕縣同屬河南府，故兩人得以相交並「約子孫之契」。「虧頓受污，流落江湖」，指已陷賊及遭貶事而言；自乾元元年春華貶杭州司功至寶應二年晏爲相之時，前後恰好經歷六年。所以，此文應作於寶應二年春（此文寫春景）。

作《唐丞相太尉房公德銘》。房琯，兩《唐書》有傳。《舊唐書》本傳云：「（琯）廣德元年八月四日，卒於閬州僧舍，時年六十七。」此文即作於房琯卒年廣德元年（763）後。

《與表弟盧復書》寫作時間的上限。此《書》作於廣德元年後。文曰：「與弟別來十餘年，比聞在代朔之地，明時道舉出身，乃能上爲寡姊，下爲孤甥。」李華出使朔方在天寶十一載（752）或十二載（753）秋多。謂十餘年，當在廣德元年（763）以後。文曰「骨肉妻子，寄在河朔」，「喪亂以來，時多苟且，松貞玉粹，亦變頹流，唯弟卓然，介立寒俗」，當指安史之亂（755～762）而言。文中語意，似是安史之亂已平。所以此文當作於廣德元年後。附

考李華出使朔方時間。獨孤及《序》：「（天寶）十一年（752），拜監察御史。」
《新唐書》本傳：「天寶十一載，遷監察御史。」在任監察御史期間，華曾出
使朔方。《韓國公張仁願廟碑銘》序云：「唐之元老，有大庇於生人，曰韓公
張仁願，盡力天朝，位尊將相，三城立廟，軍帥乞靈則祠之。天寶季歲，華
奉使朔方，展敬祠下，式瞻風采，像與神合，沉沉如生。……三成既就，刊
木標櫓，記之種落，刻其降年。」三城，即三受降城。中受降城在今內蒙古
包頭市西，東受降城在今內蒙古托克托南，黃河北大黑河東岸，西受降城在
今內蒙古杭錦後旗烏加河北岸。《通鑒》中宗景龍二年（708）載：「三月，丙
辰，朔方道大總管張仁願築受降城於河上。」又天寶元年載：「朔方節度……
統經略、豐安、定遠三軍，三受降城，安北、單于二都護府……治靈州（治
所在今寧夏靈武西南）。」據華此文，可知他天寶末年出使朔方時曾到過三受
降城。又《臥疾舟中相里范二侍御先行贈別序》云：「天寶中，奉詔廉軍政，
北至朔垂，駐車山陰，辱司徒公、太尉公一盼之恩。」按，此文作於寶應二
年（763，說詳後）；「太尉公」，謂李光弼，他於上元元年（760）正月加太尉
兼中書令，二年三月罷太尉，五月復爲太尉，直至廣德二年（764）七月卒，
始終任此職（參見《新唐書·宰相表》、《全唐文》卷三四二顏眞卿《李光弼
神道碑銘》）；又《舊唐書·李光弼傳》云：「（天寶）十一載，拜單于副使（大）
都護。十三載，朔方節度安思順奏爲副使、知留後事。」顏眞卿《李光弼神
道碑銘》：「（天寶）十一載，拜單于副都護。十三載，爲安思順朔方節度兵馬
使。」知天寶十一至十三載，光弼在單于都護府（治所在今內蒙古和林格爾
西北土城子）任職，李華的受「太尉公一盼之恩」和出使朔方，當即在這一
期間。「司徒公」，即郭子儀，他於至德二載（757）十二月爲司徒（見《新唐
書·宰相表》），至廣德二年仍任此職。《唐大詔令集》卷五九《郭子儀汾陽郡
王知朔方行營制》：「司徒兼中書令……可汾陽郡王……元年（寶應元年，762）
建辰月。」《舊唐書·代宗記》：廣德二年（764）正月，「丁卯，司徒兼中書
令郭子儀充河東副元帥。」又李華《奉使朔方贈郭都護》云：「絕塞臨光祿，
孤營佐貳師。鐵衣山月冷，金鼓朔風悲。」此詩作於出使朔方期間，「郭都護」
即郭子儀。《舊唐書·郭子儀傳》：「天寶八載，於木剌山置橫塞軍及安北都護
府，命子儀領其使，拜左衛大將軍。十三載，移橫塞軍及安北都護府於永清
柵北築城，仍改橫塞爲天德軍，子儀爲之使，兼九原太守、朔方節度右兵馬
使。」按，橫塞軍在今內蒙古烏拉特中後旗西陰山北麓，天德軍在今烏拉特

前旗北烏加河東岸，橫塞軍和天德軍的駐地既然都在安北都護府治所，那麼身為橫塞軍使和天德軍使的郭子儀，就理當兼任安北都護或副都護。子儀為振遠軍（駐單于都護府）使時，也曾兼任單于副都護。又上引李華文云「駐車山陰」，山陰即山北，這裡當指陰山北，橫塞軍正處陰山北麓，所以李華出使朔方，應在天寶十一、二載子儀為橫塞軍使兼安北都護之時（天寶十載以前子儀雖也任此職，但其時李光弼未在朔方）。李華《二孝贊》序云：「靈武二孝，曰侯知道、程俱羅……華奉使朔陲，欲親往弔焉，屬河凌絕渡，願言不果。」贊云：「冬十一月，浮冰塞津，吾將唁之，其路無因，寄誠斯文，揮涕河濱。」靈武，唐靈州屬縣，在今寧夏青銅峽東北，與唐朔方節度使及靈州治所回樂縣（今寧夏寧武西南）隔河相望。據此文，可知李華出使朔方時又曾至回樂，時間在十一月。綜上所述，李華當於天寶十一載或十二載秋冬間出使朔方。

作《衢州龍興寺故律師體公碑》。碑云：「寶應二年六月九日，自升繩床，跌坐而滅，享齡九十二，僧臘七十一。緇素號慟，楚越淒悲。至廣德元年十二月三日，焚於州西某原。起塔安神，諸佛之遺教也。」此文當作於廣德元年。

作《臨溮縣令廳壁記》。文末題：「寶應二年七月甲辰。左補闕李華記。」按，寶應二年七月，改元廣德。

764　唐廣德二年　甲辰　五十歲

【時事】正月，立雍王李适為皇太子。合劍南東川、西川為一道。

吐蕃之亂，長安逃卒及鄉曲少年，群入南山子午等谷，頻出抄掠，遣兵擊之。

僕固懷思謀反。以郭子儀充河東副元帥、河中等處觀察，兼雲州大都督，單于鎮北大都護。以瓦解懷恩之勢。

二月，僕固懷恩走靈州，殺朔方軍節度留後渾釋之而收其軍。郭子儀至汾州，懷恩之眾皆歸之。

三月，党項掠同州，郭子儀遣軍擊破之。

劉晏為河南、江淮轉運使，開汴渠，均賦役，關中粟漸充。

五月，罷歲貢孝悌力田、童子等科。

行五紀歷。六月，郭子儀請罷「安史之亂」以來所置節度，以省民力，並請以河中為始，許之。

解僕固懷恩河北副元帥、朔方節度使等職，其太保、兼尚書令、大寧郡王如故。

七月，李光弼卒於徐州。

初稅地頭、青苗錢以給官俸。地頭錢畝二十五文，青苗錢畝十五文。

八月，僕固懷恩引回紇、吐蕃兵入侵，遣郭子儀鎮奉天禦之。吐蕃擾邠州，邠寧節度使敗之於宜祿。

九月，劍南節度使嚴武攻拔吐蕃當狗城，破蕃軍七萬。

七月以來大雨未止，京城米斗一千文。

十月，僕固懷恩引回紇、吐蕃兵二萬擾邠州，郭晞迎戰於邠州西，俘斬數百計。

嚴武攻克吐蕃鹽川城。

十一月，僕固懷恩與吐蕃軍自潰。郭子儀自涇陽入覲，詔宰臣百僚迎之於開遠門，代宗親至安福寺待之。

南山五穀首領高玉被俘，事平。

袁晁被殺。

十二月，高玉被殺。

是年，戶二百九十三萬三千一百二十五，人口一千六百九十二萬三百八十六。

【李華事】正月，李華在江夏；四月，華至江州。冬，華被李峴表為從事。獨孤及《序》：「故相國梁公峴之領選江南也，表為從事，加檢校吏部郎中。」《新唐書》本傳：「李峴領選江南，表置幕府，擢檢校吏部員外郎。」按，李峴領選江南，事在廣德二年九月。李華《故相國兵部尚書梁國公李峴傳》云：「除太子詹事。又歷御史大夫、禮部尚書，遷吏部，領選江西。」《舊唐書·李峴傳》：「尋遷吏部尚書，知江淮舉選，置銓洪州。」《舊唐書·代宗紀》：「（廣德）二年……九月乙未朔……辛酉，以太子詹事李峴為吏部尚書兼御史大夫，知江南東西及福建道選事，並觀農宣慰使，仍命洪州刺史李勉副知選事。」

作《江州臥疾送李侍御詩序》。《序》云：「侍御歷總漢上湖陰江左之賦，王府之入不匱，愛人之頌有餘。前相國劉公居佐帝庭，行恤人隱，侍御時賢高譽，盛府舊僚，傳檄速駕，江城風動。……今聖人在上，夔龍宣力，而老夫甘心貧賤……方理舟潯陽，追跡幽人……侍御忽告余行……。」前相

國劉公，謂劉晏。《新唐書‧宰相表》載，晏自寶應二年（763）正月至廣德
二年（764）正月爲吏部尚書、同中書門下平章事，而後罷相，此云「前相
國」，當作於晏罷相之後。又，此序作於江州，由此也可知，廣德二年李華曾
居江州。

又作《無疆頌八首》。獨孤及《序》：「故相國梁公峴之領選江南也，表爲
從事，加檢校吏部郎中。」《新唐書》本傳：「李峴領選江南，表置幕府，擢
檢校吏部員外郎。」按，李峴領選江南，事在廣德二年九月。李華《故相國
兵部尚書梁國公李峴傳》云：「除太子詹事。又歷御史大夫、禮部尚書，遷吏
部，領選江西。」《舊唐書‧李峴傳》：「尋遷吏部尚書，知江淮舉選，置銓洪
州。」《舊唐書‧代宗紀》：「（廣德）二年……九月乙未朔……辛酉，以太子
詹事李峴爲吏部尚書兼御史大夫，知江南東西及福建道選事，並觀農宣慰使，
仍命洪州刺史李勉副知選事。」華之被峴表爲從事，則約在廣德二年（764）
冬。關於華此時的兼官，獨孤及《序》作「檢校吏部郎中」，《新唐書》作「檢
校吏部員外郎」，而華此文自言「官歷御史補闕尚書郎，命薄多病，不獲奔赴
闕庭」，知李華並未任檢校尚書吏部員外郎，獨孤及序文題作「檢校尚書吏部
員外郎趙郡李公中集序」不確。又李華《常州刺史廳壁記》、《李夫人傳》，均
自稱「檢校吏部員外郎」，故當以作「吏部員外郎」爲是。

又作《平原公遺德頌並序》。獨孤及《唐故洪州刺史張公遺愛碑》序云：
「平原張公，諱鎬，字從周……起布衣二年，綰相印……於時至德二載
也。……於是有洪州之拜，粵寶應元年冬十月，公朝服受命，至自臨川。」（見
《全唐文》卷三九〇）《新唐書‧張鎬傳》：「代宗初，起爲撫州刺史，遷洪州
觀察使，更封平原郡公，袁晁寇東境，江介震騷。鎬遣兵屯上饒，斬首二千
級。又襲舒城賊楊昭，梟之。」據《舊唐書》本傳，張鎬卒於廣德二年（764）
九月，此文當寫於此時。

又作《揚州司馬李公墓誌銘》。文曰：「邁厲而終，享年六十六，廣德二
年六月十三日也」，墓誌當寫於此後。

又作《李夫人傳》。獨孤及《序》：「故相國梁公峴之領選江南也，表爲從
事，加檢校吏部郎中。」《新唐書》本傳：「李峴領選江南，表置幕府，擢檢
校吏部員外郎。」按，李峴領選江南，事在廣德二年九月。李華《故相國兵
部尚書梁國公李峴傳》云：「除太子詹事。又歷御史大夫、禮部尚書，遷吏部，
領選江西。」《舊唐書‧李峴傳》：「尋遷吏部尚書，知江淮舉選，置銓洪州。」

《舊唐書‧代宗紀》:「(廣德)二年……九月乙未朔……辛酉,以太子詹事李峴為吏部尚書兼御史大夫,知江南東西及福建道選事,並觀農宣慰使,仍命洪州刺史李勉副知選事。」華之被峴表為從事,則約在廣德二年(764)冬。華此時的兼官為吏部員外郎。此文即作於此時。

作《故中嶽越禪師塔記》。文末題:「時廣德二年正月六日。」

作《盧郎中齋居記》。文末題:「廣德二年四月五日趙郡李華記。」

765　唐代宗永泰元年　乙巳　五十一歲

【時事】正月,改元永泰。大赦。

李抱珍為澤潞節度副使,籍管內民三丁選一,於農閒習武,免其租徭。

劍南節度使嚴武加檢校吏部尚書。

山南節度使張獻誠加檢校工部尚書。

二月,党項羌擾富平,楚定陵寢殿。

三月,吐蕃請和。

詔左僕射裴冕,檢校工部尚書崔渙,禮部侍郎賈至等十三人,並集賢院待詔。

是春大旱,京師米貴,斛至萬錢。

五月,畿內麥稔。判度支第五琦奏請十畝稅一畝,效古什一而徵,從之。

以右僕射郭英乂為劍南節度使。

七月,平盧、淄青兵馬使李懷玉逐其節度使侯希逸。制以鄭王李邈為平盧、淄青節度大使,令李懷玉知留後事。

八月,僕固懷恩引吐蕃、回紇、党項羌、渾、奴剌分三道擾邊。

九月,命百官浮屠像於光順門。

僕固懷恩死,部下互哄。吐蕃等數十萬兵擾邠州、奉天,逼鳳翔、盩厔,京師戒嚴;命郭子儀等屯涇陽等處,下詔親征。吐蕃大掠京畿男女數萬,焚廬舍而去。

十月,吐蕃退之邠州,復與回紇兵擾奉天,圍涇陽。郭子儀單騎說回紇使擊吐蕃,回紇從之,合兵大破吐蕃於靈臺西原,斬殺萬計,得所掠男女四千人,旋又破之於涇州東。

魚朝恩自將神策軍,擴充為左右二廂。

僕固懷恩大將僕固名臣以千騎來降。

郭子儀諭降党項。

回紇首領胡祿都督來朝，賜綿帛十萬匹。

閏十月，劍南節度使郭英乂為西山兵馬使崔旰所殺，邛、瀘、劍三州皆起兵討旰，蜀中亂。

十一月，王縉減諸道軍資錢四十萬貫修洛陽宮，從之。

【李華事】是年，李華自洪州北至潤州。

作《唐丞相故太保贈太師韓國公苗公墓誌銘》。墓誌云：「永泰元年四月戊子，唐舊相太保韓國公薨。天子輟朝，羣臣出次。五月壬午，贈太師；七月丙子，詔使中謁者蒞祭。京兆少尹獲喪，龍旗輴車，鹵簿哀導，加於一等，園塋封樹，碑版垂後，盛於當朝，葬我韓國公。」此文當作於永泰元年（765）。

作《杭州刺史廳壁記》。文末題：「永泰元年七月二十五日記。」

766　唐永泰二年　大曆元年　丙午　五十二歲

【時事】正月，為使四科咸進，六藝復興，令復補國子學生，增修學館。

命劉晏、第五琦分理全國財賦。

二月，吐蕃遣使來朝。遣大理少卿兼御史中丞楊濟修好於吐蕃。

命杜鴻漸充山南西道、劍南東川等道副元帥，以平蜀亂。

三月，張獻誠與崔旰戰於梓州，為旰所敗，僅以身免。

五月，以涼州陷於吐蕃，徙河西節度使於沙洲。

八月，杜鴻漸至蜀，與崔旰等進行調停，因命崔旰為成都尹、劍南西川節度行軍司馬。

九月，吐蕃陷原州。

京兆尹黎幹以京城薪炭不給，奏開漕渠，自南山谷口入京城，闊八尺，深一丈，是月渠成。

十月，吐蕃使楊濟與蕃使論位藏等來朝，令宰臣宴論位藏於中書省。

十一月，改元大曆。大赦。

停什一稅法。

十二月，同華節度使周智光反，殺陝州監軍張志斌。

是冬，無雪。

【李華事】是年，華居潤州。

作《楊騎曹集序》、《潤州丹陽縣復練塘頌》、《著作郎贈秘書少監權君墓表》、《潤州天鄉寺故大德雲禪師碑》《送觀往吳中序》。《楊騎曹集序》序云：

「永泰二年，余旅疾延陵」，延陵即潤州延陵縣（今江蘇丹陽縣西南）。《潤州丹陽縣復練塘頌》序云：「大江具區惟潤州，其藪曰練湖，幅員四十里……其傍大族強家，泄流爲田，專利上腴……自丹陽、延陵、金壇環地三百里……旱則懸耜，水則具舟，人罹其害九十餘祀。……永泰元年……詔公卿選賢良……是歲十一月二十三日，拜常州刺史京兆韋公損爲潤州……公素知截湖開壞，災甚螟蜮，臨事風生，指期以復。……人不俟召，呼抃從役……廣湖爲八十里。……時前相國彭城公劉尚書晏統東方諸侯，平其貢賦，聞而悅之，白三事以聞，詔書褒異焉。彭城公宣命至江南，捧詔授公……。」按，《通鑒》大曆元年（766，即永泰二年）正月：「丙戌，以戶部尚書劉晏爲都畿、河南、淮南、江南、湖南、荊南、山南東道轉運、常平、鑄錢、鹽鐵等使，侍郎第五琦爲京畿、關內……轉運等使分理天下財賦。」所謂「時……晏統東方諸侯，平其貢賦」，即指劉晏當時任河南、淮南、江南等道轉運、常平等使。由此可見，這篇頌當作於永泰二年。《著作郎贈秘書少監權君墓表》云：「君姓權氏，諱皋……大曆元年四月某日，不幸逝於丹徒，因殯焉。……華因病風，扶曳而往哭之。」《潤州天鄉寺故大德雲禪師碑》云：「東南苾芻之上首，曰長老雲公，報年若干，僧夏若干。永泰二年某月日，涅槃於潤州丹徒天鄉寺。」《送觀往吳中序》文末云：「永泰二年四月庚寅，叔父華序。」

《送薛九遠遊序》寫作時間的上限。薛九，即薛播。岑仲勉《唐人行第錄》所錄兩薛九，實爲一人。《舊唐書》卷九十六《薛播傳》云：「元暧（播伯父）卒後，其子彥輔、彥國、彥偉、彥雲及播兄據、摠並早幼孤……開元、天寶中二十年間，彥輔、據等七人並舉進士，連中科名，衣冠榮之。」查《新唐書》卷七三下《宰相世系表》三下，薛氏河東汾陰西祖房，隰城丞元暧實有五子：彥輔、彥國、彥偉、彥生、彥雲；其弟什仿令元暉錄其三子：水部郎中播，監察御史摠，禮部侍郎據（按，《新表》誤將播、據的位置互植，致使官職錯亂，據實爲播之兄，參《舊唐書·薛播傳》）。前後共錄八人，闕一人不可考。據行三，可考。見李白《送薛九被讒去魯》、杜甫《秦州見敕目薛三琚授司議郎》（注，《錢注杜詩》卷一〇校云「琚，當刊作據」）和高適《淇上酬薛三據兼寄郭少府微》詩。薛播與華爲同時代人，華比播年長。序云「病叟李遐叔贈」，此文當是其晚年之作。《著作郎贈秘書少監權君墓表》云：「君姓權氏，諱皋……大曆元年四月某日，不幸逝於丹徒，因殯

焉。……華因病風，扶曳而往哭之。」即大曆元年（766）李華已獲疾，又
《送張十五往吳中序》云：「邯鄲遐叔，風病目疾……南陽張士容……晨告余
行日：『……相里杭州、刑部郎李君以道教我，以文博我，將求餬粥於二賢，
可乎？』」相里杭州即相里造。郁賢皓《唐刺史考》卷一四一考造官杭州刺史
在大曆七年（772）以前，李華已是「風病目疾」了。此文當作於大曆元年至
大曆七年間。

作《常州刺史廳壁記》。文末云：「永泰二年二月庚戌，贊皇公從子檢校
吏部員外郎華述。」

作《祭亡友張五兄文》。文曰：「維永泰二年歲次庚午正月某朔日，趙
郡李華，謹遣從侄詹事府丞廉，以茶乳疏果之奠，敬祭於亡友張兄博士之
靈。」

767　唐大曆二年　丁未　五十三歲

【時事】正月，密詔郭子儀討周智光。

周智光部將殺周智光及其子元耀、元幹，傳首以獻。

淮西兵大掠潼關，至赤水。

禁王公宗子郡縣主之家，不得與軍將婚姻交好，委御史臺察訪彈奏。

二月，郭子儀自河中來朝，元載、王縉、裴冕、第五琦、黎幹各出錢三
十萬，置宴於子儀之第。

三月，郭子儀、魚朝恩、田神功以寇難漸平，蹈舞王化，乃置酒連宴。
酒酣，皆起舞。公卿大臣列坐於席者百人，一宴費至十萬貫。

四月，宰臣內侍魚朝恩與吐蕃同盟於興唐寺。

山南、劍南副元帥杜鴻漸自蜀入朝奏事，以崔旰知西川留後。

六月，荊南節度使衛伯玉封城陽郡王。

杜鴻漸至京師，薦崔旰才堪寄任，代宗乃留鴻漸復知政事，使職遂罷。

七月，以劍南西川節度行軍司馬崔旰為劍南西川節度觀察等使，遂州刺
史杜濟為劍南東川節度觀察等使。

八月，潭州、衢州水災。

九月，吐蕃擾靈州，進攻邠州。命郭子儀率師三萬，自河中鎮涇陽，京
師戒嚴。

桂州山僚陷州城，刺史李良遁去。

十月，靈州奏破吐蕃二萬，京師解嚴。

減京官職田三分之一，給軍糧。

代宗在紫宸殿，策試茂才異行、安貧樂道、孝悌力田，高蹈不仕等四科舉人。

回紇、党項羌遣使來朝。

十一月，改黃門侍郎依舊爲門下侍郎。

秋，河東、河南、淮南、浙江東西、福建等道五十五州奏水災。

是年，詔嚴禁私家藏讖緯、天文、術數諸書。

宰相元載、王縉、杜鴻漸三人因好佛，常以因果報應說代宗。

新羅遣使至唐，請冊命。

【李華事】作《故相國兵部尙書梁國公李峴傳》。文曰：「公享年五十五……以大曆二年某月日，窆於某原，禮也。」可知此文作於大曆二年（767）。

作《杭州開元寺新塔碑》。碑云：「廣德三年三月，西塔壞。凶荒之後，人願莫展……於是劍南荊揚之巨材，諸郡倕輸之懿匠，竭耗神明，三年畢事。」按，廣德年號共兩年（763～764），李華云廣德三年有誤。廣德三年當爲永泰元年（765）。塔自永泰元年開始修復，三年完成，當在大曆二年（767）。

768　唐大曆三年　戊申　五十四歲

【時事】正月，商州軍亂，殺防禦使，旋平。

四月，張獻誠以疾辭去山南西道節度使，任檢校戶部尙書，薦其弟右羽林將軍張獻恭爲梁州刺史，兼御史中丞，充山南西道節度觀察使。

劍南西川節度使，兼御史大夫崔旰入朝。

五月，崔旰賜名寧。寧既入朝。瀘州刺史楊子琳乘虛襲據成都府。朝廷擾之，即日詔寧還成都。

六月，幽州兵馬使朱希彩等殺其節度使李懷仙，希彩自稱留後。

七月，崔寧弟劍南節度留後崔寬攻破楊子琳，收復成都府。

吐蕃遣使來朝。

八月，吐蕃十萬擾靈武；繼又擾邠州，京師戒嚴。邠寧節度使馬璘破吐蕃二萬於邠州。

杜鴻漸兼東都留守。

九月，郭子儀自河中移鎮奉天。

靈武奏破吐蕃六萬，百僚稱賀，京師鮮嚴。

張獻誠卒。

十一月，幽州留後朱希彩爲幽州盧龍節度使。

西川破吐蕃。

十二月，邠州將吏以燒馬坊爲亂，兵馬使段秀實斬其凶首八人，方定。

是歲，唐遣使至新羅冊封。

【李華事】《揚州功曹蕭穎士文集序》寫作時間的上限。《新唐書·蕭穎士傳》附曰：「（蕭穎士）子存，字伯誠……浙西觀察使李棲筠表爲常熟主簿。」《舊唐書·代宗紀》云：「（大曆）六年……八月……丙午，以蘇州刺史、浙江觀察使李棲筠爲御史大夫。」據此，可知李棲筠於大曆六年（771）改爲御史大夫，本文當作於大曆六年八月以前。《潤州天鄉寺故大德雲禪師碑》云：「永泰二年某月日，涅槃於潤州丹徒天鄉寺。……以某月十六日，遷定於鶴林寺西。……刺史韋公損……及閒人俾華贊德，於萬斯年。」此文亦永泰二年華居潤州時所作。又《常州刺史廳壁記》云：「永泰二年二月庚戌，贊皇公從子檢校吏部員外郎華述。」贊皇公即李棲筠。或是時華仍「移疾請告」，未正式辭官，故自稱「檢校吏部員外郎」。既知華永泰二年（766）居潤州，則他去官「客隱山陽」的時間，自不應早於大曆二年（767）。因而此文又當作於大曆三年（768）之後。大曆三年至大曆六年，李棲筠先後任蘇州刺史、浙西觀察使二職，此文當作於這期間，具體時間待考。

《與弟莒書》寫作時間的上限。文曰：「汝憂吾疾，令吾將息，一一用汝語，念汝知之；且作判官，事中丞叔父，小心戒愼，不離使司……莒省吾書，當努力也。」中丞叔父，謂贊皇公李棲筠。《新唐書·李棲筠傳》：「族子華自稱（棲筠）有王佐才，仕多慕向。」《舊唐書·代宗紀》云：「（大曆）六年……八月……丙午，以蘇州刺史、浙江觀察使李棲筠爲御史大夫。」唐節度、團練、觀察等使僚屬判官（見《新唐書·百官志》），所謂「作判官，事中丞叔父」，即指是時莒任浙西團練觀察使兼御史中丞李棲筠判官。據此，可知本文當作於大曆三年（768）二月之後、大曆六年（771）八月以前。

作《淮南節度使尙書左僕射崔公頌德碑銘有序》。傳主崔圓，兩《唐書》有傳。清河東武城人。開元二十三年，孫逖門下智謀將帥科得第（《定命錄》），在穎士同年中最爲顯達。天寶末爲尙書郎兼蜀郡大都督府左司馬，知節度留後。玄宗幸蜀，特遷蜀郡大都督府長史、劍南節度，以安定乘輿功，即日拜中書侍郎、中書門下平章事，餘如故。天寶十五載（756）七月，肅宗

即位，改元至德，玄宗命與房琯、韋見素並赴行在。時潁士在江左，爲淮南節度副大使李成式幕掌書記，十月作《與崔中書圓書》，從「敬想表妹珍儀、外甥休慰」語，二人當有姻戚關係，故雖勢位懸隔，仍敢於「銜憤萬里，遠陳短見」。且欲借崔氏之力，使「親弟某乙」得「假以公乘，使江淮獲一親集」，有「時惟以小人之承舊愛之故，惠提獎之私，非所敢望」云云。《舊唐書》：「父景晊……大曆三年六月薨，年六十四，輟朝三日，贈太子太師，諡曰昭襄。」作於大曆三年。

769　唐大曆四年　己酉　五十五歲

【時事】正月，黑衣大食國使朝貢。

二月，楊子琳殺涪州守捉使，入夔州，殺別駕；命爲陝州刺史。

宰臣杜鴻漸讓山劍副元帥，從之。

三月，遣御史稅商錢。免京兆今年稅。

五月，以僕固懷恩女爲崇徽公主，嫁回紇可汗。

八月，自夏四月連雨至此月，京城米斗八百文。

虎入長壽坊元載家廟，射生將周皓引弩斃之。

十一月，禁畿內弋獵。

杜鴻漸卒。元載權知門下省事。

吐蕃擾靈州，朔方軍節度留後常謙光敗之。

十二月，敕左右補闕、拾遺、內供奉員左右各置兩員，餘罷之。

敕京兆府稅分兩等，上等每畝稅一斗，下等稅六升，能耕墾荒地者稅二升。

裴冕卒。

是年，廣州人馮崇道、桂州人朱濟時反，容管經略使王翃敗之。

【李華事】作《太子少師崔公墓誌銘》。文云：「少師諱景晊……大曆四年，龜筮從吉，嗣子圓，尚書右僕射趙國公，哀奉先少師夫人之裳帷，合祔於河南北邙山某原，禮也。」此文當作於大曆四年。

作《唐贈太子少師崔公神道碑》。碑曰：「少師諱景晊，清河東武城人也……蕭宗幸彭原，將復天下……（大曆）四年某月日，龜筮葉吉，奉少師滎陽夫人之喪，合祔於東京河南邙山之某原，禮也。」因而此文作於大曆四年。

770　唐大曆五年　庚戌　五十六歲

正月，羌首領白對蓬等來降。

二月，詔罷魚朝恩觀軍容使，尋自縊而死。

李抱玉移鎮鳌屋，鳳翔軍忿，縱兵大掠，數日乃止。

四月，湖南兵馬使臧玠殺其團練使崔瓘，據潭州作亂。

五月，元載既誅魚朝恩，繼貶魚朝恩黨禮儀使、禮部尚書裴士淹爲虔州刺史，戶部侍郎、判度支第五琦爲饒州刺史。

令並地頭錢於青苗錢，畝三十五文。

錄魏徵、王珪、李靖、李勣、房玄齡、杜如晦之後。

七月，京城米貴，是月米斗千文。

八月，宰臣元載上疏請置中都於河中府，以避蕃戎侵擾之患。

疏入不報。載疏大旨以關輔、河東等十州戶稅入奉京師，創置精兵五萬，以威四方，辭多揵闔，欲權歸於己也。

九月，吐蕃擾永壽。

是年，湖南將王國良反；西原「蠻」擾州縣。

【李華事】作《送十三舅適越序》。十三舅，盧象。李華《登頭陀寺東樓詩序》云：「侍御韋公延安威清江漢，舅氏員外象名高天下。」盧象曾官司勳、膳部、主客員外，見《劉賓客集》一九《唐故尚書主客員外郎盧公集寄紀》，合觀華文《與表弟盧復書》，「外家陵替稍久，弟其勉之」，則華舅確爲盧氏也。侍御鮑君，爲鮑防。防，兩《唐書》有傳。《舊唐書》：「（防），幼孤貧，篤志好學，善屬文。天寶末舉進士，爲浙東觀察使薛兼訓從事，累至殿中侍御史。」又《全唐文》卷七八三穆員《工部尚書鮑防碑》云：「中州兵興，全德違難，辭永王，去來瑱，爲李光弼所致。」即中原兵興，防入李光弼幕府。碑文又云：「光弼上將授專征之命於泉越，輒公介之。」據《唐方鎮年表》卷五引《嘉泰會稽志》，寶應元年（762），薛兼訓爲浙東節度使（按，節度使爲觀察使之誤）。又據《舊唐書·代宗紀》，大曆五年（770）秋七月丁卯，以浙東觀察使薛兼訓爲「太原尹、北都留守，充河東觀察使」。防即於此時爲薛兼訓浙東從事。又題曰「送十三舅適越序」，序又云「知我者鮑君，成我者鮑君，是以如越，求琢於鮑」，知盧象當於大曆五年秋之後奔附鮑防，此文當作於此時。

771　唐大曆六年　辛亥　五十七歲

【時事】三月，嶺南「蠻」首領梁崇牽自稱平南十道大都統，據容州，

結西原「蠻」張侯、夏永等攻陷城邑；容管經略使王翃等破之，克容州。

蕃禺馮崇道及桂州將朱濟時皆起事，陷十餘州；王翃等擊斬之。

四月，詔禁文紗吳綾織盤龍、對鳳、麒麟、獅子、天馬、辟邪、孔雀、仙鶴、芝草、萬字、雙勝、透背及大䌷綿、竭鑿、六破錦以上。

吐蕃請和，遣使答之。

九月，於輪臺置靜塞軍。

十一月，文單國王婆彌來朝，獻馴象十一。

十二月，魏少游卒。

是年，春旱，米斛至萬錢。

【李華事】《與外孫崔氏二孩書》寫作時間的上限。文云：「吾出身入仕，行四十年，晚有汝母，已養汝二人矣……。」華自開元二十三年（735）登第釋褐至大曆九年（774），為四十年，此云「行四十年」，當作於大曆六年至八年。

《壽州刺史廳壁記》寫作時間的上限。記云：「某年，以兼侍御史揚州司馬獨孤問俗為壽州刺史……公理州三年，遷御史中丞，鎮江夏，工部郎中楚州張緯之，代公為州牧，某部郎中韋延安，代張典此州，僉有政聞，故書其事，以慰楚人之心。」《唐刺史考》卷一三○謂獨孤、張、韋任壽州刺史之時間，分別在大曆元年至三年、四年至六年、七年至八年。此文當作於大曆六年至八年。

772　唐大曆七年　壬子　五十八歲

【時事】正月，回紇使者劫坊市，掠人子女，吏不能禁；又以三百騎犯金光、朱雀等門，尉諭之方止。

二月，江州江溢。

三月，詔諫議大夫置四員為定。

六月，詔誡薄葬，不得造假花果及金手脫寶鈿等物。

七月，回紇蕃客奪長安縣令邵說所乘馬，人吏不能禁。

八月，賜北庭都護曹令忠姓名曰李元忠。

秋，盧龍節度使朱希彩為部將李懷瑗所殺，經略軍副使朱泚自稱留後。

十月，以權知幽州盧龍節度留後朱泚檢校左散騎常侍，充幽州盧龍節度使。

以淮南旱，免租、庸三之二。

十一月，自蕃戎入侵，巴南屢多征役，詔免巴、蓬、渠、集、壁、充、通、開八州租庸二年。

十二月，禁鑄銅器。

滑州置永平軍。

是年，秋稔。

回紇、吐蕃、大食、渤海、室韋、靺鞨、契丹、奚、牂牁、康國、石國並遣使朝貢。

【李華事】作《送張十五往吳中序》。張十五，即張士容，行跡無考。岑仲勉《唐人行第錄》據華文著錄。《送張十五往吳中序》云：「邯鄲遐叔，風病目疾……南陽張士容……晨告余行曰：『……相里杭州、刑部郎李君以道教我，以文博我，將求飦粥於二賢，可乎？』」相里杭州即相里造。郁賢皓《唐刺史考》卷一四一考造官杭州刺史在大曆七年（772）以前，此文之寫作時間同。

773　唐大曆八年　癸丑　五十九歲

【時事】正月，詔京官三品以上及郎官、御史，每年各舉一人堪為刺史、縣令者。

敕全國青苗地頭錢每畝一律十五文。

二月，幽州節度使朱泚加檢校戶部尚書，封懷寧郡王。

永平軍節度使、檢校右僕射、滑州刺史令狐彰卒，遺表薦劉晏、李勉代己。

三月，以工部尚書李勉兼御史大夫、滑州刺史，充永平軍節度、滑亳觀察等使。

七月，回紇使者歸，載賜遺及互市馬價縑千餘車。

八月，吐蕃擾靈武，踐禾稼而去。

廢華州屯田給貧民。

詔吏部尚書劉晏知三銓選事。

九月，循州刺史哥舒晃反，殺嶺南節度使呂崇賁。

晉州人邨謨以麻辮髮，持竹筐及葦席哭於東市，請進三十字，如不稱旨，請裹屍於席筐。代宗召見，館之禁中。內二字曰「監團」，欲去諸道監軍、團練使也。

詔京官五品以上、兩省奉供官、郎官、御史各上封事，言政得失。

東都留守蔣瓊知東都貢舉。

十月，魏博節度使田承嗣求爲相；加同平章事。

吐蕃擾涇州、邠州，郭子儀先鋒將渾瑊與吐蕃戰於宜祿，王師失利。瑊與涇原節度使馬璘軍敗之，吐蕃軍潰去。

冬，無雪。

是年，大有年。

774　唐大曆九年　甲寅　六十歲

【時事】正月，汴宋節度使、汴州刺史田神功卒。

二月，以田神功弟神玉權知汴宋留後。

徐州兵亂，逐其刺史梁乘。

三月，禁畿內漁獵採捕，自正月至五月晦，永爲常式。

四月，詔郭子儀等大閱兵師，以備吐蕃。

華陽公主卒，代宗悲惜之，累日不聽朝，宰臣抗疏陳請。

五月，幽州節度使朱泚遣弟滔奉表請自入朝，兼自率五千騎防秋。許之，詔所司築第待之。

胡僧不空死，贈司空、肅國公，予謚。

九月，回紇於長安白晝殺人，有司擒之，釋不問。

十二月，以中書舍人楊炎、秘書少監韋肇並爲吏部侍郎。

【李華事】是年，李華卒。《新唐書・李華傳》有「大曆初卒」的記載，後《全唐文、《全唐詩》李華小傳從之。《舊唐書・李華傳》：「祿山陷京師，玄宗出幸，華啓從不及，陷賊，僞署　爲鳳閣舍人。收城後，三司類例減等，從輕貶官，遂廢於家，卒。」兩《唐書》記載皆不詳。梁肅《爲常州獨孤使君祭李員外文》云：「維大曆元年五月日，朝散大夫守常州刺史賜紫金魚袋獨孤某，謹以清酌之奠，祭於故尚書吏部郎趙郡李遐叔三兄之靈。」此記載有誤。據李華《淮南節度使尚書左僕射崔公頌德碑銘》《揚州功曹蕭穎士文集序》《與外孫崔氏二孩書》等文可以坐實李華卒於大曆九年。梁肅《祭李員外文》「大曆元年」當爲「大曆九年」之誤。

關於李華卒年考證之文有近十篇，綜合黃天明《李華生卒考（一）、（二）》（《中央日報》文史副刊 1937 年 6 月 13 日、20 日），尹仲文《李華卒年考辨》（《河北大學學報》（哲學社會科學版）1979 年 2 月），汪晚香《李華卒年考》（《湖北師範學院學報》1989 年第 2 期），謝力《李華生平考略》（《唐代文學

研究——中國唐代文學學會第四屆學術討論會論文集》1989 年），姜光斗《李
華、蕭穎士生卒年新考》（《文學遺產》1990 年第 3 期），陳鐵民《李華事蹟考》
（原載《文獻》，1990 年第 4 期），姜光斗《李華卒年補證》（《文學遺產》1991
年第 1 期），唐華全《李華生卒年考》（《歷史教學》2005 年第 4 期）等辯證結
果，可確定李華卒年應爲大曆九年。

五、詩文集簡況

（一）文集

李華文集稱《李遐叔文集》，此稱係據《四庫全書》所輯李華文集而定。

李華一生創作頗豐，獨孤及《趙郡李華中集序》云：「自監察御史以前
十卷，號爲前集；其後二十卷，頌、賦、詩歌、碑、表、序、論、誌、記、
贊、祭文，凡一百四十四篇爲中集。」並云：「他日繼於此而作者當爲後集。」
可見，李華文集至少有前、中、後三集，數量在盛唐古文家中是首屈一指
的。而《舊唐書》本傳只稱李華有集十卷，《新唐書·藝文志》也只記載「《李
華前集》十卷，《中集》二十卷」，《崇文總目》則只記作二十卷；萬曼《唐
集敘錄》云：「晁氏《郡齋讀書志》及陳氏《直齋書錄解題》皆未著錄，馬
端臨《經籍考》亦不列其目，是宋時已亡佚矣。」此言甚是，具體原因詳
後。

李華文集雖早已散佚，然而，歷代公私藏書目錄皆有著錄。史志目錄：
如《宋史·藝文志》記載《李華集》二十卷；明焦竑《國史經籍志》卷五雲
《李華前集》十卷，《中集》二十卷。明清之際私家目錄則有更多記載：明胡
應麟《詩藪雜編·隱逸中·載籍》中說《李華》十卷；清孫星衍《孫氏祠堂
書目》內編卷四也有《李遐叔文集》四卷（寫本）；清阮元《文選樓藏書記》
卷五有《李遐叔文集》二冊，具體卷數不得而知；清莫友芝《邵亭知見傳本
書目》卷一二記有《李遐叔文集》四卷；丁丙《善本書室藏書志》卷二十四
有《李遐叔文集》四卷，精抄本；清陸心源《皕宋樓藏書志》有《李遐叔文
集》一種，不分卷，係舊抄本；清葉德輝《觀古堂書目叢刻》之《宋紹興秘
書省續編到四庫闕書目》卷一著錄李華文一卷。具體信息，請參看論文附錄
一「各種目錄著作所錄李華文集」。以上有關李華文集的記載，只有書目、版
本等相關信息，因各藏書家藏書皆已散佚，已不得窺其面貌。

現存《李遐叔文集》以四庫本較爲通行。《欽定四庫全書總目》卷一百五

十，記《李遐叔文集》四卷，注明浙江吳玉墀家藏本。這個四卷本已非獨孤氏所言之前集、中集、後集，《總目》云：「此本不知何人所編，蓋以《唐文粹》、《文苑英華》所載，裒集類次，而仍以及序冠之，有篇次而無卷目。今釐爲四卷，著之於錄。」今檢《文苑英華》和《唐文粹》，《總目》所言有理，但非確論，因《四庫全書》著錄的文字與《文苑英華》和《唐文粹》有較大出入。此浙江吳玉墀家藏本不知來源如何，即使如《總目》所言，亦不知其據《文苑英華》和《唐文粹》的何種版本所析，萬曼先生對此也頗有異議。據《國家圖書館藏古籍題跋叢刊》（第十冊）記載，該館藏有《李遐叔文集》四卷，係丹鉛精舍校本，乙巳夏據舊鈔文苑英華校正。萬曼先生在《唐集敍錄》中云：「吳昌綬曾見有勞氏丹鉛精舍傳寫本，並題記云：『《李遐叔文集》久佚，《四庫》著錄，乃前人取《唐文粹》、《文苑英華》諸書裒集類次。此勞氏丹鉛精舍傳寫閣本，從所出各善本一一校勘，並據《李太白集》、李瀚《蒙求》、《書苑精華》補文三首。卷中墨筆，皆出韡卿手；朱校未詳何人，或云韡卿兄青主筆也。青主名檢，一字子及，見拙著《勞氏三君子傳》中。授經京卿，新自廠肆購得，屬爲題記』云云。勞氏熟於唐代典故，此本倘仍存在，亦善本也。」先生所論差矣，據《國家圖書館藏古籍題跋叢刊》所記，勞氏丹鉛精舍校本，乃傳鈔四庫本，而吳氏所見是勞氏丹鉛精舍傳寫本，似又在四庫本之下矣，算不得善本。因而，李華文集的整理，尚需重新輯錄。

另外《四庫全書簡明目錄·別集類一》和《四庫全書珍本》三集也錄有《李遐叔文集》四卷，蓋與《總目》爲同一淵源。

至此，我們知李華文集現今只有四庫館臣所輯的四卷本較爲完善，尚無校注本行世。然關於李華文集的輯錄，尚有很多版本存世。查詢中國國家圖書館中國古籍善本書目聯合導航系統知，另有三種清抄本藏於國內兩大圖書館，信息如下：

1. 《李員外遺集》二卷，唐李華撰，清抄本。現藏於浙江圖書館。
2. 《李遐叔文集》四卷，唐李華撰，清顧氏藝海樓抄本，八行二十一字。現藏於上海圖書館。
3. 《李遐叔文集》四卷，唐李華撰，《附錄》一卷，清抄本，清佚名校，十行二十二字，黑格。現藏於上海圖書館。

據查詢信息分析，這三種抄本的價值都很大，或是對四庫本《李遐叔文

集》有所補充,或是版本較優,目前限於能力不得窺見,然隨著《李遐叔文集校注》工作的進展,必得一見。

據系統又查詢到《李遐叔文抄》一卷本,北京大學圖書館、中國人民大學圖書館、中國社會科學院文學研究所、故宮博物院圖書館、天津市人民圖書館、山東省圖書館、山東大學圖書館、鎮江市博物館、江西省鉛山縣文化館、湖北省博物館皆有藏本,具體如何,限於能力不得而窺。

《四庫全書存目叢書・集部三四二》收錄明李賓所編《八代文鈔》一百六卷(影印天津圖書館藏明刻本),中有《李遐叔文集》一卷,此本已見,具體信息及價值如下:

版本:集部342〜426,《李遐叔文抄》一卷,明刻本,十八行二十字,黑格,單魚尾。

內容:共收李華文二十七篇,文題爲:《蕭穎士文集序》、《崔孝公集序》、《登頭陀寺東樓詩序》、《臥疾舟中相里范二侍御先行贈別序》、《雲母泉詩序》、《中書政事堂記》、《御史大夫壁記》、《盧郎中齋居記》、《藥園小山池記》、《廚院新池記》、《二孝贊》、《四皓贊》、《靈濤贊》、《材之大小說》、《與表弟盧復書》、《與外孫崔氏二孩書》、《德先生誄》、《唐丞相太尉房公德銘》、《元魯山墓碣銘》、《著作郎贈秘書少監權君墓表》、《祭亡友故揚州功曹蕭公文》、《祭劉評事兄文》、《弔古戰場文》、《鴞執狐記》、《質文論》、《卜論》、《三賢論》。

價值:此二十七篇文,有二十五篇見於《文苑英華》,其中《廚院新池記》、《元魯山墓碣銘》兩篇爲《文苑英華》所未收。尤其是《廚院新池記》一篇,《唐文粹》和《全唐文》均未見著錄,《八代文鈔》最早收錄此文,這對研究此篇文章的歸屬具有重要意義,對研究李華古文創作的數量、風格等也有影響。

上述爲李華文集輯錄版本的問題,可謂是紛繁複雜。這裡對《李遐叔文集》的散佚和輯本的複雜問題,探其原因,稍加補述。

其一,李華在安史之亂後被授僞職,歷代文集整理者從儒家正統角度,對李華人品先入爲主,或有誤判,因而對其文集不甚關心,致使文集散佚。

其二,在唐代,雕版印刷應用未廣,抄寫始終是文學作品傳播的主要方式,別集篇帙繁重,不便保存和攜帶,因而散佚較快;有些文集雖賴類書保存,終因「分類而從」割捨許多,已非原著原貌。

其三，李華後期力勸子弟力農，自己也當身體力行，對其創作似不關心。獨孤及《趙郡李華中集序》云「他日繼於此而作者當爲後集」，而歷代目錄著作無一著錄《後集》，可見李華後期並未整理自己的著作。對於李華文集的散佚，擬以以上三種原因就教於方家。

其四，盛唐古文家光彩耀人者有之，如蕭穎士、獨孤及、元結等，從有關文獻記載可以推究，這些人在當時的盛名，似有超越李華之處，李華文集不被人關心，與此也甚相關。《全唐詩詩話續編》：華字遐叔，趙州人。嘗作《含元殿賦》，賦成，以示蕭穎士。穎士曰：「《景福》之上，《靈光》之下。」時謂不及穎士，而華自疑過之，因作《弔古戰場文》，極思研揣，已成，謬爲故書，雜置梵書之庋。他日與穎士翻及，讀之稱工。華問：「今誰可擬？」穎士曰：「君若加精思，便能至矣。」華愕然而服。

值得注意的是，李華文集從散佚到有輯本，時間跨度很大，李華作品到底散佚多少，已無從考知。今將《李遐叔文集》整理本目錄賦此，以管窺李華著述存世情形，並附錄《四庫全書》、《文苑英華》、《唐文粹》、《全唐文》篇目對比表。

第一卷　賦

《望瀑泉賦》、《含元殿賦》、《哀節婦賦》、《木蘭賦》

第二卷　序

《贈禮部尙書孝公崔沔集序》、《揚州功曹蕭穎士文集序》、《楊騎曹集序》、《登頭陀寺東樓詩序》、《江州臥疾送李侍御序》、《送十三舅適越序》、《送薛九遠遊序》、《送房七西遊梁宋序》、《送薄九自牧往義興序》、《送張十五往吳中序》、《送觀往吳中序》、《送何萇序》、《臥疾舟中相里范二侍御先行贈別序》、《蒙求序》

第三卷　書

《與表弟盧復書》、《與弟莒書》、《與外孫崔氏二孩書》

第四卷　頌

《無疆頌八首》、《平原公遺德頌》、《潤州丹陽縣復練塘頌》

第五卷　贊

《四皓後贊》、《隱者贊七首（嚴君平）（嚴子陵）（申屠子龍）（陳留老父）（管幼安）（留侯）（皇甫義眞）》、《先賢贊六首（管敬仲）（隨武子）（東里子產）（鴟夷子皮）（樂生）（謝文靖）》、《二孝贊》、《靈濤贊》

第六卷　論

　　《三賢論》、《正交論》、《質文論》、《卜論》、《賢之用捨》、《君之牧人》、《國之興亡解》、《材之小大》、《言瞖》

第七卷　銘

　　《唐丞相太尉房公德銘一首》、《四皓銘一首》、《太子少師崔公墓誌銘》、《揚州司馬李公墓誌銘》、《元魯山墓碣銘》、《唐丞相故太保贈太師韓國公苗公墓誌銘》、《唐故博陵崔府君墓誌》、《玄達先生墓誌銘》、《山陽古城銘》、《燕故魏州刺史司馬公（仙僚）墓誌銘》）

第八卷　傳

　　《故相國兵部尚書梁國公李峴傳》、《李夫人傳》

第九卷　碑

　　《唐贈太子太師崔公神道碑》、《慶王府司馬徐府君碑》、《東都聖禪寺無畏三藏碑》、《故左溪大師碑銘》、《潤州天鄉寺故大德雲禪師碑》、《揚州龍興寺經律院和尚碑》、《潤州鶴林寺故徑山大師碑銘》、《淮南節度使尚書左僕射崔公頌德碑銘》、《韓公廟碑銘》、《唐故東光縣主神道碑銘》、《台州乾元國清寺碑》、《杭州開元寺新塔碑》、《杭州餘杭縣龍泉寺故大律師碑》、《衢州龍興寺故律師體公碑》、《荊州南泉大雲寺故蘭若和尚碑》

第十卷　記

　　《中書政事堂記》、《御史大夫廳壁記》、《御史中丞廳壁記》、《著作郎廳壁記》、《壽州刺史廳壁記》、《京兆府員外參軍廳壁記》、《河南府參軍廳壁記》、《安陽縣令廳壁記》、《臨湍縣令廳壁記》、《杭州刺史廳壁記》、《衢州刺史廳壁記》、《常州刺史廳壁記》、《故中嶽越禪師塔記》、《盧郎中齋居記》、《賀遂員外藥園小山池記》、《鶡執狐記》

第十一卷

　　《祭劉評事兄文》、《祭劉左丞文》、《祭亡友揚州功曹蕭公文》、《祭亡友張五兄文》、《弔古戰場文》

第十二卷　祭文　表　誄　訣　行狀

　　《著作郎贈秘書少監權君墓表》、《德先生誄》、《字訣》、《行狀》（大正藏 No. 2055）

著錄文獻	《四庫全書》（85篇）	《文苑英華》（79篇）〔註3〕	《唐文粹》（31篇）〔註4〕	《全唐文》（86篇）〔註5〕
卷帙情形	分卷（共四卷）	不分卷	不分卷	分卷（314～321）
第一卷篇目對比〔註6〕	第一卷	……	……	……
	望瀑泉賦	同《四庫》	◇	同《四庫》
	含元殿賦	同《四庫》	同《四庫》	同《四庫》
	哀節婦賦	同《四庫》	◇	同《四庫》
	贈禮部尚書孝公崔沔集序	同《四庫》	同《四庫》	同《四庫》
	楊騎曹集序	同《四庫》	◇	同《四庫》
	雲母泉詩序	同《四庫》	同《四庫》	◇
	登頭陀寺東樓詩序	同《四庫》	◇	同《四庫》
	江州臥疾送李侍御序	同《四庫》	◇	同《四庫》
	送十三舅適越序	同《四庫》	◇	同《四庫》
	送薛九遠遊序	同《四庫》	同《四庫》	同《四庫》
	送房七西遊梁宋序	同《四庫》	◇	同《四庫》
	送薄九自牧往義興序	同《四庫》	◇	同《四庫》
	送張十五往吳中序	同《四庫》	◇	同《四庫》
	送觀往吳中序	同《四庫》	◇	同《四庫》
	送何萇序	同《四庫》	◇	同《四庫》

〔註3〕按，《四庫全書》（85篇）中「《與外孫崔氏二孩書》、《廚院新池記》、《元魯山墓碣銘》、《言醫》、《韓公廟碑銘》、《唐故東光縣主神道碑銘》、《唐丞相故太保贈太師韓國公苗公墓誌銘》」七篇，《文苑英華》（79篇）未見，但《文苑英華》多出一篇《奉使朔方贈郭都護》。

〔註4〕按，《唐文粹》，共31篇，《四庫全書》中皆收錄。

〔註5〕按，《四庫全書》中《雲母泉詩序》、《廚院新池記》兩篇，《全唐文》中未見，但《全唐文》多出《字訣》、《故翰林學士李君墓誌銘》兩篇，《唐文拾遺》中《蒙求序》一篇。

〔註6〕按，1.表中相同篇目，記作「同《四庫》」；不同篇目出校，並改變字體；無此篇目記◇；2.《李遐叔文集》中可以編年的篇目前加＊（暫未輸入）；3.《四庫全書·李遐叔文集》收入李華詩歌12首，此次篇目比對時刪去，待校注李華詩歌時另行參考。

臥疾舟中相里范二侍御先行贈別序	同《四庫》	◇	同《四庫》
與表弟盧復書	同《四庫》	◇	同《四庫》
與弟莒書	同《四庫》	◇	同《四庫》
與外孫崔氏二孩書	◇	同《四庫》	同《四庫》
無疆頌八首	同《四庫》	同《四庫》	同《四庫》
平原公遺德頌	同《四庫》	◇	同《四庫》
潤州丹陽縣復練塘頌	同《四庫》	同《四庫》	同《四庫》
四皓後贊	四皓贊	同《四庫》	同《四庫》
嚴君平	「隱者贊七首」，內同	◇	同《四庫》
嚴子陵	「隱者贊七首」，內同	◇	同《四庫》
申屠子龍	「隱者贊七首」，內同	◇	同《四庫》
陳留老父	「隱者贊七首」，內同	◇	同《四庫》
管幼安	「隱者贊七首」，內同	◇	同《四庫》
留侯	「隱者贊七首」，內同	◇	同《四庫》
皇甫義眞	「隱者贊七首」，內同	◇	同《四庫》
管敬仲	「先賢贊六首」，內同	◇	同《四庫》
隨武子	「先賢贊六首」，內同	◇	同《四庫》
東里子產	「先賢贊六首」，內同	◇	同《四庫》
鴟夷子皮	「先賢贊六首」，內同	◇	同《四庫》
樂生	「先賢贊六首」，內同	◇	同《四庫》

	謝文靖	「先賢贊六首」，內同	◇	同《四庫》
	二孝贊	同《四庫》	同《四庫》	同《四庫》
	靈濤贊	同《四庫》	◇	同《四庫》
第二卷篇目比對	三賢論	同《四庫》	同《四庫》	同《四庫》
	正交論	同《四庫》	◇	同《四庫》
	質文論	同《四庫》	同《四庫》	同《四庫》
	卜論	同《四庫》	同《四庫》	同《四庫》
	唐丞相太尉房公德銘一首	同《四庫》	同《四庫》	同《四庫》
	四皓銘一首	同《四庫》	◇	同《四庫》
	故相國兵部尙書梁國公李峴傳	同《四庫》	◇	同《四庫》
	李夫人傳	同《四庫》	◇	同《四庫》
	唐贈太子太師崔公神道碑	同《四庫》	◇	同《四庫》
	慶王府司馬徐府君碑	同《四庫》	◇	同《四庫》
	東都聖禪寺無畏三藏碑	同《四庫》	◇	同《四庫》
	故左溪大師碑銘	故左溪大師碑	同《四庫》	同《四庫》
	潤州天鄉寺故大德雲禪師碑	同《四庫》	◇	同《四庫》
	揚州龍興寺經律院和尙碑	同《四庫》	◇	同《四庫》
	潤州鶴林寺故徑山大師碑銘	同《四庫》	同《四庫》	同《四庫》
	淮南節度使尙書左僕射崔公頌德碑銘	同《四庫》＋並序	同《四庫》	同《四庫》
第三卷篇目比對	中書政事堂記	同《四庫》	同《四庫》	同《四庫》
	御史大夫壁記	同《四庫》	同《四庫》	同《四庫》
	御史中丞壁記	同《四庫》	同《四庫》	同《四庫》
	著作郎壁記	同《四庫》	◇	同《四庫》
	壽州刺史壁記	同《四庫》	◇	同《四庫》
	京兆府員外參軍壁記	同《四庫》	◇	同《四庫》
	河南府參軍壁記	同《四庫》	◇	同《四庫》

	安陽縣令廳壁記	同《四庫》	◇	同《四庫》
	臨湍縣令廳壁記	同《四庫》	◇	同《四庫》
	故中嶽越禪師塔記	同《四庫》	◇	同《四庫》
	盧郎中齋居記	同《四庫》	同《四庫》	同《四庫》
	賀遂員外藥園小山池記	同《四庫》	◇	同《四庫》
	鸐執狐記	同《四庫》	◇	同《四庫》
	廚院新池記	◇	◇	◇
	太子少師崔公墓誌銘	同《四庫》	◇	同《四庫》
	揚州司馬李公墓誌銘	同《四庫》	◇	同《四庫》
	著作郎贈秘書少監權君墓表	同《四庫》	同《四庫》	同《四庫》
	元魯山墓碣銘	◇	同《四庫》	同《四庫》
第四卷 篇目比對	祭劉評事兄文	同《四庫》	◇	同《四庫》
	祭劉左丞文	同《四庫》	◇	同《四庫》
	祭亡友揚州功曹蕭公文	同《四庫》	同《四庫》	同《四庫》
	祭亡友張五兄文	同《四庫》	◇	同《四庫》
	德先生誄	同《四庫》	同《四庫》	同《四庫》
	弔古戰場文	同《四庫》	同《四庫》	同《四庫》
	賢之用捨	同《四庫》	◇	同《四庫》
	君之牧人	同《四庫》	◇	同《四庫》
	國之興亡解	同《四庫》	同《四庫》	同《四庫》
	材之小大	同《四庫》，另存目「材之大小論」	◇	同《四庫》
	木蘭賦	同《四庫》	◇	同《四庫》
	言毉	◇	同《四庫》	同《四庫》
	韓公廟碑銘	◇	同《四庫》	同《四庫》
	唐故東光縣主神道碑銘	◇	同《四庫》	同《四庫》
	台州乾元國清寺碑	同《四庫》	◇	同《四庫》
	杭州開元寺新塔碑	同《四庫》	◇	同《四庫》
	杭州餘杭縣龍泉寺故大律師碑	同《四庫》	◇	同《四庫》

衢州龍興寺故律師體公碑	同《四庫》	◇	同《四庫》
荊州南泉大雲寺故蘭若和尚碑	同《四庫》	◇	同《四庫》
杭州刺史廳壁記	同《四庫》	◇	同《四庫》
衢州刺史廳壁記	同《四庫》	◇	同《四庫》
常州刺史廳壁記	同《四庫》	◇	同《四庫》
唐丞相故太保贈太師韓國公苗公墓誌銘	◇	同《四庫》	同《四庫》

（二）詩集

李華集散佚，今亦未見詩集輯本。據現存文獻，《文苑英華》、《唐文粹》、《唐詩紀事》、《唐詩品匯》、《唐詩類苑》、《唐音統籤》、《全唐詩》等，略輯李華存詩目錄如下：

《文苑英華》（中華書局影印本）：《江州臥疾送李侍御歌題擬》。按，詞詩又見《全唐詩補編》之《全唐詩續拾》卷十五，有異文。

《唐文粹》（中華書局，四部叢刊初編本）：1.《雜詩六首》，2.《寄趙七侍御》，3.《仙遊寺》，4.《詠史十一首》，5.雲母泉詩序（詩附）。

《唐詩紀事》（中華書局，王仲鏞校箋本）：1.《詠史十一首》，2.《寄趙七侍御》。

《唐詩品匯》（上海古籍本）：1.《詠史五首》，2.《遊山寺》，3.《春行寄興》。

《唐詩類苑》（上海古籍本）：1.《春行寄興》，2.《詠史十一首》，3.《寄趙七侍御》，4.《長門怨》，5.《仙遊寺》，6.《尚書都堂瓦松》。

《唐音統籤》（上海古籍本）：1.《雜詩六首》，2.《詠史十一首》，3.《雲母泉詩並序》，4.《仙遊寺》，5.《寄趙七侍御並序》，6.《春遊吟》，7.《長門怨》，8.《奉使朔方贈郭都護》，9.《晚日湖上寄所思》，10.《奉寄彭城公》，11.《寄從弟》，12.《春行寄興》，13.句。

《全唐詩》（中華書局本）：1.《雜詩六首》，2.《詠史十一首》，3.《雲母泉詩並序》，4.《寄趙七侍御並序》，5.《仙遊寺》，6.《春遊吟》，7.《長門怨》，8.《奉使朔方贈郭都護》，9.《尚書都堂瓦松》，10.《海上生明月科試》，11.《晚日湖上寄所思》，12.《寄從弟》，13.《奉寄彭城公》14.《春行寄興》，15.題季子廟〔題李季華〕。

　　《全唐詩外編》第四編《全唐詩續補遺》：1.《題季子廟》（按：《全唐詩》
卷七七八作李季華詩，第二句「聽」，《圖書集成》作「繼」，第四句「冷」作
「滿」。）2.《題澤州石佛閣》。

　　《全唐詩補編》之《全唐詩續補遺》：1.《題季子廟》（按：《全唐詩》卷
七七八作李季華詩，第二句「聽」，《圖書集成》作「繼」，第四句「冷」作「滿」。
腳注云：「出處當爲《輿地紀勝》卷七《鎮江府》。《全唐詩》作李季華，係出
《萬首唐人絕句》卷一百，疑涉詩題而致誤。」）2.《題澤州石佛閣》（《古今
圖書集成‧職方典》三六四《澤州部》）。

六、研究資料拾零

（一）《唐五代人物傳記資料綜合索引》（傅璇琮等，中華書局，1982 年版）

　　1.《舊唐書》，〔後晉〕劉昫等撰，中華書局點校本，第 15 冊，190 卷，
　　　5047 頁。

　　2.《新唐書》，〔宋〕歐陽修、宋祁等撰，中華書局點校本，第 18 冊，
　　　203 卷，5775 頁。

　　3.《新唐書‧宰相世系表》，〔宋〕歐陽修、宋祁等撰，中華書局點校本，
　　　第 8 冊，72 卷，2559 頁。

　　4.《新唐書‧藝文志》，〔宋〕歐陽修、宋祁等撰，中華書局點校本，第
　　　5 冊，60 卷，1603 頁。

　　5.《全唐文》，清嘉慶十九年（1890）內府刊本，第 314 卷，1 頁頁上。

　　6.《唐文拾遺》，〔清〕陸心源纂輯，潛園總集本，第 19 卷，13 頁頁上。

　　7.《全唐詩》，中華書局排印本，第 3 冊，153 卷，1585 頁。

　　8.《唐詩紀事》上冊，〔宋〕計有功撰，中華書局上海編輯所排印本
　　　（1965），第 21 卷，308 頁。

　　9.《郎官石柱題名考》，〔清〕趙鉞、勞格撰，月河精舍叢書本（光緒十
　　　二年 1886），第 4 卷，61 頁頁下；第 6 卷，29 頁頁下；第 15 卷，11
　　　頁頁下；20 卷，5 頁頁上。

　　10.《唐御史臺精舍題名考》，〔清〕趙鉞、勞格撰，月河精舍叢書本（光
　　　　緒十二年 1886），第 3 卷，27 頁頁下。

　　11.《登科記考》，〔清〕徐松撰，南菁書院叢書本，第 8 卷，12 頁頁上；
　　　　第 9 卷，5 頁頁下。

（二）《唐代墓誌彙編》（周紹良主編，趙超副主編，上海古籍出版社，1992
　　年版）

　　　　《唐代墓誌彙編》，（開元 532）第 1522 頁；（天寶 171）第 1650 頁；（大
　　曆 013）第 1768 頁。

（三）《唐代墓誌彙編續集》（周紹良、趙超主編，上海古籍出版社，2007 年
　　版）

　　　　《唐代墓誌彙編續集》（天寶 078）第 639 頁；（貞元 025）第 750 頁；（寶
　　曆 010）第 876 頁；（大和 018）第 892 頁；（咸通 089）第 1102 頁；（咸
　　通 099）第 1110 頁。

（四）《唐刺史考全編》（郁賢皓著，安徽大學出版社，2000 年版）

　　1.《唐刺史考全編》（第四冊）卷一五七

　　　　《宋高僧傳》卷一四《唐洪州大明寺嚴峻傳》：「〔大曆〕四年
　　春，洪州刺史李華員外延入大明寺住止。三月中，俄命沐浴換衣，
　　舉望空虛，合掌而逝，春秋五十九。」按兩《唐書》本傳未及洪刺，
　　《舊傳》謂大曆初卒。

　　2.《唐刺史考全編》（第四冊）卷一五八

　　　　《全詩》卷八〇〇程洛賓小傳：「京兆參軍李華侍兒。安史亂
　　後，失所在。華後爲江州牧，登庾樓，見其在舟中鼓胡琴。問之，
　　乃岳陽王氏舟也，齎幣贖歸。」收詩一首，題爲《歸李江州後寄別
　　王氏》。

（五）《吟窗雜錄》（〔宋〕陳應行編，王秀梅整理，中華書局，1997 年版）

　　　　李華「字遐叔，爲《弔古戰場文》取重於時。」

（六）《唐尚書省郎官石柱題名考》（〔清〕勞格、趙鉞撰，徐敏霞、王桂珍點
　　校，中華書局，1992 年版）

　　卷四　吏部員外郎

　　　　李華，又封外補、金中、禮外補。又御史臺左側題名。

　　　　《新表》趙郡李氏東祖房：典設郎恕己子華，字遐叔，吏部員
　　外郎。

　　　　《新文藝傳》下：累中進士、宏辭科。天寶十一載，遷監察御
　　史，權幸見疾，（從）〔徙〕右補闕。僞署鳳閣舍人，賊平，貶杭州
　　司戶參軍，屛居江南。上元中，以左補闕、司封員外郎召，稱疾不

拜。李峴領選江南，表置幕府，擢檢校吏部員外郎。苦風痹去官，大曆初，卒。

《舊文苑傳》下：開元二十三進士擢第。天寶中，登朝爲監察御史，累轉侍御史、禮部、吏部二員外郎。陷賊，僞署鳳閣舍人。收城後，貶官，遂廢於家，卒。

顏眞卿《崔孝公陋室銘記》：「所著文集，吏部員外郎趙郡李華爲集序。」（《顏文忠集》十四）

《杼山集》、《唐石屼山故大禪師塔銘》，稱故吏部員外李公華。

《唐摭言》四：李華至德中自前司封員外起爲相國李梁公峴從事，檢校吏部員外。

卷六　司封員外郎

李華，見吏外補，又金中、禮外補。

《摭言》四：李華，至德中自前司封員外起爲相國李梁公峴從事，檢校吏部員外。

李良《薦蒙求表》：「司封員外郎李華，當代文宗，名望夙著，與作序，云云。」（日本本、古本《蒙求》。案，《表》署天寶五年八月一日，饒州刺史李良。）

《新文藝傳》下：上元中，以左補闕、司封員外郎召之。喟然曰：「烏有虧節危親，欲荷天子寵乎？」稱疾不拜。李峴領選江南，表置幕府，擢檢校吏部員外郎。

卷十五　金部郎中

李華，見吏外補，封外補，禮外補。

卷二十　禮部員外郎

李華，見吏外補、封外補、金中。

《舊文苑傳》下：天寶中，登朝爲監察御史。累轉侍御史、禮部、吏部二員外郎。（《新書・文藝傳》失載）

（七）《郎官石柱題名新著錄》（岑仲勉《金石論叢》，上海古籍出版社，1981年版）

「司封員外郎」條

岑仲勉考：李華，趙、王作「李□」，勞全缺，今審之，實「李華」也。

張按，「趙」指〔清〕趙魏《郎官石柱題名》，見《讀畫齋叢書·己集》。
「王」指王昶《金石萃編》。

「金部郎中」條

見條目中關於「李華」資料。

（八）《郎官石柱題名新考訂》（岑仲勉，上海古籍出版社，1984 年版）

吏部員外郎——刪補

　　據《唐摭言》及《新唐書·文藝傳》，華只檢校吏部員外，應刪與前條同。

司封員外郎——刪補

　　趙、王作李□，勞全缺，今諦審之，實李華也。此處題名當在上元年頃，勞《考》封外補遺別著李華，應歸併爲一條。

禮部員外郎——補遺

　　《舊唐書》傳稱累轉禮部、吏部二員外郎，按獨孤及與華同時，所言較可信，《毗陵集》一三《李華中集序》云：「（天寶）十一年，拜監察御史。……二京既復，坐謫杭州司功參軍。……無何詔復授左補闕，又加尚書司封員外郎。……故相國梁公峴之領選江南也，表爲從事，加檢校吏部郎中。」（《文粹》無中字）吏、禮音近，書本上不時互訛，想是修《舊唐書》者不知抉擇，遂致吏、禮同存，然與《舊唐書》傳非同源之史料，固未嘗記華曾任禮外也，當刪去。

（九）《中國歷代人物年譜考錄》（謝巍編撰，中華書局，1992 年版）

李華年表

〔譜主〕李華，字遐叔，贊皇人，開元三年乙卯（公元 715 年）生，永泰二年丙午（公元 766 年）卒，年五十二。

〔編者〕鄞縣（今）陳宏美

〔版本〕稿本《李華集注》附〈見存〉著者自藏。

（十）《唐五代人交往詩索引》（吳汝煜，上海古籍出版社，1993 年）

郭子儀《奉使朔方贈郭都護》。

邵軫《寄趙七侍御並序》。

李華《寄從弟》。

彭城公《奉寄彭城公》。

蕭穎士《寄趙七侍御並序》。

趙驊《寄趙七侍御並序》。

陳公《雲母泉詩並序》。

程洛賓《歸李江州後寄別王氏》。

李白《宣州謝朓樓餞別校書叔雲》（一作陪侍御叔華登樓歌）。

（十一）《國家圖書館藏古籍題跋叢刊》（國家圖書館編，北京圖書館出版
社，2002 年版）

　　《國家圖書館藏古籍題跋叢刊》第十冊

　　　　李遐叔文集四卷（傳鈔四庫本）

　　　　丹鉛精舍校本

　　　　乙巳夏據舊鈔文苑英華校正

　　　　（校）檢校尚書吏部員外郎趙郡李公中集序（獨孤及）

　　　丁未三月十一日據武進趙氏亦有生齋刊《毗陵集》十三校趙氏
所刻《毗陵集》，此篇每用《英華》改易，由所據《英華》閩刻脫去
集本校語耳，當以宋本及明刻重定之。

　　　（補）《蒙求序》：丁未三月六日從日本《佚存叢書》第四帙《李
瀚蒙求》補，《全唐文》未載。

　　　（補）《故翰林學士李君墓誌》：道光丁未上巳，據康熙間吳門
繆氏重刻宋元豐臨川晏氏本李太白集補鈔。丹鉛精舍記。

　　　（補）《論書》丁未上巳據乾隆間錢塘汪氏刊本《書院精華》
補。

　　　《伊闕泛舟記》、《遊志編目》、《文佚》（以下季言附記）。

　　　《顧況祭李員外文》、《梁肅送李補闕序》、《為獨孤使君祭李員
外文》。

（十二）「中國歷代書目題跋叢書」《孫氏祠堂書目》（〔清〕孫星衍撰，焦桂
美、沙莎標點，上海古籍出版社，2008 年版）

　　內編卷四：李遐叔文集四卷，唐李華撰。寫本。

（十三）《影印文淵閣四庫全書》（第 1072 冊），《文淵閣四庫全書珍本三集》
（第 233 冊）

　　《李遐叔文集》四卷，〔唐〕李華撰。

（十四）《文選樓藏書記》（〔清〕阮元撰，王愛亭、趙嫄點校，上海古籍出版

社，2009 年版）

卷五：《李遐叔文集》二冊。唐司戶參軍李華著。贊皇人。

（十五）《觀古堂書目叢刻》之《宋紹興秘書省續編到四庫闕書目》

卷一：《李華文》一卷〔輝（葉德輝）按《新唐志》有《李華前集》

十卷，《中集》二十卷，宋《崇文總目》，《李華集》二十卷〕。

（十六）《蕭穎士集校箋》（〔唐〕蕭穎士著，黃大宏、張曉芝校箋，中華書

局，2017 年版）

李華（約 715～766）字遐叔，趙郡贊皇人。華長穎士二歲，與之共遊太
學，同年登第，爲至交，並爲古文先驅，世號「蕭李」。獨孤及《趙郡李公中
集序》云：「天寶中，公與蘭陵蕭茂挺、長樂賈幼幾勃焉復起，振中古之風，
以宏文德。」（《毘陵集》卷十三）梁肅《唐左補闕李翰前集序》曰：「唐有天
下幾二百載，而文章三變。……天寶以還，則李員外、蕭功曹、賈常侍、獨
孤常州比肩而出，故其道益熾。」（《文粹》卷九二）又《新唐書·蕭穎士傳》
曰：「嘗兄事元德秀，而友殷寅、顏眞卿、柳芳、陸據、李華、邵軫、趙驊，
時人語曰：「殷顏柳陸，李蕭邵趙。」以能全其交也。……獨華與齊名，世號
蕭李。」皆一時俊傑，且爲天下知音之楷模。今存蕭氏詩文未見提及李華之
處，當有文字失落。但《舊唐書·李華傳》載穎士論李華《含元殿賦》、《祭
古戰場文》優劣事，亦見相知之深。而李華集中涉及穎士者，有集序，有祭
文，有詩及論，皆作於蕭氏身後。《祭蕭穎士文》云「華疇昔之歲，幸忝周旋。
足下不棄愚劣，一言契合。古稱管鮑，今則蕭李」，自謂與穎士「平生相知，
情體如一」。《寄趙七侍御並序》之「昔日蕭邵遊，四人纔成童。屬詞慕孔門，
入仕希上公」等句，追憶與趙驊、蕭穎士、邵軫三人早年同遊太學時事。《三
賢論》則曰「余兄事元魯山，而友劉、蕭二功曹。……予知三賢也深」。《揚
州功曹蕭穎士文集序》因與穎士「平生最深」，受穎士子蕭存所託而作，都是
研究蕭氏生平思想的重要資料。蕭氏有身後名，李華居功甚偉。

七、《廚院新池記》作者新考

《廚院新池記》一文作者係誰，歷來說法不一。最早記載此文的文獻
是《文苑英華》卷八二八，作者題爲李玄卿〔註 7〕。之後，宋元之際鄧牧的
《洞霄圖志》亦收錄此文，末署「大曆五年歲號閹茂八月一日處士李玄卿記」

〔註 7〕李昉等編：《文苑英華》，北京：中華書局，1982 年，第 4372 頁。

〔註8〕。可至明李賓所編《八代文鈔》之《李遐叔文抄》〔註9〕，第一次將此文明確歸於李華名下。清代所編《全唐文》，將此文歸在李勉（勉字玄卿）名下，但卻加按語曰「是篇一作李華」〔註10〕。隨後四庫館臣在編纂《四庫全書》之時，輯出《李遐叔文集》（李華，字遐叔）四卷，於「記」文體之下收錄《廚院新池記》一文〔註11〕。至此，《廚院新池記》作者從李玄卿變歸李華。

這裡有個轉變，即明李賓認為《文苑英華》記載《廚院新池記》的作者為李玄卿有誤。這一發現可以說是獨具慧眼。然他將此文歸於李華名下，實亦有誤。又四庫館臣未詳查之下，亦將此文收歸李華，實則以訛傳訛。據查《廚院新池記》一文既非李玄卿所作，亦非李華所為，此文作者當為李幼卿。具體論證如下：

（一）《廚院新池記》非李玄卿所作考

《文苑英華》卷八二八將《廚院新池記》一文署名李玄卿。據《舊唐書》卷一百三十一《李勉傳》所載：「李勉，字玄卿，鄭王元懿曾孫也。」〔註12〕考李勉事蹟，與《廚院新池記》所載牴牾之處甚多。

《記》云：「予與吳天師採真洞府，朝夕窺臨，瑩澈心膽，滑昏潛遁，事苟愜於心，則與登姑蘇望五湖而齊矣，故因碑籀餘地，刻而誌之，猶詩人有泌泉之作。」吳天師指吳筠，唐代著名道士。據史書記載，吳筠因舉進士不第，乃入嵩山，師事潘師正為道士；安史之亂後，吳筠東遊會稽，隱於剡中。文中說李玄卿與吳天師（筠）交遊，並不符合事實。《舊唐書》記載，李勉「（大曆）四年，除廣州刺史，兼嶺南節度觀察使」〔註13〕。同書卷一百五十七《王翃傳》載有王翃請李勉出兵援助其光復容州未果一事，此事尤能說明問題。文曰：

> （翃）大曆五年遷容州刺史、容管經略使。自安、史之亂，頻詔徵發嶺南兵募，隸南陽魯炅軍。炅與賊戰於葉縣，大敗，餘眾離

〔註8〕 鄧牧：《洞霄圖志》，《文淵閣四庫全書》，臺灣：臺灣商務印書館，1987年，第587～455頁。

〔註9〕 李賓：《八代文鈔》，《四庫全書存目叢書》，濟南：齊魯書社，1997年，第342～436頁。

〔註10〕 董誥等：《全唐文》，北京：中華書局，1983年，第4458頁。

〔註11〕 李華：《李遐叔文集》，上海：上海古籍出版社，1993年，第65頁。

〔註12〕 劉昫等：《舊唐書》，北京：中華書局，1975年，第3633頁。

〔註13〕 劉昫等：《舊唐書》，北京：中華書局，1975年，第3635頁。

散。嶺南溪洞夷獠乘此相恐爲亂，其首領梁崇牽自號「平南十道大
都統」及其黨覃問等，誘西原賊張侯、夏永攻陷城邑，據容州。前
後經略使陳仁琇、李抗、侯令儀、耿愼惑、元結、長孫全緒等，雖
容州刺史，皆寄理藤州，或寄梧州。

　　　　及翃至藤州，言於眾曰：「吾爲容州刺史，安得寄理他邑！」
乃出私財募將健，許奏以好爵，以是人各盡力。不數月，斬賊魁歐
陽珪。馳於廣州，見節度使李勉，求兵爲援。勉曰：「容州陷賊已久，
群獠方強，卒難圖也。若務速攻，祗自敗耳，郡不可復也。」翃請
曰：「大夫如未暇出師，但請移牒諸州，揚言出千兵援助，冀藉聲勢
成萬一之功。」勉然之。〔註14〕

　　據《舊唐書》所記，大曆四年李勉出任廣州刺史兼嶺南節度使一職，大
曆五年仍任此職。李勉身在廣州，不可能與吳筠「登姑蘇望五湖」（姑蘇在今
江蘇吳縣西南）。以李勉生平事蹟來看，他一生均在官場，曾官至宰相，俗物
繁雜，未曾與僧人、道士有所交往。所以李勉更不可能與吳筠「朝夕窺臨」
新池，而寫下此文。因而，《文苑英華》所署的李玄卿並非李勉。

　　那麼，除李勉外，是否有人名喚李玄卿呢？查閱各種史料文獻，其中並
未有名爲李玄卿的任何記載，《文苑英華》是關於此人名的最早記錄。而且查
檢《文苑英華》所有篇章署名規律可以發現，其所收篇章的作者皆稱名而不
稱字，《全唐文》根據李勉，字玄卿，而將《廚院新池記》一文歸於李勉名
下，亦是大誤。據此，可以斷定李玄卿當爲誤記。

（二）《廚院新池記》非李華所作考

　　按《廚院新池記》作於大曆五年（大曆共十四年）。而《新唐書》卷二百
三記載李華「大曆初卒」〔註15〕；又《宋高僧傳》卷一四《唐洪州大明寺嚴
峻傳》記：「〔大曆〕四年春，洪州刺史李華員外延入大明寺住止。三月中，
俄命沐浴換衣，舉望空虛，合掌而逝，春秋五十九。」〔註16〕可見大曆四年
李華就已經辭世，此文作於大曆五年，當非李華所作。

　　又據陳鐵民先生考證，李華卒於大曆九年〔註17〕。陳鐵民《李華事蹟考》

〔註14〕劉昫等：《舊唐書》，北京：中華書局，1975 年，第 4143～4144 頁。
〔註15〕歐陽修，宋祁：《新唐書》，北京：中華書局，1975 年，第 5776 頁。
〔註16〕贊寧：《宋高僧傳》，北京：中華書局，1997 年，第 351 頁。
〔註17〕陳鐵民：《李華事蹟考》，《北京大學百年國學文粹·文學卷》，北京：北京大
　　　　學出版社，1998 年，第 460 頁。

據李華存世作品，詳加繫年，發現李華有大曆六年至八年的作品，由此認爲梁蕭《爲常州獨孤使君祭李員外文》所言「維大曆元年五月日，朝散大夫守常州刺史賜紫金魚袋獨孤某，謹以清酌之奠，祭於故尚書吏部郎趙郡李遐叔三兄之靈」的「大曆元年」當爲「大曆九年」之誤。陳文考證詳實，論據充分，這一結論爲學術界所認同。按照陳文所考李華卒於大曆九年，那麼《廚院新池記》有可能是李華所作。當然，事實並非如此。要想論證《廚院新池記》非李華所作，涉及到李華的行跡以及記中記載的內容。下面我們從這兩個方面進行論證。

李華行跡，陳鐵民先生《李華事蹟考》已有考證，可茲參閱。這裡主要以大曆五年爲原點，考求李華大曆年間行跡。李華《楊騎曹集序》云：「永泰二年，余旅疾延陵，故人之孤，更來候余……候余小間，捧君之集十卷……諮余爲序。」〔註18〕可見永泰二年，李華居於潤州延陵縣（今江蘇丹陽西南），永泰二年即大曆元年。又李華的《著作郎贈秘書少監權君墓表》云：「君姓權氏，諱皋……大曆元年四月某日，不幸逝於丹徒，因殯焉。……華自疾病風，曳杖而往哭之。」〔註19〕可知大曆元年四月，李華在潤州治所丹徒縣（今江蘇鎮江）。陳鐵民先生據李華《潤州天鄉寺故大德雲禪師碑》一文，考證李華去官「客隱山陽（今江蘇淮安市楚州區）」的時間，不早於大曆二年。若此時間大體不錯，那麼李華自大曆二年後就辭官歸隱山陽。《新唐書》所記「（李華）苦風痹，去官，客隱山陽，勒子弟力農，安於窮槁，晚事浮圖法，不甚著書」〔註20〕，事實不誤。李華又有《太子少師崔公墓誌銘》：「少師諱景晊……大曆四年，龜筮從吉，嗣子圓，尚書右僕射趙國公，哀奉先少師夫人之裳帷，合祔於河南北邙山某原，禮也。」〔註21〕《唐贈太子少師崔公神道碑》也有同樣記載。二文皆作於大曆四年，時李華當隱居在山陽。陳文考《送張十五往吳中序》作於大曆七年，《序》云「邯鄲遐叔，風病目疾，家貧不能具藥，爰以言自醫……今賢士君子多在江淮之間，吾見二丈夫，必開館拂席，眕相如之玉聲，盡家之有無也」〔註22〕，所引幾言，一則說明李華已處疾病纏身的晚年，二則說明李華依然在江蘇，「今賢士君子多在江淮之

〔註18〕李華：《李遐叔文集》，上海：上海古籍出版社，1993年，第13～14頁。
〔註19〕李華：《李遐叔文集》，上海：上海古籍出版社，1993年，第68頁。
〔註20〕歐陽修、宋祁：《新唐書》，北京：中華書局，1975年，第5776頁。
〔註21〕李華：《李遐叔文集》，上海：上海古籍出版社，1993年，第65～66頁。
〔註22〕李華：《李遐叔文集》，上海：上海古籍出版社，1993年，第16頁。

間」可證。

　　綜上可知，李華自大曆二年（或稍前）至大曆七年確在蘇州，也曾在吳縣呆過，但卻未曾「登姑蘇（今江蘇吳縣西南）望五湖」。《廚院新池記》中提到的吳筠，是位道士，李華崇尚佛教，畢其一生未曾與道士交往。對於吳筠，《佛祖統紀》有段記載記載，云：「玄宗（時），道士吳筠造論毀釋氏，浙西觀察使陳少游請神邕法師，面決邪正，筠竟敗北。」〔註23〕對於一個詆毀佛家的道士，李華是不可能也不屑與其交往的，更不用說「與吳天師採眞洞府，朝夕窺臨，瑩澈心膽，滑昏潛遁，事苟愜於心」了。《廚院新池記》非李華所作，可證矣。

　　（三）《廚院新池記》作者係李幼卿

　　李幼卿，生卒年不可考，大約於蕭穎士、李華同時，年歲稍晚。事蹟不詳，只知幼卿曾與蕭穎士、獨孤及有所交往〔註24〕。《新唐書》卷二百二記

〔註23〕志磐：《佛祖統紀》，《大正新修大藏經》經號2035，卷49，臺北：新文豐出版社，1932年，第129頁。

〔註24〕按，李幼卿（？～776）與獨孤及為至交，事蹟多見於獨孤氏詩文。《琅琊溪述並序》曰：「隴西李幼卿，字長夫，以右庶子領滁州。」末云「是歲大曆六年，歲在辛亥春二月丙午」（《毘陵集》卷十七），故為隴西人，字長夫。幼卿先為太子通事舍人（《寶刻叢編》卷八藍田縣），據序云，大曆六年（771）以中庶子出守滁州。獨孤及《祭滁州李庶子文》首稱「常州刺史獨孤及謹以清酌嘉蔬之奠，敬祭於故右庶子、滁州刺史、揚州大都督府司馬兼侍御史隴西李長夫之靈」，即李氏辛於任，而獨孤氏時為常州刺史。考獨孤及《常州刺史謝上表》云：「臣伏奉去年十二月二十三日敕，授臣使持節常州諸軍事、守常州刺史……今以三月十七日到州上記。」指大曆八年底，獨孤及由舒州調任常州，至九年三月到任事。又按梁肅《朝散大夫使持節常州諸軍事守常州刺史賜紫金魚袋獨孤公行狀》曰「擢拜常州刺史……為郡之四載，大曆十二年四月壬寅晦暴疾薨於位」（《英華》卷九七二），與崔祐甫《唐故常州刺史獨孤公神道碑銘並序》云「奄忽捐館。其時也，大曆十二年夏四月二十九日；其地也，常州之路寢」（《唐文粹》卷五八）同，即大曆十二年四月獨孤及卒於常州，在州四載，幼卿必卒於此前。獨孤及《祭滁州李庶子文》又有「往歲滁城之會，俱未以少別為感……孰知此際，以是永訣」語，則二人曾會於滁州，乃大曆九年春獨孤氏自舒州往常州時事，此後有詩簡往來。《毘陵集》卷三附李幼卿《前年春與獨孤常州兄花時為別，倏巳三年矣。今覯花又爾，睹物增懷，因之抒情，聊以奉寄》詩曰「近日霜毛一番新，別時芳草兩回春」。按題中「前年春與獨孤常州兄花時為別，倏巳三年矣」，當即獨孤氏所云「往歲滁城之會」事，以首尾三年算，至第三年時，亦可稱「別時芳草兩回春」，即當大曆十一年春。獨孤及《答李滁州見寄》則曰「相逢遽歎別離牽，三見江皋蕙草鮮。白髮俱生歡未再，滄洲獨往意何堅」，詩意與之皆合。再綜合獨

載：「穎士樂聞人善，以推引後進爲己任，如李陽、李幼卿、皇甫冉、陸渭等數十人，由獎目，皆爲名士。」〔註25〕據獨孤及《毘陵集》卷十七《琅琊溪述並序》記載：「隴西李幼卿，字長夫，以右庶子領滁州……是歲大曆六年。」〔註26〕可知，李幼卿隴西人，字長夫，唐太子庶子，大曆六年任滁州刺史。序中還提到李幼卿與法琛法師在琅琊山上興建了寶應寺，曾作五言詩刻石傳世，這是所知李幼卿事蹟有確切紀年的唯一一件。王禹偁的《小畜集》卷五

孤及大曆十二年四月卒，李幼卿至遲當卒於十一年（776）。《毘陵集》卷三尚載獨孤及滁、常唱和之作《送李滁州題庭前石竹花見寄》、《得李滁州書以玉潭莊見託因書春思以詩代答》、《題玉潭》、《答李滁州憶玉潭新居見寄》四首。幼卿守滁有善政，《琅琊溪述並序》言「滁人饑者粒，流者占，乃至無訟以聽」，故多暇日，遂詩酒縱遊，「因鑿石引泉，釃其流以爲溪，溪左右建上下方作禪堂、琴臺以環之」，泉名庶子泉，溪名琅琊溪，禪堂即寶應寺（按與僧法深共建，見明宋濂《文憲集》卷二《遊琅琊山記》），詠歌其間，所作《新鑿琅邪泉題記》，及李陽冰作《庶子泉銘》，均由李陽冰篆額，存諸石壁（《墨池編》卷六、《小畜集》卷五《八絕詩序》、《文忠集》卷五三《石篆詩並序》）。北宋至道元年（995），王禹偁自翰林學士出官滁上，效舊事，作古詩八章，刻石於寺（《小畜集》卷五《八絕詩序》）。又嘗遊衢州石橋寺，成詩四首，與劉迥、李深、謝劇、羊滔、薛戎遊石橋寺詩匯爲一集，謝良弼作序，元和七年十二月十二日刊成二碑（《寶刻叢編》卷十三衢州「唐遊石橋序並詩」）。朱彝尊《跋石橋寺六唐人詩》云其碑嘉靖時尚存；此後官三衢者改修府志，盡刪唐人之詩，遂盡遺逸（《曝書亭集》卷四九）。幼卿守滁時，在常州義興（今江蘇宜興）創玉女潭別業，號蒙溪幽居（李幼卿《前年春與獨孤常州兄花時爲別……》題注）。義興即漢陽羨舊地，山林幽美，富於泉石之勝，李氏居此，頗助歌詠。宋周必大《泛舟錄》稱「（玉女）潭在四山中……唐權德輿、李幼卿、獨孤及皆有詩」（《文忠集》卷一六八）。明文徵明《玉女潭山居記》：「玉女潭在張公洞西南，相去不三里，而近相傳玉女嘗修煉於此。唐以前名賢勝士多此遊覽，而李幼卿、陸希聲蓋嘗居之，一時倡酬篇詠，流傳至今，有以想見其盛也。」（《甫田集》卷十九）幼卿至滁後，因獨孤及改守常州，遂將山居託付友人，所謂「日日思瓊樹，書書話玉潭」（獨孤及《得李滁州書以玉潭莊見託因書春思以詩代答》），此地成了他們的情感紐帶。從獨孤及《題玉潭》、《答李滁州憶玉潭新居見寄》諸作，猶見二人身在宦途，心向山林的精神世界。今存《前年春，與獨孤常州兄花時爲別，倐已三年矣……》及《遊爛柯山四首》諸詩，見《全唐詩》卷三一二。《寶刻叢編》卷八藍田縣引《集古錄目》記其有《唐石門湯泉記》，未知存否。按石門湯泉在藍田縣南四十里湯峪，有泉五，曰玉女、融雪、連珠、漱玉、濯纓，可療風濕。（見《蕭穎士集校箋》，〔唐〕蕭穎士著，黃大宏、張曉芝校箋，中華書局，2017年，第370～373頁。）

〔註25〕歐陽修，宋祁：《新唐書》，北京：中華書局，1975年，第5769頁。

〔註26〕獨孤及著，劉鵬、李桃校注：《毗陵集校注》，瀋陽：遼海出版社，2007年，第376頁。

《八絕詩有序》，歐陽修的《歐陽文忠公集》卷五十三《石篆詩並序》均有關
於此事的記載。

李幼卿身在滁州，怎會與吳筠同登姑蘇呢？據《唐詩紀事》卷二十七記
載：「幼卿，字長夫，隴西人，大曆中，以右庶子領滁州。別業在常州義興，
曰玉潭莊，在滁州時，以書託獨孤至之。」〔註27〕（按：常州義興，即今江
蘇宜興。）玩味《唐詩紀事》所言，前一句是對李幼卿生卒年不可考，事蹟
不詳的總體概括；後一句則是對其具體細節的一些記載。根據後一句判斷，
李幼卿在江蘇常州義興的第宅稱爲「別業」，是相對其出生地隴西而言的。因
而，在李幼卿到滁州任職之前的一段時間，其應該居住在江蘇義興。義興與
姑蘇隔太湖相望，所以李幼卿很可能與吳筠同登姑蘇。

李幼卿與吳筠私交甚密。吳筠《天柱山天柱觀記》云：「寶應中，群寇蟻
聚，焚熱城邑，蕩然煨燼，唯此獨存，非神靈扶持，曷以臻是。州牧相里
造，縣宰范愔，化洽政成，不嚴而理，遺氓憬附，復輯其業。筠與逸人李玄
卿（此處又作李元卿，皆誤），樂土是安，捨此奚適，恐將來君子，靡昭厥
由，故龕而志之，表此貞石。」〔註28〕這裡的逸人李玄卿值得玩味。玄，因
避諱改爲元，玄卿、元卿實爲一人。前已說明，李玄卿史無其人，此名乃《文
苑英華》錯題。李玄卿當爲李幼卿之形訛。按吳筠有《建業懷古》詩，云：「極
目梁宋郊，茫茫晦妖氛。安得倚天劍，斬茲橫海鱗。徘徊江山暮，感激爲誰
申？」〔註29〕寫的是安史之亂避居江蘇南京事，兩《唐書》亦有記載。所以
吳筠安史亂後避居江南當屬無誤。又《天柱山天柱觀記》所提到的范愔、李
幼卿與《廚院新池記》剛好吻合，從吳筠與李幼卿「樂土是安」可以推知二
人確爲至交。《廚院新池記》中說「朝夕窺臨」可證。據此，我們可以推斷《廚
院新池記》實爲李幼卿所作。

八、李華交遊之崔沔事蹟考

崔沔其人，兩《唐書》有傳，然史書記載皆舉其大事，對傳主其他事蹟
語焉不詳。記載崔沔事蹟較爲詳細的材料有唐代李華《贈禮部尚書孝公崔沔
集序》（以下簡稱《崔沔集序》）和記載崔沔事蹟的相關墓誌。然而史書、

〔註27〕 計有功撰，王仲鏞校箋：《唐詩紀事校箋》，北京：中華書局，2007年，第933
　　　　頁。
〔註28〕 董誥等：《全唐文》，北京：中華書局，1983年，第9648頁。
〔註29〕 《全唐詩（增訂本）》，北京：中華書局，1999年，第9711頁。

集序和墓誌的記載有相互牴牾之處，可待詳辨。不僅如此，《通典》、《唐會要》、《資治通鑑》、《續資治通鑑長編》等史學文獻；《張燕公集》、《范太史集》、《香溪集》、《跨鼇集》等文集；《太平御覽》、《玉海》、《小學紺珠》、《歷代名臣奏議》、《古今紀要》、《廉吏傳》、《人譜類記》等類書；《大唐傳載》、《唐語林》、《困學紀聞》等史料筆記；《山東通志》、《畿輔通志》、《陝西通志》、《古儷府》等地方志文獻對崔沔皆有記載，但零亂無序，或詳或略，不一而足。唐宋以後的有關文獻對崔沔的記載大多出自史傳，徵引或對或錯，皆不深究。此文試結合相關史料及集序和墓誌對崔沔的事蹟進行考辨，以期方家斧正。

《舊唐書》卷一百八十八記載：「崔沔，京兆長安人，周隴州刺史士約玄孫也。」〔註30〕《新唐書》卷一百二十九撰述稍詳，「崔沔字善沖，京兆長安人，後周隴州刺史士約四世孫，自博陵徙焉」〔註31〕。據李邕所撰《有唐通議大夫守太子賓客贈尚書左僕射崔公墓誌》（以下簡稱《崔公墓誌》）所言，崔沔「字若沖，博陵安平人也」〔註32〕。顏眞卿之《贈尚書左僕射博陵崔孝公宅陋室銘記》（以下簡稱《崔孝公宅陋室銘記》）也記崔沔「字若沖，博陵安平人」〔註33〕。林寶《元和姓纂》卷三「崔」姓條記載說：「姜姓。齊太公生丁公伋，生叔乙，讓國居崔邑，因氏焉。自穆伯至沃、杼、成、良，代爲卿大夫。良十五代孫意如，秦東萊侯，生二子，伯基、仲牟。伯基居清河東武城，仲牟居博陵安平，並爲著姓。」〔註34〕林氏所記簡明而不失實，據其可知崔沔當屬仲牟這一支。又《新唐書》卷七十二下記載崔氏世系較爲詳細，茲取有關信息抄錄如下：

> 崔氏出自姜姓。齊丁公伋嫡子季子讓國叔乙，食采於崔，遂爲崔氏。濟南東朝陽縣西北有崔氏城是也。季子生穆伯，穆伯生沃，沃生野。八世孫天生杼，爲齊正卿。生子成、子明、子彊，皆爲慶封所殺。子明奔魯，生良，十五世孫意如，爲秦大夫，封東萊侯。二子：業、仲牟。業字伯基，漢東萊侯，居清河東武城。〔註35〕

〔註30〕劉昫等：《舊唐書》，北京：中華書局，1975年，第4927頁。

〔註31〕歐陽修、宋祁：《新唐書》，北京：中華書局，1975年，第4475頁。

〔註32〕周紹良、趙超：《唐代墓誌彙編》，上海：上海古籍出版社，2007年，第1799頁。

〔註33〕顏眞卿：《顏魯公集》，上海：上海古籍出版社，1992年，第90頁。

〔註34〕林寶撰，岑仲勉校：《元和姓纂》，北京：中華書局，2008年，第331頁。

〔註35〕歐陽修、宋祁：《新唐書》，北京：中華書局，1975年，第2729頁。

　　按清河崔氏下有六房，分別爲鄭州房、鄢陵房、南祖房、清河大房、清
河小房、清河青州房。因清河崔氏與本文論述無甚相關，茲從略。又按，據
《新唐書》卷七十二下記載，崔氏共有十房，除上述清河崔氏六房外，尚有博
陵崔氏四房，分別爲博陵安平房、博陵大房、博陵第二房、博陵第三房。

　　據《新唐書》之《宰相世系表》，崔沔屬於博陵崔氏第二房，父暟（《舊
唐書》之《孝友傳》作「皚」，《新唐書》之《宰相世系二下》作「晧」，皆誤。
參閱拙文《〈舊唐書〉辨誤一則》），祖儼，曾祖弘峻。李氏之《崔公墓誌》與
顏氏之《崔孝公宅陋室銘記》均言其爲博陵安平人，無誤，此當指其郡望而
言。崔沔字應爲若沖，「善」乃「若」之訛誤。李氏《崔公墓誌》、顏氏《崔
孝公宅陋室銘記》以及《文苑英華》、《唐文粹》、《全唐文》皆作「若」。

　　武后制舉，崔沔對策高第，被落第者所誣，武則天敕有司覆試，遂爲天
下第一。兩《唐書》所記此事略同。李華《崔沔集序》說崔沔：「舉賢良方
正，對策第一。」〔註36〕顏氏《崔孝公宅陋室銘記》記爲：「〔沔〕年二十四，
舉鄉貢進士。考功郎李迥秀器異之，曰：『王佐才也。』遂擢高第。其年舉賢
良方正，對策萬數公，獨居第一，而兄渾亦在甲科。」〔註37〕而《文苑英華》
以崔沔對策爲神功元年。據徐松《登科記考》卷四考證，崔沔是在天冊萬
歲二年丙申（696）應賢良方正科試的〔註38〕。孟二冬先生《登科記考補正》
據《唐代墓誌彙編》中李邕所撰《崔公墓誌》亦考證《文苑英華》所記之誤
〔註39〕。按崔沔卒於開元二十七年，年六十七，照此推之天冊萬歲二年，剛
好二十四歲。也就是說，崔沔自二十四歲應制舉成功。這裡說明一點，制舉
試在唐初是有重要地位的，在唐高祖時就有制舉的記載。而且制舉登第與進
士科不同，進士科及第後，還需要吏部考試，合格後才能授予官職，制舉則
一經登第，即可授以官職〔註40〕。而新、舊《唐書》記崔沔對策第一，大爲
知名之後，只載其再轉（補）陸渾主簿，顯然缺少相關事蹟的記載。按李氏
《崔公墓誌》所言，崔沔舉賢良方正之後，敕拜麟臺校書郎，滿歲後，才補
洛州陸渾主簿，此與李華《崔沔集序》所載「召見拜校書郎」是爲一事。據
此可補兩《唐書》史傳之缺。

〔註36〕李華：《李遐叔文集》，上海：上海古籍出版社，1993年，第11頁。
〔註37〕顏眞卿：《顏魯公集》，上海：上海古籍出版社，1992年，第90頁。
〔註38〕徐松：《登科記考》，北京：中華書局，1984年，第119頁。
〔註39〕孟二冬：《登科記考補正》，北京：北京燕山出版社，2003年，第142頁。
〔註40〕傅璇琮：《唐代科舉與文學》西安：陝西人民出版社，2007年，第142頁。

崔沔擔任陸渾主簿秩滿後調遷吏部，此時吏部侍郎岑羲十分欣賞他，比其為郤詵，表薦其為左補闕。李華說「朝廷以公〔崔沔〕直躬正詞，擢左補闕」，此言不虛，然卻不是其擢左補闕的真正原因。李氏《崔公墓誌》記此事曰：「〔沔〕宅汝州府君憂，外除，擢左補闕。」〔註41〕而顏氏《崔孝公宅陋室銘記》記載更為細緻：「丁府君憂，外除，太夫人勉起之，以所試超邁，擢拜左補闕。」〔註42〕按沔父暟，卒於神龍元年（705）。據晉陽縣尉吳少微、富嘉謨同撰的《有唐朝散大夫守汝州長史上柱國安平縣開國男贈衛尉少卿崔公墓誌》記載，崔暟「好老氏道德，金剛般若，嘗誡子監察御史渾、陸渾主簿沔曰：『吾之詩書禮易，皆吾先人於吳郡陸德明、魯國孔穎達重申討覈，以傳於吾，吾亦以授汝。汝能勤而行之，則不墜先訓矣。』因修家記，著《六官適時論》。神龍元年，公七十有四，秋七月季旬有八日，終於東都履道里之私第」，接下來又說「公病之革也，命二子曰：吾所著書，未及繕削，可成吾志」〔註43〕。誌文所記崔沔的官職為陸渾主簿，說明崔暟健在時崔沔還在陸渾主簿任上，後病不起，正值崔沔任陸渾主簿秩滿調往吏部之時，未及上任，崔暟辭世，不得已只能回東都私第丁憂。之後如顏真卿所說，其母勉之，再試，擢左補闕。按唐朝官員丁憂三年計算，此時任左補闕之職已是中宗景龍二年（708）的事了。元富大用撰《古今事文類聚新集》卷二十一徵引《新唐書》言：「崔沔薦為左補闕，性舒遲，進止雍如也，當官則正言，不可得而詘。」〔註44〕明彭大翼撰《山堂肆考》卷六十一亦有徵引〔註45〕，文字與《古今事文類聚新集》稍異。《唐詩紀事》崔沔小傳云：「〔崔沔〕，字善冲，有才章，舉賢良方正第一，最受知於張說。儉約自持，嘗作《陋室銘》以見志云。」〔註46〕較兩《唐書》略有不同，但依然有《新唐書》的影子。《全唐

〔註41〕周紹良、趙超：《唐代墓誌彙編》，上海：上海古籍出版社，2007年，第1800頁。
〔註42〕顏真卿：《顏魯公集》，上海：上海古籍出版社，1992年，第90頁。
〔註43〕周紹良、趙超：《唐代墓誌彙編》，上海：上海古籍出版社，2007年，第1802頁。
〔註44〕富大用：《古今事文類聚》，《影印文淵閣四庫全書》第928冊，臺北：臺灣商務印書館，1983年，第412頁。
〔註45〕彭大翼：《山堂肆考》，《影印文淵閣四庫全書》第975冊，臺北：臺灣商務印書館，1983年，第208頁。
〔註46〕計有功撰，王仲鏞校箋：《唐詩紀事校箋》，北京：中華書局，2007年，第482頁。

詩》崔沔小傳也說岑義器重崔沔，特薦其爲左補闕〔註47〕，亦出自史傳，十分簡略。

　　在中宗朝，崔沔任官至左補闕止。睿宗時又拜殿中侍御史、起居舍人。這一點，兩《唐書》盡闕。《舊唐書》卷一百八十八在記載崔沔擢左補闕之後，又言「累遷祠部員外郎」；而《新唐書》則直接從征拜中書舍人記起。終睿宗一朝，崔沔先後出任殿中侍御史、起居舍人、祠部員外郎、給事中、中書舍人（未上任）、虞部郎中之職。李邕撰《崔公墓誌》說：「擢左補闕。無何，拜殿中侍御史，復換起居舍人，累祠部員外郎，擢給事中，居數月，轉中書舍人，辭官請侍，憂制改虞部郎中，仍留都司。」〔註48〕顏氏《崔孝公宅陋室銘記》說：「擢拜左補闕。遷殿中侍御史，奉敕按竊金者，公得其情，許之不死，竟得減論諸王或恃貴不遵法度，舉而按之其不吐茹也，如此尋遷起居舍人。當扈從以親老抗疏乞退，薦琅琊王丘，太原郭潾，渤海封希顏等自代，睿宗嘉之，特許留司以遂其孝養，遷祠部員外郎。幸僧有請度人者，公拒不奉詔遷給事中。大理卿韓思復，用法小差，權臣致劾，公特寬之，遷中書舍人。省改紫薇，其官仍舊，又固辭以親老，除虞部郎中。」〔註49〕綜上所引，我們不難梳理出崔沔在睿宗朝的一系列任職。據李氏所撰《崔公墓誌》及顏氏所撰《崔孝公宅陋室銘記》對崔沔任職的記錄可補史缺。李華在《崔沔集序》中這樣概括道，「朝廷以公〔沔〕直躬正詞，擢左補闕；以公嫉邪忿佞，除殿中侍御史；文端武淑，遷起居舍人；學該典禮，拜尚書祠部員外郎；議事惟允，遷給事中；立言成訓，改中書舍人；辭乞就養，授虞部郎中」〔註50〕，可謂是言簡而意深矣。這裡需要著重指出一點，即崔沔未任中書舍人的原因。兩《唐書》對此記載一致，皆因母疾於東都，不忍離去，固請辭中書舍人一職。後之文獻論及「孝」時，皆取此事爲例。如宋王溥撰《唐會要》（上海古籍出版社本，以下簡稱上古本）卷七十九不僅對「孝」一詞進行界定，且取崔沔孝事爲例；宋王應麟的《困學紀聞》卷二十〔註51〕，宋章定的《名賢氏族言行類稿》卷十〔註52〕，宋林同

〔註47〕彭定求等：《全唐詩》，北京：中華書局，1985年，第1122頁。

〔註48〕周紹良、趙超：《唐代墓誌彙編》，上海：上海古籍出版社，2007年，第1800頁。

〔註49〕顏真卿：《顏魯公集》，上海：上海古籍出版社，1992年，第90頁。

〔註50〕李華：《李遐叔文集》，上海：上海古籍出版社，1993年，第11頁。

〔註51〕王應麟：《困學紀聞》，上海：上海古籍出版社，2008年，第488頁。

〔註52〕章定：《名賢氏族言行類稿》，《影印文淵閣四庫全書》第933冊，臺北：臺灣商務印書館，1983年，第146頁。

所撰的《孝詩》〔註53〕，以及明劉宗周編的《人譜類記》卷上《凝道篇》〔註54〕
和《陝西通志》卷六十二「孝義」條〔註55〕皆有崔沔辭職贍母的記載。

自天冊萬歲二年丙申（696）崔沔進入仕途，歷武后、中宗、睿宗三朝共
一十六年。而崔沔卒於開元二十七年（739），其在玄宗一朝有長達二十七年
的仕宦生涯，遠遠長於武后、中宗、睿宗三朝總和。換句話說，崔沔仕途一
生主要事蹟就在玄宗朝。自開元初至開元二十七年去世，任職多達十七個。
按先後順序，茲述如下：御史中丞兼都畿按察使、著作郎、秘書少監（後轉
爲秘書監）判大理卿、禮部侍郎加朝散大夫、左庶子、中書侍郎、吏部侍郎、
魏州刺史加朝議大夫、魏州刺史並分掌吏部十銓事、左散騎常侍兼判國子祭
酒、東都副留守、集賢院學士、秘書監、太子賓客、太子賓客兼懷州刺史、
太子賓客充東都副留守、太子賓客加通議大夫，終東都副留守。

崔沔在玄宗朝的仕宦履歷最爲複雜，史書記載卻極爲簡略。即使是李華
《崔沔集序》、李邕《崔公墓誌》以及顏眞卿的《崔孝公宅陋室銘記》也有眾
多不一致的地方，少記、多記、誤記的情況有之，而後世文獻的有關記載相
互牴牾之處就更多了。茲據相關文獻進行辨析，以期明確崔沔一生事蹟。

據《文苑英華》卷三百九十三《授崔沔御史中丞制》（蘇頲敕）詔令所說：
「朝請郎、守尙書虞部郎中崔沔，純至之心，求忠出孝，精微之用，博學多
文，故能清以激貪，靜而鎮躁。頃攝官持憲，履繩緒墨，臨事不詘，在公則
聞。宜正三獨之名，以光二丞之秩。可守御史中丞，知東都留臺司（一作事），
散官如故。」〔註56〕此敕令被收入李希泌主編的《唐大詔令集補編》一書。
敕令所言與崔沔實際爲人相符，所以李華述其擢御史中丞是因爲「節高天
下」。崔沔在任虞部郎中不久，就拜檢校御史中丞。新、舊《唐書》皆如是說。
其間《舊唐書》共記二事，說：「〔沔〕無何，檢校御史中丞。時監察御史宋
宣遠，恃盧懷愼之親，頗犯法，沔舉劾之。又姚崇之子光祿少卿彝，留司東
都，頗通賓客，廣納賄賂，沔又將按驗其事。」〔註57〕《新唐書》則多載一

〔註53〕林同：《孝詩》，《叢書集成初編》第2264冊，北京：中華書局，1985年，第
45頁。

〔註54〕劉宗周：《人譜類記》，《影印文淵閣四庫全書》第717冊，臺北：臺灣商務印
書館，1983年，第195頁。

〔註55〕《陝西通志》，《影印文淵閣四庫全書》第554冊，臺北：臺灣商務印書館，
1983年，第751頁。

〔註56〕李昉等：《文苑英華》，北京：中華書局，1982年，第1999頁。

〔註57〕劉昫等：《舊唐書》，北京：中華書局，1975年，第4928頁。

事，言崔沔任檢校御史中丞時，「請發太倉粟及減苑囿鳥獸所給以賑貧乏，人
賴其利」〔註58〕。根據顏氏《崔孝公宅陋室銘記》所說：「〔沔〕開元初攝御
史中丞，或訟吏曹之不平。公與崔泰之銜命詳理，多所收拔。俄而即眞，兼
都畿按察使，歲或不稔，公請發粟賑貸之，賴全活者以萬數。內謁者霍玄橫
於市，公執之以聞。玄宗使以璽書勞之，公之澄清率多類此。畿縣令長陸景
融、劉體微、盧暉有異政，丞尉宋遙、皇甫翼、陳希烈、宋鼎、蕭隱之、范
冬芬、楊愼餘、劉日正，高昌寓州椽李瑱、裴曠等並以清白吏能而薦，於上
洎二年置十道採訪使，公所舉六人在焉，執事子有干法者，公舉之。」〔註59〕
此處所言「請發粟賑貸之，賴全活者以萬數」之事，是崔沔拜御史中丞兼都
畿按察使時所爲，《新唐書》記載不甚明確。

　　崔沔秉公直諫，令姚崇、盧懷愼不滿，於是二人上疏玄宗，「共薦沔有史
才」，轉著作郎。新、舊《唐書》皆言，實去其權。所以李華《崔沔集序》說
其「剛亦不吐，降著作郎」〔註60〕。李氏《崔公墓誌》說沔「既而悟焉，累
月，檢校秘書少監，遽而正授，前後奉詔再判大理，又知禮部侍郎，恩加朝
散大夫」〔註61〕。顏氏《崔孝公宅陋室銘記》所載與李氏所言大同，只是未
說其「正授」一事。顏氏曰：「移著作郎，尋遷秘書少監修國史，使尋判大理
卿、禮部侍郎。公既職司典禮，乃刪寫詔論數百卷，以備闕遺，特加朝散大
夫。」〔註62〕關於沔任秘書少監一職，《新唐書》卷一百九十九《馬懷素傳》
曰：「開元初，……懷素奏秘書少監盧備、崔沔爲修國書副使，秘書郎田可
封、康子元爲判官。」〔註63〕此可與顏氏所說相互映照。同書卷五十五《食
貨志》記載：「州縣典史捉公廨本錢者，收利十之七。富戶幸免徭役，貧者破
產甚眾。秘書少監崔沔請計戶均出，每丁加升尺，所增蓋少；流亡漸復，倉
庫充實，然後取於正賦，罷新加者。」〔註64〕據宋王應麟撰《玉海》所言，
此事具體時間爲開元六年八月。《玉海》卷一百三十五《唐開元制祿》述：「《通
鑒綱目》，開元六年八月始加賦以給官俸，秘書少監崔沔請計州縣官奉，常賦

〔註58〕歐陽修、宋祁：《新唐書》，北京：中華書局，1975年，第4476頁。
〔註59〕顏眞卿：《顏魯公集》，上海：上海古籍出版社，1992年，第90～91頁。
〔註60〕李華：《李遐叔文集》，上海：上海古籍出版社，1993年，第11頁。
〔註61〕周紹良、趙超：《唐代墓誌彙編》，上海：上海古籍出版社，2007年，第1800
　　　頁。
〔註62〕顏眞卿：《顏魯公集》，上海：上海古籍出版社，1992年，第91頁。
〔註63〕歐陽修、宋祁：《新唐書》，北京：中華書局，1975年，第5681頁。
〔註64〕歐陽修、宋祁：《新唐書》，北京：中華書局，1975年，第1398頁。

之外，微有所加，以給之。」〔註65〕此爲崔沔任秘書少監又一事。而上古本《唐會要》記此事爲開元六年七月〔註66〕。郁賢皓、胡可先二先生所著《唐九卿考》卷七所考「大理寺卿」條，考崔沔任大理寺卿在開元五年——六年（717～718）〔註67〕。引用材料有《舊唐書·崔俊傳》及李氏《崔公墓誌》、顏氏《崔孝公宅陋室銘記》、《唐僕尚丞郎表》四則。所引《唐僕尚丞郎表》卷十六《禮侍》：「崔沔，由秘書少監、判大理卿遷禮侍，開元七年稍前，徙太子左庶子，進階朝散大夫。」〔註68〕二人所考姚異任大理卿爲開元四年（716），元行沖任大理卿爲開元六年十一月，推知崔沔任大理卿爲開元五年——六年，這一結論當無異議，因《舊唐書·崔沔傳》記載「開元七年，〔沔〕爲太子左庶子」〔註69〕。郁、胡二先生最後推斷崔沔轉官必在開元六年，此言也甚爲準確。據《玉海》所記，開元六年八月崔沔還尚以秘書少監的身份議事，《舊唐書·崔沔傳》又言開元七年爲太子左庶子，兩者相互比照，崔沔定於開元六年八月以後拜官禮部侍郎，後恩加朝散大夫。只是崔沔任此職時間極爲短暫，僅短短數月而已。

開元七年（719），崔沔拜太子左庶子。母卒丁憂，其間又有事發。《舊唐書·崔沔傳》：「母卒，哀毀逾禮，常於廬前受弔，賓客未嘗至於靈座之室，謂人曰：『平生非至親者，未嘗升堂入謁，豈可以存亡而變其禮也。』中書令張說數稱薦之，服闋，拜中書侍郎。」〔註70〕與《新唐書》所載略同。上古本《唐會要》卷五十四載，「〔開元〕十二年（724）六月，中書令張說薦崔沔爲中書侍郎」。〔註71〕同書卷七十又說：「至〔開元〕十一年十二月，勅以仙州頻喪長史，欲廢之，令公卿議其可否。中書侍郎崔沔議曰：『仙州四面去余州界雖近，若據州而言則無遠，……庶其益於公家。』」〔註72〕同是《唐會要》所載，事蹟卻相互牴牾。開元十二年六月崔沔才經張說薦舉爲中書侍郎，沔

〔註65〕王應麟：《玉海》，南京：江蘇古籍出版社、上海：上海書店，1987年，第2519頁。

〔註66〕王溥：《唐會要》，上海：上海古籍出版社，2006年，第1961頁。

〔註67〕郁賢皓、胡可先：《唐九卿考》，北京：中國社會科學出版社，2003年，第362頁。

〔註68〕嚴耕望：《唐僕尚丞郎表》，北京：中華書局，1986年，第852頁。

〔註69〕劉昫等：《舊唐書》，北京：中華書局，1975年，第4928頁。

〔註70〕劉昫等：《舊唐書》，北京：中華書局，1975年，第4928頁。

〔註71〕王溥：《唐會要》，上海：上海古籍出版社，2006年，第1095頁。

〔註72〕王溥：《唐會要》，上海：上海古籍出版社，2006年，第1482頁。

又怎會於開元十一年十二月就以中書侍郎的身份議事？這其中必有一處記載
有誤。又《太平寰宇記》卷八記載：「至〔開元〕二十一年（爲十一年之誤）
十二月，勅以仙州頻喪長史，欲廢之，令公卿議其可否，中書侍郎崔沔議
曰……」〔註73〕而且崔沔母卒於開元七年，按例丁憂三年，復官當爲開元十
年（722），又怎會事隔兩年才經張說薦爲中書侍郎呢？況且，《新唐書》卷一
百二十九記載，沔在丁憂之時，「中書令張說數稱之」。按理，張說如此賞識
他，也一定不會丁憂後兩年才進行推薦。值得注意的是《四庫全書》本《唐
會要》則作「〔開元〕十一年九月，中書令張說薦崔沔爲中書侍郎」，這一說
法也不甚準確，但至少離眞實的時間進了一步。綜上，說明上古本《唐會要》
記載張說薦舉崔沔任中書侍郎的時間是錯誤的。崔沔拜中書侍郎的時間當爲
開元十一年六月。

　　《舊唐書·王丘傳》：「〔開元〕十一年（723），拜黃門侍郎。其年，山東
旱儉，朝議選朝臣爲刺史以撫貧民，……於是以丘爲懷州刺史又以中書侍郎
崔沔等數人皆爲山東諸州刺史。」〔註74〕《舊唐書》此處說崔沔開元十一年
即以中書侍郎的身份出任山東諸州刺史，這又與《資治通鑑》記載不同。
據《資治通鑑》卷二百十二記載：「〔開元〕十二年六月，……上以山東旱，
命臺閣名臣以補刺史；壬午，以黃門侍郎王丘，中書侍郎長安崔沔，禮部侍
郎知制誥韓休等五人出爲刺史。丘，同皎之從父兄子，休，大敏之孫也。初
張說引崔沔爲中書侍郎，故事，承宣制皆出宰相，侍郎署位而已。」〔註75〕
又《玉海》卷一百三十一《唐臨軒冊刺史》也記載：「開元十二年，以山東旱
選臺閣名臣補刺史，六月壬午，王丘、崔沔、韓休等五人出爲刺史。」〔註76〕
雖然《資治通鑑》、《太平寰宇記》都記載此事爲開元十二年，但還是應該以
《舊唐書》記載爲準，這是記載此事最早的文獻。山東大旱，當是開元十一
年六月以後，所以崔沔拜中書侍郎最晚不遲於開元十一年六月。據此可知，
上古本《唐會要》所說的「〔開元〕十二年（724）六月」，當爲開元十一年六
月之誤。宋費樞《廉吏傳》卷下對此事也有記載，可參閱。崔沔任中書侍郎

〔註73〕樂史撰，王文楚等點校：《太平寰宇記》，北京：中華書局，2007年，第146
　　　　頁。
〔註74〕劉昫等：《舊唐書》，北京：中華書局，1975年，第3132～3133頁。
〔註75〕司馬光：《資治通鑑》，北京：中華書局，1956年，第6759～6760頁。
〔註76〕王應麟：《玉海》，南京：江蘇古籍出版社、上海：上海書店，1987年，第2429
　　　　頁。

期間，玄宗以仙州數喪刺史，欲廢之，崔沔請治舞陽，玄宗未採納，仙州廢。此事《唐會要》卷七十，《新唐書》卷一百二十九，《太平寰宇記》卷八皆有記載。

關於崔沔任吏部侍郎的記載，只見於《冊府元龜》。《冊府元龜》卷六十九說：「〔開元〕十二年以黃門侍郎王丘、中書侍郎崔沔爲吏部侍郎，王易從等爲諸州刺史。因勑宰臣曰：朕欲妙擇牧宰，以崇教化，欲重其資，望以勵衣冠，自今已後，三省侍郎有缺，先求曾任刺史者，郎官缺，先求曾任縣令者。」〔註77〕此勑令不載於《唐大詔令集》，不知何故；李希泌主編的《唐大詔令集補編》也未錄入。此既爲詔令，時間、內容當屬眞實。崔沔開元十二年任吏部侍郎是其出任魏州刺史之前的一個過渡階段。

開元十二年，崔沔出任魏州刺史。根據《冊府元龜》卷六百七十一所言：「王丘，開元十二年以黃門侍郎爲懷州刺史，崔沔以中書侍郎爲魏州刺史。」〔註78〕據兩《唐書》記載，崔沔是因與中書令張說不合而出任魏州刺史的，新、舊《唐書》記載此事頗詳。據《舊唐書》抄錄如下：「或謂沔曰：『今之中書，皆是宰相承宣制命。侍郎雖是副貳，但署位而已，甚無事也。』沔曰：『不然。設官分職，上下相維，各申所見，方爲濟理。豈可俛默偷安，而爲懷祿士也！』自是每有制勑及曹事，沔多所異同，張說頗不悅焉，尋出爲魏州刺史。」〔註79〕所以李華《崔沔集序》說他「望尊地逼，出爲魏州刺史」〔註80〕。《舊唐書·崔沔傳》言其出任魏州刺史後，「奏課第一，徵還朝廷」〔註81〕，《新唐書·崔沔傳》則具體記載「雨潦敗稼，沔弛禁便人」〔註82〕。又《畿輔通志》卷七十說「〔崔沔〕爲魏州刺史時，雨潦敗禾，沔便宜行事，賑饑恤貧，郡人大悅」〔註83〕，此言所據當爲《新唐書》。顏氏《崔孝公宅陋室銘記》又記一事：「〔沔〕出爲魏州刺史，乃肇移元城，徙置新市，吏人便之。」〔註84〕可見崔沔任魏州刺史時還是做了不少有益於民眾之

〔註77〕王欽若等：《冊府元龜》，北京：中華書局，1989年，第778頁。
〔註78〕王欽若等：《冊府元龜》，北京：中華書局，1989年，第8025頁。
〔註79〕劉昫等：《舊唐書》，北京：中華書局，1975年，第4928頁。
〔註80〕李華：《李遐叔文集》，上海：上海古籍出版社，1993年，第11頁。
〔註81〕劉昫等：《舊唐書》，北京：中華書局，1975年，第4928頁。
〔註82〕歐陽修、宋祁：《新唐書》，北京：中華書局，1975年，第4476頁。
〔註83〕《畿輔通志》，《影印文淵閣四庫全書》第505冊，臺北：臺灣商務印書館，1983年，第688頁。
〔註84〕顏眞卿：《顏魯公集》，上海：上海古籍出版社，1992年，第91頁。

事的。

　　然崔沔任魏州刺史的時間也是十分短暫的，開元十三年（725）玄宗巡視天下，發現崔沔爲人簡樸，有益於社稷，於是召回朝廷。《舊唐書・崔沔傳》云：「尋出爲魏州刺史，奏課第一，徵還朝廷，分掌吏部十銓事。」〔註85〕又《新唐書・裴耀卿傳》記載：「〔耀卿〕爲濟州刺史，濟當走集，地廣而戶寡。會天子東巡，耀卿置三梁十驛，科斂均省，爲東州知頓最。封禪還，……謂張說曰：『前日出使巡天下，觀風俗，察吏善惡，不得實。今朕有事岱宗，而懷州刺史王丘餼牽外無它獻，我知其不市恩也；魏州刺史崔沔遣使供帳，不施錦繡，示我以儉，此可以觀政也；濟州刺史裴耀卿上書數百言，至曰『人或重擾，則不足以告成』，朕置書座右以自戒，此其愛人也。」〔註86〕宋沈樞撰《通鑑總類》卷十九下《王丘等不勞人以市恩》載此事發生在開元十三年，記曰：「開元十三年，車駕發泰山，幸孔子宅致祭，明皇還至宋州，宴從官於樓上，刺史寇泚預焉。酒酣，明皇謂張說曰：向者屢遣使臣，分巡諸道察吏善惡，今因封禪歷諸州，乃知使臣負我多矣。懷州刺史王丘餼牽之外，一無它獻；魏州刺史崔沔，供張無錦繡，示我以儉；濟州刺史裴耀卿，表數百言，莫非規諫。」〔註87〕顏氏《崔孝公宅陋室銘記》記載最爲具體：「乙丑歲，玄宗東封，知頓奏課第一，賜絹二百疋，嶽下觀禮，獻《慶雲頌》，又賜絹一百疋。」〔註88〕「乙丑歲」即爲玄宗開元十三年。李氏《崔公墓誌》對其官職有所補充，「皇上有事泰山，觀大禮，加朝議大夫」。「朝議大夫」爲唐代文散官官階，爲正五品下。（案唐代把前代已有散官的名號加以整理，定出等級，作爲每個官員的實際等級，稱爲「本品」，又稱「階品」或「散階」。散階有文散階和武散階之分。）又《資治通鑑》卷二百十二，《范太史集》卷二十七，《歷代名臣奏議》卷四十二對此事皆有撰錄。

　　開元十四年（726）崔沔調回朝廷，分掌吏部十銓事，此時崔沔仍爲魏州刺史，直到宇文融與張說不合，被玄宗貶爲魏州刺史，崔沔才結束魏州刺史一職。此事見《新唐書》卷一百三十四《宇文融傳》，傳云：「融奏選事，

〔註85〕劉昫等：《舊唐書》，北京：中華書局，1975年，第4928頁。

〔註86〕歐陽修、宋祁：《新唐書》，北京：中華書局，1975年，第4452頁。

〔註87〕沈樞：《通鑑總類》，《影印文淵閣四庫全書》第462冊，臺北：臺灣商務印書館，1983年，第411～412頁。

〔註88〕顏眞卿：《顏魯公集》，上海：上海古籍出版社，1992年，第91頁。

〔張〕說屢卻之，融怒，乃與御史大夫崔隱甫等廷劾說引術士解禱又受賕，說由是罷宰相。融畏說且復用，訾詆不已。帝疾其黨，詔說致仕，放隱甫於家，出融爲魏州刺史。」〔註89〕此後，崔沔就只分掌吏部十銓事了。何爲吏部十銓？同書《宇文融傳》也有記載：「會帝封太山還，融以選限薄冬，請分吏部爲十銓。有詔融與禮部尚書蘇頲、刑部尚書韋抗、工部尚書盧從願、右散騎常侍徐堅、蒲州刺史崔琳、魏州刺史崔沔、荊州長史韋虛心、鄭州刺史賈曾、懷州刺史王丘分總，而不得參事，一決於上。」〔註90〕關於時間的記載見顏氏所撰《崔孝公宅陋室銘記》具體記載：「明年〔開元十四年〕入朝分掌十銓，公與王丘爲選人所歌曰：沔人澄明徹底清，丘山介直連天峻，時人韙之，還州以理有異績，御史大夫崔隱甫、中丞宇文融，朝服表薦璽書寵慰。」〔註91〕

　　開元十五年（725）至二十一年（731）任左散騎常侍兼判國子祭酒、東都副留守、集賢院學士、秘書監四職。《舊唐書》不載此事，《新唐書》只言其「以左散騎常侍爲集賢修撰」〔註92〕。李氏《崔公墓誌》說其分掌吏部選事不久「入爲左散騎常侍兼判國子祭酒，始東都副留守，復秘書監」〔註93〕。顏氏記載甚爲詳細，價值很大。《崔孝公宅陋室銘記》說：「無何，徵拜左散騎常侍，上以六宮親蠶絲賜近臣，公獻《御絲賦》，又侍讌《別殿賦》、《端午詩》，屢蒙錫以縑帛、綵羅，兼判國子祭酒，俄充東都副留守。十七年，有事陵廟追贈安平公及太君，十八年上皇車駕還，罷留守。二十年春，奉敕撰《龍門公讌詩序》，賜絹百疋，延入集賢院，修老子《道德經疏》，行於天下。二十一年，遷秘書監修撰。」〔註94〕據此我們可以清楚地瞭解到崔沔這一階段的任職情況：開元十五年任左散騎常侍兼判國子祭酒，後又任東都副留守，時間長達四年之久；開元二十年（730）春入集賢院，爲集賢院學士；開元二十一年（731）遷秘書監。《新唐書》卷五十二：「〔開元〕二十二年，宰相張九齡建議：『古者以布帛菽粟不可尺寸抄勺而均，乃爲錢以通貿易。官

〔註89〕歐陽修、宋祁：《新唐書》，北京：中華書局，1975年，第4558～4559頁。

〔註90〕歐陽修、宋祁：《新唐書》，北京：中華書局，1975年，第4558～4559頁。

〔註91〕顏眞卿：《顏魯公集》，上海：上海古籍出版社，1992年，第91頁。

〔註92〕歐陽修、宋祁：《新唐書》，北京：中華書局，1975年，第4476頁。

〔註93〕周紹良、趙超：《唐代墓誌彙編》，上海：上海古籍出版社，2007年，第1800頁。

〔註94〕顏眞卿：《顏魯公集》，上海：上海古籍出版社，1992年，第91頁。

鑄所入無幾，而工費多，宜縱民鑄。』議下百官，宰相裴耀卿、黃門侍郎李林甫、河南少尹蕭炅、秘書監崔沔皆以爲『嚴斷惡錢則人知禁，稅銅折役則官冶可成，計估度庸則私錢以利薄而自息。若許私鑄，則下皆棄農而競利矣』。」〔註95〕於是玄宗下詔禁私鑄，這是崔沔二任秘書監所做的有功於社稷的又一件大事。《冊府元龜》、《全唐文》也有收入，《唐大詔令集補編》據上述三書收入，此事的具體時間爲開元六年二月〔註96〕。上古本《唐會要》記此事時間爲開元二十二年三月二十一日〔註97〕。又李華《崔沔集序》說沔爲左散騎常侍後，「貳東宮居守、集賢院學士、秘書監」〔註98〕。關於「東宮居守」一職，李氏、顏氏均未提及，各史也均無記載，當是李華誤記。李氏所說的「復秘書監」是針對開元六年沔曾任秘書少監，後爲秘書監一事而言的。

　　開元二十二年（732）二月，任秘書監的崔沔在與百官議禁鑄私錢之事，所以崔沔任太子賓客之職當在此之後。而上古本《唐會要》云：「開元二十二年正月十八日敕文：『宗廟致享，務在豐潔，禮經沿革，必本人情。籩、豆之薦，或未能備物，宜令禮官學士，詳議具奏。」〔註99〕此時崔沔以太子賓客的身份參與議論，這顯然《新唐書》所載時間相互牴牾。而《四庫全書》本《唐會要》則作「開元二十三年正月十八日」〔註100〕；宋王應麟所撰《玉海》卷八十九記其時間也是「開元二十三年正月十八日」〔註101〕。查閱上古本《唐會要》，其將加籩豆與議服制之紀分開記載，分別見於卷十七和卷三十七，前者記爲開元二十二年正月十八日〔註102〕，後者記爲開元二十三年正月十八日〔註103〕。根據以上材料以及崔沔當時的任職——太子賓客，可推斷上古本《唐會要》對議加籩豆一事的時間記載又是錯誤的。

〔註95〕歐陽修、宋祁：《新唐書》，北京：中華書局，1975年，第1385頁。

〔註96〕李希泌主編：《唐大詔令集補編》，上海：上海古籍出版社，2003年，第1344頁。

〔註97〕王溥：《唐會要》，上海：上海古籍出版社，2006年，第1928頁。

〔註98〕李華：《李遐叔文集》，上海：上海古籍出版社，1993年，第11頁。

〔註99〕王溥：《唐會要》，上海：上海古籍出版社，2006年，第403頁。

〔註100〕王溥：《唐會要》，《影印文淵閣四庫全書》第606冊，臺北：臺灣商務印書館，1983年，第260頁。

〔註101〕王應麟：《玉海》，南京：江蘇古籍出版社、上海：上海書店，1987年，第1637頁。

〔註102〕王溥：《唐會要》，上海：上海古籍出版社，2006年，第403頁。

〔註103〕王溥：《唐會要》，上海：上海古籍出版社，2006年，第795頁。

　　綜上，我們可以推知，崔沔任太子賓客最遲是在開元二十三年（733）正月十八日，而其上限則不超過開元二十二年二月。《舊唐書》卷一百八十八記載玄宗制令禮官議籩豆之數及服制之紀爲開元二十四年（734），《新唐書》略去時間不記，當是對《舊唐書》所言有所疑議。關於崔沔議「籩豆之數及服制之紀」一事，新、舊《唐書》記載甚爲詳細。唐杜佑《通典》卷四十七〔註104〕，宋王溥《唐會要》卷十七〔註105〕，宋沈樞《通鑒總類》卷十〔註106〕，宋王應麟《玉海》卷八十九〔註107〕，宋李昉等編的《文苑英華》卷七百六十四〔註108〕，元馬端臨《文獻通考》卷九十八〔註109〕，明楊士奇等編的《歷代名臣奏議》卷十七〔註110〕皆有記載，此不贅述。顏氏《崔孝公宅陋室銘記》記：「〔沔〕如故屬耕籍田爲居守，賜絹百疋，遷太子賓客出兼懷州刺史，二十四年罷州，又以本官充東都副留守，累加通議大夫。」〔註111〕李氏《崔公墓誌》說：「上籍田東都留守冊太子賓客兼懷州刺史，俄而去兼，加通議大夫，終東都副留守。」〔註112〕李氏記載明顯遜於顏氏。李華《崔沔集序》云：「太子賓客兼懷州刺史，罷州復職副守，薨於位。」〔註113〕「復職」一詞，明顯說明崔沔罷懷州刺史前曾經擔任過東都副留守，顏氏記載甚確。《舊唐書》卷一百八十八《孝友傳》記載崔沔：「〔開元〕二十七年卒，時年六十七，贈禮部尚書。」〔註114〕又《舊唐書》卷九，《玄宗本紀》也記載崔沔卒於開元二十七年，時年六十七。

　　崔沔的著述情況，據李華《崔沔集序》和顏眞卿《崔孝公宅陋室銘記》所說，爲文集二十九卷；而李邕《崔公墓誌》則說沔「注老子道德經，文集

〔註104〕杜佑：《通典》，北京：中華書局，1984 年，第 271 頁。

〔註105〕王溥：《唐會要》，上海：上海古籍出版社，2006 年，第 403～407 頁。

〔註106〕沈樞：《通鑒總類》，《影印文淵閣四庫全書》第 461 冊，臺北：臺灣商務印書館，1983 年，第 630～631 頁。

〔註107〕王應麟：《玉海》，南京：江蘇古籍出版社、上海：上海書店，1987 年，第 1637 頁。

〔註108〕李昉等：《文苑英華》，北京：中華書局，1982 年，第 4015～4017 頁。

〔註109〕馬端臨：《文獻通考》，北京：中華書局 1986 年版，第 891 頁。

〔註110〕楊士奇等：《歷代名臣奏議》，《影印文淵閣四庫全書》第 433 冊，臺北：臺灣商務印書館，1983 年，第 407～409 頁。

〔註111〕顏眞卿：《顏魯公集》，上海：上海古籍出版社，1992 年，第 91 頁。

〔註112〕周紹良、趙超：《唐代墓誌彙編》，上海：上海古籍出版社，2007 年，第 1800 頁。

〔註113〕李華：《李遐叔文集》，上海：上海古籍出版社，1993 年，第 11 頁。

〔註114〕劉昫等：《舊唐書》，北京：中華書局，1975 年，第 4931 頁。

三十卷」〔註 115〕。又《新唐書》卷六十《藝文志》記載《朝英集》三卷，注云「開元中張孝嵩出塞，張九齡、韓休、崔沔、王翰、胡皓、賀知章所撰送行歌詩」〔註 116〕。《朝英集》沒有傳本，崔沔文集也早已散佚。惟《全唐文》收文十一篇，《唐文拾遺》輯佚文一篇，《唐代墓誌彙編》收錄其所撰《大唐故銀青光祿大夫守工部尚書贈荊州大都督清河郡開國公上柱國崔公（泰之）墓誌銘》、《有唐盧夫人（梵兒）墓誌》、《有唐太原郡太夫人王氏（方大）墓誌》三篇，《全唐文補編》補收崔沔文《服制議》、《贈兗州都督裴受真碑》和《大唐故右散騎常侍清河崔府君夫人故河東郡太君裴氏墓誌並序》三篇，《全唐詩》存詩一首。

關於崔沔的家世，當另外撰文進行考述，今簡略記其子嗣以完此篇。崔沔有子二人，長子成甫，嗣子祐甫。李華《崔沔集序》、顏氏《崔孝公宅陋室銘記》及李氏《崔公墓誌》皆有詳細記載。另外沔尚有女三人，長女適盧沼，次女適盧招，少女適盧眾甫。此據崔沔爲其妻所撰的《有唐太原郡太夫人王氏墓誌》所考。

九、崔沔卒年考

崔沔，字善沖，博陵（今）人。對策爲天下第一，開元中歷秘書監、太子賓客。關於崔沔卒年，史書以及相關文集的記載有相互牴牾之處，《舊唐書》卷一百八十八《孝友傳·崔沔》記載，崔沔「〔開元〕二十七年卒，時年六十七，贈禮部尚書」〔註 117〕。《新唐書》未載其卒年，只言「卒，年六十七，贈禮部尚書，謚曰孝」〔註 118〕。而李華《贈禮部尚書孝公崔沔集序》（以下簡稱《崔沔集序》）中說：「〔沔〕罷州復職副守，薨於位，時開元二十四年冬，仲月旬有七日，春秋六十七。」〔註 119〕李華所言較兩《唐書》爲詳，且具體爲開元二十四年十一月十七日。關於崔沔的卒年，《舊唐書》記載與李華《贈禮部尚書孝公崔沔集序》不同，二者年份相差三年之久，孰是孰非，學術界尚未有定論。現對兩種記載進行考述，以期明確崔沔的卒年。

〔註 115〕周紹良、趙超：《唐代墓誌彙編》，上海：上海古籍出版社，2007 年，第 1800頁。

〔註 116〕歐陽修、宋祁：《新唐書》，北京：中華書局，1975 年，第 1622 頁。

〔註 117〕劉昫等：《舊唐書》，北京：中華書局，1975 年，第 4931 頁。

〔註 118〕歐陽修，宋祁：《新唐書》，北京：中華書局，1975 年，第 4478 頁。

〔註 119〕李華：《李遐叔文集》，上海：上海古籍出版社，1993 年，第 11 頁。

（一）卒於開元二十四年（736）說

李華《贈禮部尚書孝公崔沔集序》記載：「〔沔〕薨於位，時開元二十四年多，仲月旬有七日，春秋六十七。」

此序約作於崔祐甫（崔沔嫡子）代華為校書郎之時，李華與崔祐甫交遊，對其家世應甚為瞭解。《贈禮部尚書孝公崔沔集序》文末對崔沔二子崔成甫、崔祐甫的介紹也頗為細緻，由此可見一斑。又李華撰此文的時間距崔沔辭世不遠，理當可靠。亦即開元二十四年說，只此一條，此孤證也；而有關崔沔卒於開元二十七年的記載卻多達四條，且具有較強說服力，筆者認為李華的記載有誤。

（二）卒於開元二十七年（739）說

關於崔沔卒於開元二十七年的記載，共有四則材料，茲述如下：

其一，《舊唐書》卷一百八十八《孝友傳》記載崔沔：「〔開元〕二十七年卒，時年六十七。」〔註120〕

其二，《舊唐書》卷九，《玄宗本紀》記載：「〔開元二十七年〕十二月東都副留守、太子賓客崔沔卒。」〔註121〕

其三，顏真卿《通議大夫守太子賓客東都副留守雲騎尉贈尚書左僕射博陵崔孝公宅陋室銘記》（以下簡稱《崔孝公宅陋室銘記》）言：「〔沔〕二十七年冬十一月十有七日寢疾薨於位，春秋六十有七。」〔註122〕

其四，《唐代墓誌彙編》之《有唐通議大夫守太子賓客贈尚書左僕射崔公墓誌》（以下簡稱《崔公墓誌》）記曰：「〔沔〕時年春秋六十有七。嗚呼！以開元廿七年十一月十七日薨於居守之內館。」〔註123〕

另外，還有一則材料涉及到崔沔年歲。《新唐書》卷一百二十九，《崔沔傳》記載：「〔沔〕卒，年六十七。」〔註124〕

（三）卒年應為開元二十七年（739）

崔沔的卒年應為開元二十七年十一月十七日。理由如下：

〔註120〕劉昫等：《舊唐書》，北京：中華書局，1975年，第4931頁。

〔註121〕劉昫等：《舊唐書》，北京：中華書局，1975年，第212頁。

〔註122〕顏真卿：《顏魯公集》，上海：上海古籍出版社，1992年，第91頁。

〔註123〕周紹良，趙超：《唐代墓誌彙編》，上海：上海古籍出版社，2007年，第1800頁。

〔註124〕歐陽修，宋祁：《新唐書》，北京：中華書局，1975年，第4478頁。

1. 李邕撰、徐珙書墓誌

開封博物館藏石《有唐尚書左僕射崔孝公之墓》有北海太守江夏李邕撰，穎陽縣丞徐珙書《有唐通議大夫守太子賓客贈尚書左僕射崔公墓誌》一篇，墓誌明確記載崔沔卒於開元廿七年十一月十七日。這一文獻當屬可靠。又李邕自稱其爲崔沔「故人」，對其身世應該極爲清楚。邕撰《崔公墓誌》文末云：「邕十三同學，廿同遊，晝連榻於蓬山，夕比燭於書幄，直則爲友，道則爲師，一剛一柔，厥跡頗異；好文好義，職允攸同。情以久深，心以知盡。」〔註125〕其言之切之眞，非故人不能言之。由此看來，李邕對崔沔卒年這一大事，應該不會記錯。

墓誌中李邕自稱北海太守，據《舊唐書》卷一百九十中《文苑傳》記載：「〔邕〕天寶初，爲汲郡、北海二太守。」〔註126〕北海在今山東益都、壽光、昌樂、濰坊、昌邑、高密等地，唐時屬河南道。（參看《元和郡縣圖志》）墓誌言：「今哭位淄水，殮日伊川，懸棺惠顧而應留，弔馬悲鳴而不及，信運斤質死，豈搦管思存。」〔註127〕這裡的淄水即今之淄河，源出山東萊蕪縣，東北流經臨淄東，北上合小清河出海〔註128〕。此河屬臨淄郡，而非北海郡管轄。李邕自稱北海太守，爲何此時身在臨淄？此墓誌到底作於何時何地？又新、舊《唐書》均無明確記載李邕任北海太守的時間，所以我們只有通過李邕在其出任北海太守時所經歷的一事考證一二。

天寶五載（746）夏，高適奉李邕召，赴臨淄郡（十月改名濟南郡），途中次平陰，作《奉酬北海李太守丈人夏日平陰亭》一詩，「時邕從孫李之芳自尚書郎出至齊州任職，李邕自北海郡來會，憶及故人，馳書汶陽，請高適至濟南聚首（按濟南當時稱歷城）」〔註129〕。《奉酬北海李太守丈人夏日平陰亭》詩中言「誰謂整隼旟，翻然憶柴扃，寄書汶陽客，回首平陰亭」〔註130〕，正

〔註125〕周紹良，趙超：《唐代墓誌彙編》，上海：上海古籍出版社，2007年，第1800頁。

〔註126〕劉昫等：《舊唐書》，北京：中華書局，1975年，第5043頁。

〔註127〕周紹良，趙超：《唐代墓誌彙編》，上海：上海古籍出版社，2007年，第1800頁。

〔註128〕譚其驤：《中國歷史地圖集》（第五冊），上海：中華地圖學社，1975年，第61～62頁。

〔註129〕周勛初：《高適年譜》，上海：上海古籍出版社，1980年，第48頁。

〔註130〕高適著，劉開揚箋注：《高適詩集編年箋注》，北京：中華書局，1981年，第164頁。

是寫的此事。

據周勳初先生考證，李邕、高適乃舊識，前曾在滑州相聚，且有文字往還。在歷城，高適作《同李太守北池泛舟宴高平鄭太守》詩〔註131〕，時李白、杜甫亦在歷城，李、杜、高三人於此相聚，李白有《上李邕》詩〔註132〕，杜甫有《陪李北海宴歷下亭》和《同李太守登歷下古城員外新亭》兩首詩〔註133〕。同年秋，高適隨李邕至北海郡。

據此，我們可以得出三條信息：

其一，李邕在汲郡太守任期已滿後，由汲郡（今屬河南省，唐時為河北道）出任北海太守，時已經在北海任上，因要會李之芳，於是前往歷城（濟南）；

其二，李邕曾在歷城有短暫停留，憶及高適，於是邀高適與其一起前往北海郡，高適趕往歷城途經平陰時，作詩對李邕表示謝意；

其三，在歷城期間，李邕與李白、杜甫、高適同遊，所謂「北池」，便是指大明湖。《水經注》卷八言：「濼水出歷縣故城西南，……城南對山，其水北為大明湖，西即大明寺，寺東北兩面側湖，此水便成淨池也。池上有客亭。」〔註134〕隨後，高適與李邕一起前往北海郡。

以上三點意在說明李邕任北海太守時曾經到過歷城。翻閱《中國歷史地圖集（隋唐五代十國）》，我們會發現，李邕去歷城必將經過臨淄郡，而淄水則縱穿臨淄郡。所以李邕所作的這篇《有唐通議大夫守太子賓客贈尚書左僕射崔公墓誌》當是在其出任北海郡太守後，到歷城途經臨淄郡所作，亦或是從歷城返回北海郡的途中所作。至於具體是何時所作，我們不妨作進一步的考證。

高適詩《同群公十月朝宴李太守宅》中說：「仍憐門下客，不作布衣看。」〔註135〕《高適詩集編年箋注》係為「天寶元、二年所作」〔註136〕，此繫年有

〔註131〕高適著，劉開揚箋注：《高適詩集編年箋注》，北京：中華書局，1981年，第167頁。

〔註132〕李白著，詹瑛主編：《李白全集校注匯釋集評》，天津：百花文藝出版社，1996年，第1364頁。

〔註133〕杜甫著，仇兆鰲注：《杜詩詳注》，北京：中華書局，1979年，第36、38頁。

〔註134〕酈道元注，楊守敬、熊會貞疏：《水經注疏》，南京：江蘇古籍出版社，1989年，第745頁。

〔註135〕高適著，劉開揚箋注：《高適詩集編年箋注》，北京：中華書局，1981年，第107頁。

〔註136〕高適著，劉開揚箋注：《高適詩集編年箋注》，北京：中華書局，1981年，第107頁。

誤。此詩是十月所作，周勳初先生已經注意到這個問題，在《高適年譜》中說：「此時已至十月，陪宴李宅非一遭，仍得李邕青睞，故有『仍憐』之語。李邕自北海郡赴濟南（歷城）會李之芳，勢不能延至十月，前後合觀，知高適於初秋隨李邕至北海郡。此詩當作於旅居北海時。」〔註137〕因而李邕作此墓誌的時間最晚當是在天寶五載（746）秋，地點即是墓誌所言之「淄水」，即臨淄郡。

這裡補充三點：

其一，高適在赴北海途中作《途中寄徐錄事》（徐錄事即徐晶）一詩，旅居北海時又作《和賀蘭判官望北海作》一詩，此兩首詩可作爲對上述材料的補充。

其二，李邕字泰和，李善子，早擅才名，工文善書，尤長以行楷寫碑，取法王羲之、王獻之而自具面目。雖貶職在外，中朝衣冠及天下寺觀，多持金帛往求其文。李邕既是崔沔故交，用其所長，爲老朋友撰寫墓誌當是情理之中，所言之事也當屬眞實。

其三，李邕所作《崔公墓誌》說「初，孝公之薨也，以開元廿九年十二月廿九日權窆於邙山」〔註138〕，開元廿九年爲公元 741 年，而此篇墓誌銘作於天寶五載（746）秋，也是合理。

2. 河南千唐誌齋藏石墓誌

河南千唐誌齋藏石《有唐盧夫人墓誌》，志高 71 釐米，寬 72.5 釐米，二十八行，行二十八字，正書，撰者爲「叔太子賓客崔孝公（沔）」。崔沔自稱「叔」，是因爲志文所言之盧夫人，乃是崔沔之兄崔渾的妻子。誌文曰：「〔盧氏〕以開元廿三年六月五日遘疾，終於少子夷甫所蒞河北縣之官舍，春秋五十有六。」〔註139〕盧夫人辭世之後，當就近安葬，後「以開元二十五年八日權窆於河南萬安山北原，叔太子賓客崔孝公爲誌」〔註140〕。該墓誌清楚記載盧氏於開元二十三年六月五日辭世，二十五年二月二十八日盧夫人

〔註137〕周勳初：《高適年譜》，上海：上海古籍出版社，1980 年，第 49 頁。

〔註138〕周紹良，趙超：《唐代墓誌彙編》，上海：上海古籍出版社，2007 年，第 1799 頁。

〔註139〕河南新安張鈁、張伯英收藏，河南文物研究所、洛陽地區文管所編：《千唐誌齋藏誌》，北京：文物出版社，1984 年，第 935 頁。

〔註140〕河南新安張鈁、張伯英收藏，河南文物研究所、洛陽地區文管所編：《千唐誌齋藏誌》，北京：文物出版社，1984 年，第 935 頁。

之後人將其棺木移於河南萬安山北原安葬，此時崔沔爲其作誌文一篇，以示悼念。

至此，我們可以明確一點：即開元二十五年崔沔尚在人世，時任太子賓客之職。然而崔沔任太子賓客的時間，新、舊《唐書》均無明確記載。據《舊唐書》所說，崔沔「開元七年，爲太子左庶子。母卒，哀毀逾禮，常於廬前受弔，賓客未嘗至於靈座之室……中書令張說數稱薦之。服闋，拜中書侍郎」〔註141〕。後因其性情耿直，與時任中書令的張說不合，出魏州刺史。又因「奏課第一」，而「徵還朝廷，分掌吏部十銓事，以清直，歷秘書監、太子賓客」〔註142〕，綜合上述所言崔沔任太子賓客之職當是開元末的幾年。又《全唐詩》卷二七三崔沔小傳言，沔開元中歷秘書監、太子賓客〔註143〕。

綜合上述所言，崔沔所任太子賓客當是開元末的幾年。又《全唐詩》卷二七三言，沔開元中歷秘書監、太子賓客〔註144〕。開元（713～741）長達29年之久，開元二十五年爲公元739年，根據唐代官制之任期，崔沔所任太子賓客當在開元二十五年之前一、二年。也就是說開元二十五年，崔沔剛出任太子賓客不久。而李華《崔沔集序》記載崔沔於開元二十四年冬仲月旬有七日辭世。但是開元二十五年崔沔還在爲其兄崔渾之妻盧氏撰寫墓誌，可見李華所說崔沔卒年當爲誤記。

3.《舊唐書》記載

《舊唐書》記載崔沔議「加籩豆增服紀」之事在開元二十四年，詳細記錄了此事之原委及最後處理結果。而崔沔也因此名聲大振，此後，因「沔既善禮經」，「朝廷每有疑議，皆取決焉」〔註145〕。所謂「每有疑議，皆取決焉」，也正說明接下來的時間，崔沔還參與了有關「禮」的其他事項。所以《舊唐書》載其卒年爲開元二十七年，當屬可靠。又《舊唐書》卷九，《玄宗本紀》記載：「〔開元二十七年〕十二月東都副留守、太子賓客崔沔卒，以益州司馬章仇兼瓊權劍南節度等使。」記載更爲詳盡，且前後一致。而《新唐書》在記載「加籩豆增服紀」一事，並未載其年份，崔沔之卒年亦略去不記。《舊唐書》之編纂，雖存在很多不周全的地方，然其記錄的史實卻值得參考。《全唐

〔註141〕劉昫等：《舊唐書》，北京：中華書局，1975年，第4928頁。
〔註142〕劉昫等：《舊唐書》，北京：中華書局，1975年，第4928頁。
〔註143〕董誥等：《全唐文》，北京：中華書局，1983年，第2768頁。
〔註144〕董誥等：《全唐文》，北京：中華書局，1983年，第2768頁。
〔註145〕劉昫等：《舊唐書》，北京：中華書局，1975年，第4931頁。

文》卷二七三有崔沔《加籩豆增服紀議》一文〔註146〕，其中所言與《舊唐書》所言大同，可茲參閱。

（四）結語

綜上，崔沔年六十七卒，按此推算，崔沔當生於公元 673 年，即唐高宗咸亨四年。崔沔的卒年應定於開元二十七年（739）。

〔註146〕董誥等：《全唐文》，北京：中華書局，1983 年，第 2770 頁。

參考文獻

一、古籍原典

（一）經

1. 周振甫，《詩經譯注》〔M〕，北京：中華書局，2002 年。
2. 楊伯峻，《論語譯注》〔M〕，北京：中華書局，1980 年。
3. 楊伯峻，《孟子譯注》〔M〕，北京：中華書局，1960 年。
4. 左丘明，《左傳》〔M〕，北京：中華書局，2007 年。

（二）史

1. 陳壽，《三國志》〔M〕，北京：中華書局，1982 年。
2. 房玄齡，《晉書》〔M〕，北京：中華書局，1974 年。
3. 劉昫，《舊唐書》〔M〕，北京：中華書局，1975 年。
4. 歐陽修、宋祁，《新唐書》〔M〕，北京：中華書局，1975 年。
5. 劉知幾，《史通》〔M〕，北京：中華書局，1961 年。
6. 杜佑，《通典》〔M〕，上海：商務印書館，1935 年。
7. 李林甫，《唐六典》〔M〕，北京：中華書局，2005 年。
8. 司馬光，《資治通鑒》〔M〕，北京：中華書局，1956 年。
9. 王溥，《唐會要》〔M〕，北京：中華書局，1955 年。
10. 趙明誠，《金石錄校正》〔M〕，桂林：廣西師範大學出版社，2005 年。
11. 徐松，《登科記考》〔M〕，趙守儼點校，北京：中華書局，1984 年。
12. 章學誠撰，葉瑛校注，《文史通義校注》〔M〕，北京：中華書局，1985 年。

13. 程俱,《麟臺故事校證》〔M〕,北京:中華書局,2004 年。

14. 紀昀、永瑢,《四庫全書總目》〔M〕,北京:中華書局,1987 年。

(三)子

1. 陳鼓應,《莊子今注今譯》〔M〕,北京:中華書局,1983 年。

2. 楊伯峻,《列子集釋》〔M〕,上海:龍門聯合書局,1958 年。

3. 張鷟,《朝野僉載》〔M〕,筆記小說大觀本,上海:上海古籍出版社,2000 年。

4. 鄭處誨,《明皇雜錄》〔M〕,筆記小說大觀本,上海:上海古籍出版社,2000 年。

5. 范攄,《雲谿友議》〔M〕,筆記小說大觀本,上海:上海古籍出版社,2000 年。

6. 趙璘,《因話錄》〔M〕,筆記小說大觀本,上海:上海古籍出版社,2000 年。

7. 王定保,《唐摭言》〔M〕,上海:上海古籍出版社,1978 年。

8. 洪邁,《容齋隨筆》〔M〕,上海:上海古籍出版社,1978 年。

9. 王欽若,《冊府元龜》〔M〕,北京:中華書局,影印本,1960 年。

10. 釋贊寧,《宋高僧傳》〔M〕,北京:中華書局,1987 年。

11. 陶宗儀,《書史會要》〔M〕,上海:上海書店,1984 年。

12. 李心傳,《建炎以來朝野雜記》〔M〕,徐規點校,北京:中華書局,2006 年。

13. 孫光憲,《北夢瑣言》〔M〕,賈二強點校,北京:中華書局,2006 年。

14. 周密,《癸辛雜識》〔M〕,吳企明點校,北京:中華書局,2004 年。

15. 羅大經,《鶴林玉露》〔M〕,北京:中華書局,2005 年。

(四)集

1. 計有功,《唐詩紀事》〔M〕,上海:上海古籍出版社,1988 年。

2. 李昉,《文苑英華》〔M〕,北京:中華書局,1966 年。

3. 姚鉉,《唐文粹》〔M〕,杭州:浙江人民出版社影印本年。

4. 董誥,《全唐文》〔M〕,北京:中華書局影印本年。

5. 魏慶之,《詩人玉屑》〔M〕,上海:上海古籍出版社,1978 年。

6. 劉熙載,《藝概》〔M〕,上海:上海古籍出版社,1982 年。

7. 胡應麟,《詩藪》〔M〕,上海:上海古籍出版社,1979 年。

8. 丁福保,《歷代詩話續》〔M〕,北京:中華書局,1983 年。

9. 胡震亨,《唐音癸籤》〔M〕,上海:古典文學出版社,1958 年。

10. 元結、殷璠等,《唐人選唐詩》〔M〕,北京:中華書局,1962 年。

11. 蕭統,《文選》〔M〕,李善注,北京:中華書局,1977 年。

12. 吳訥、徐師曾,《文章辨體序說 文體明辨序說》〔M〕,北京:人民文學出版社,1982 年。

13. 遍照金剛,《文鏡秘府論》〔M〕,周維德校點,北京:人民文學出版社,1980 年。

14. 胡仔,《苕溪漁隱叢話》〔M〕,北京:人民文學出版社,1981 年。

15. 嚴羽,《滄浪詩話校箋》〔M〕,北京:人民文學出版社,2005 年。

16. 阮閱,《詩話總龜》〔M〕,北京:人民文學出版社,1998 年。

17. 蕭穎士、李華,《蕭茂挺文集 李遐叔文集》〔M〕,上海:上海古籍出版社,1993 年。

18. 杜甫,《杜詩詳注》〔M〕,仇兆鰲注,北京:中華書局,1979 年。

19. 白居易,《白居易集》〔M〕,北京:中華書局,1979 年。

20. 李白,《李白集校注》〔M〕,瞿蛻園、朱金城校注,上海:上海古籍出版社,1980 年。

21. 韓愈,《韓昌黎詩繫年集釋》〔M〕,錢仲聯集釋,上海:古典文學出版社,1957 年。

22. 陸游,《劍南詩稿校注》〔M〕,錢仲聯校注,上海:上海古籍出版社,1985 年。

二、研究類著作

1. 陳勁松,《儒學社會通論》〔M〕,北京:中國人民大學出版社,2007 年。

2. 干春松,《制度儒學》〔M〕,上海:世紀出版集團,上海人民出版社,2006 年。

3. 張秋生、王洪軍,《中國儒學史研究》〔M〕,濟南:齊魯書社,2004 年。

4. 朱義祿,《儒家理想人格與中國文化》〔M〕,上海:復旦大學出版社,2006 年。

5. 李生龍,《儒家文化與中國古代文學》〔M〕,長沙:嶽麓書社,2009 年。

6. 鄧小軍,《唐代文學的文化精神》〔M〕,臺北:文津出版社,1993 年。

7. 鄧小軍,《儒家思想與民主思想的邏輯結合》〔M〕,成都:四川人民出版社,1995 年。

8. 傅璇琮,《唐代科舉與文學》〔M〕,西安:陝西人民出版社,1986 年。

9. 郁賢皓,《唐刺史考》〔M〕,南京:江蘇古籍出版社,1987 年。

10. 鞠德源,《萬年曆譜》〔M〕,太原:山西人民出版社,1989 年。

11. 喬象鍾、陳鐵民,《唐代文學史》〔M〕,北京:人民文學出版社,1995

年。

12. 王勳成,《唐代銓選與文學》〔M〕,北京:中華書局,2001 年。

13. 張燕瑾、呂薇芬,《隋唐五代文學研究》〔M〕,北京:北京出版社,2001 年。

14. 李廷先,《唐代揚州史考》〔M〕,南京:江蘇古籍出版社,2002 年。

15. 李德輝,《唐代交通與文學》〔M〕,長沙:湖南人民出版社,2003 年。

16. 徐傑舜、萬建中、周耀明、陳順宣,《隋唐、五代宋元漢族風俗》〔M〕,上海:學林出版社,2004 年。

17. 李道英,《唐宋古文研究》〔M〕,北京:北京師範大學出版社,2005 年。

18. 吳在慶,《唐代文士的生活心態與文學》〔M〕,合肥:黃山書社,2006 年。

19. 岑仲勉,《唐人行第錄》〔M〕,北京:中華書局,1962 年。

20. 嚴耕望,《唐僕尚丞郎表》〔M〕,北京:中華書局,1986 年。

21. 周紹良,《唐代墓誌彙編》〔M〕,上海:上海古籍出版社,1992 年。

22. 嚴可均,《全上古三代秦漢三國六朝文》〔M〕,北京:中華書局,1958 年。

三、論文類

(一)碩博論文

1. 張衛宏,〈蕭穎士研究〉〔D〕,西北大學博士論文,2007 年。

2. 李輝,〈李華及其《李遐叔文集》考論——兼論李華的散文及其對古文運動的影響〉〔D〕,西北師範大學碩士論文,2008 年。

3. 黃建德,〈蕭穎士、李華古文理論與創作比較研究〉〔D〕,浙江師範大學碩士論文,2009 年。

(二)期刊論文

1. 尹仲文,〈李華卒年考辨〉〔J〕,《河北大學學報》(哲學社會科學版),1979 年第 4 期。

2. 俞紀東,〈蕭穎士事蹟考〉〔J〕,《中華文史論叢》,1983 年第 2 期。

3. 羅忠族,〈李華及其《政事堂記》〉〔J〕,《婁底師專學報》,1985 年第 5 期。

4. 汪晚香,〈李華卒年考〉〔J〕,《湖北師範學院學報》(哲學社會科學版),1989 年第 3 期。

5. 謝力,〈李華生平考略〉〔A〕,《唐代文學研究——中國唐代文學學會第四屆學術討論會論文集》,1989 年。

6. 姜光斗,〈李華、蕭穎士生卒年新考〉〔J〕,《文學遺產》,1990 年第 4 期。

7. 謝力,〈李華生平考略〉〔J〕,《唐代文學研究》,1990 年。

8. 陳鐵民,〈李華事蹟考〉〔J〕,《文獻》,1990 年第 4 期。

9. 姜光斗,〈李華卒年補證〉〔J〕,《文學遺產》,1991 年第 1 期。

10. 陳鐵民,〈蕭穎士繫年考證〉〔J〕,《文史》,1993 年第 37 期。

11. 姜光斗,〈蕭穎士習籍世系和生平仕履考〉〔J〕,《南通師專學報》,1993 年第 4 期。

12. 陳冠明,〈《全唐文》李嶠卷考辨釐正〉〔J〕,《古籍整理研究學刊》,1995 年第 1、2 期。

13. 凍國棟,〈讀李華《與外孫崔氏二孩書》論唐前期風俗〉〔J〕,《武漢大學學報》(哲學社會科學版),1995 年第 3 期。

14. 喬長阜,〈蕭穎士事蹟繫年考辨〉〔J〕,《江南學院學報》,2000 年第 3 期。

15. 〔日〕須藤健太郎,〈唐代古文運動之中的居士作家——以李華、梁蕭爲中心〉〔A〕,《唐代文學研究(第九輯)——中國唐代文學學會第十屆年會暨國際學術研討會論文集》,2000 年。

16. 李金榮,〈差異與一致:文學鑒賞的兩種認知模式——由對李華《春行寄興》的不同評析談起〉〔J〕,《西南民族學院學報》(哲學社會科學版),2002 年第 3 期。

17. 李子龍,〈李華《故翰林學士李君墓誌並序》辨僞——兼說陳振孫家藏本《李翰林集》編刻時間與地點〉〔D〕,《唐代文學研究(第十輯)——中國唐代文學學會第十一屆年會暨國際學術討論會論文集》,2002 年。

18. 張思齊,〈在比較的視野中看李華的駢文成就〉〔A〕,《唐代文學研究(第十一輯)——中國唐代文學學會第十二屆年會暨國際學術研討會論文集》,2004 年。

19. 張思齊,〈在比較的視野中看李華的駢文成就〉〔J〕,《安徽理工大學學報》(社會科學版),2005 年第 2 期。

20. 熊禮匯、劉燕,〈李華的思想及創作〉〔J〕,《長春師範學院學報》,2005 年第 5 期。

21. 唐華全,〈李華生卒年考〉〔J〕,《歷史教學》,2005 年第 2 期。

22. 張思齊,〈李華的詩歌創作〉〔J〕,《殷都學刊》,2006 年第 5 期。

23. 王勳成,〈初盛唐是否存在守選制說〉〔J〕,《蘭州大學學報》,2006 年第 5 期。

24. 趙殷尚,〈「廳壁記」的源流以及李華、元結的革新〉〔J〕,《文獻》,2006 年第 4 期。

25. 李輝,〈李華古文理論試論〉〔J〕,《河南教育學院學報》(哲學社會科學

版），2007 年第 3 期。

26. 李輝，〈李華交遊考略〉〔J〕，《和田師範專科學校學報》，2007 年第 4 期。

27. 張思齊，〈李華賦的成就與特色〉〔J〕，《東方論壇》，2007 年第 4 期。

28. 張思齊，〈從跨學科比較看李華涉及水利的兩篇文章〉〔J〕，《西華大學學報》（哲學社會科學版），2008 年第 3 期。

29. 張衛宏，〈論蕭穎士在唐代古文運動中的地位和貢獻〉〔J〕，《西安電子科技大學學報》（社會科學版），2008 年第 2 期。

30. 趙殷尚，〈論蕭穎士、李華的文學思想〉〔J〕，《唐都學刊》，2008 年第 6 期。

31. 唐華全，〈讀李華《三賢論》糾《新唐書》謬誤二則〉〔J〕，《南昌航空大學學報》（社會科學版），2009 年第 6 期。

32. 張思齊，〈李華涉史文章研究〉〔J〕，《殷都學刊》，2010 年第 5 期。

33. 張思齊，〈比較視域中的李華《弔古戰場文》文本考察〉〔J〕，《漢語言文學研究》，2010 年第 5 期。

34. 張思齊，〈比較視域中的李華生平考論〉〔J〕，《煙台大學學報》（哲學社會科學版），2010 年第 5 期。

35. 張世敏，〈論李華的文學觀念及其對古文運動的影響〉〔J〕，《甘肅聯合大學學報》（社會科學版），2012 年第 4 期。

36. 趙殷尚，〈蕭穎士與李華的政治追求與古文創作〉〔J〕，《湖南科技學院學報》，2013 年第 6 期。

37. 顧偉康，〈重讀李華《潤州鶴林寺故徑山大師碑銘》——「牛頭祖統說」再研究〉〔J〕，《世界宗教研究》，2013 年第 3 期。

38. 羅俊萍，〈淺談李華對古文運動的貢獻〉〔J〕，《高教學刊》，2016 年第 4 期。

39. 羅玲，〈地域文化視野下的李華詩歌創作研究〉〔J〕，《遵義師範學院學報》，2016 年第 4 期。

40. 霍志軍，〈唐代御史廳壁記寫作的文學與文獻學價值——以李華、柳宗元廳壁記寫作為例〉〔J〕，《重慶郵電大學學報》（社會科學版），2018 年第 3 期。

41. 吳振華，〈論蕭穎士、李華的詩序〉〔J〕，《廣東技術師範學院學報》，2019 年第 1 期。